高职高专财务会计类特色规划教材
国家示范性高职院校重点规划教材
高等职业教育校企合作特色示范教材

管理会计实务

Management Accounting Practice

主　编◎王　梦　　张　利
副主编◎杨鑫慧　　包微微
参　编◎徐松阳
主　审◎张振和

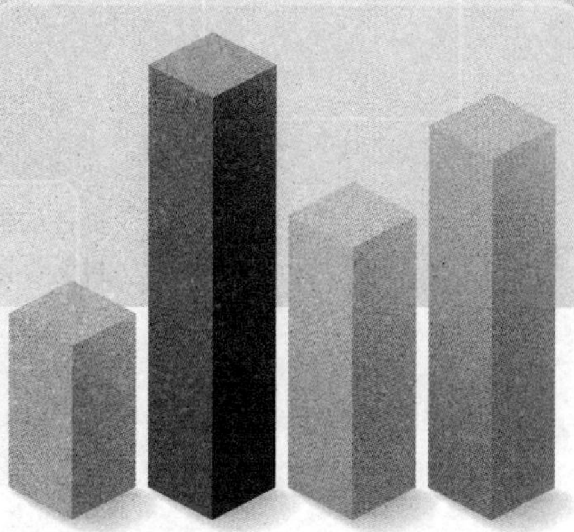

上海财经大学出版社

图书在版编目(CIP)数据

管理会计实务/王梦,张利主编.一上海:上海财经大学出版社,2015.8

高职高专财务会计类特色规划教材

国家示范性高职院校重点规划教材

高等职业教育校企合作特色示范教材

ISBN 978-7-5642-2174-4/F·2174

Ⅰ.①管… Ⅱ.①王…②张 Ⅲ.①管理会计-高等职业教育-教材 Ⅳ.①F234.3

中国版本图书馆 CIP 数据核字(2015)第 116004 号

□ 责任编辑 顾晨溪

□ 封面设计 韩庆熙

GUANLI KUAIJI SHIWU

管理会计实务

主　编　王　梦　张　利

副主编　杨鑫慧　包微微

参　编　徐松阳

主　审　张振和

上海财经大学出版社出版发行

(上海市武东路 321 号乙　邮编 200434)

网　址:http://www.sufep.com

电子邮箱:webmaster @ sufep.com

全国新华书店经销

同济大学印刷厂印刷

上海景条印刷有限公司装订

2015 年 8 月第 1 版　2015 年 8 月第 1 次印刷

787mm×1092mm　1/16　11.5 印张　294 千字

印数:0 001—3 000　定价:36.00 元

前　言

为了适应现代高等职业教育管理会计的教学改革需要，我们作为深入教学一线多年的教师，在认真总结了管理会计的教学经验和企业实践的基础上，充分考虑了高等职业教育的特点，注重理论与实际操作的紧密结合，从企业会计工作的实际应用出发，以丰富的案例和大量的会计业务较详尽地论述了管理会计的基本原理及操作技能。

《管理会计实务》的主要内容包括：管理会计工作认知、成本习性分析与变动成本法、本量利分析、预测分析、短期经营决策、长期经营决策、全面预算、成本控制、责任会计九个情境。

《管理会计实务》由黑龙江省经济管理干部学院王梦、张利任主编，黑龙江省经济管理干部学院杨鑫慧、包微微任副主编，黑龙江省金属材料总公司徐松阳参与编写，黑龙江省经济管理干部学院张振和主审。具体分工如下：情境一、九由徐松阳编写；情境二、六由张利编写；情境三、五由王梦编写；情境四、七由杨鑫慧编写；情境八由包微微编写。

本教材是校企合作集体智慧的结晶，本次编写虽然我们做了很大的努力，但不足之处仍在所难免，恳请各位同仁继续关注，并将您的意见及时反馈给我们，以便及时修订完善。

编　者

2015 年 8 月

目　录

情境一

管理会计工作认知

职业能力目标

1. 了解管理会计的形成与发展；
2. 熟悉管理会计的内容及职能；
3. 掌握管理会计的工作程序与方法；
4. 掌握管理会计与财务会计的联系和区别。

典型工作任务

1. 明确管理会计的内容、职能、工作程序和方法；
2. 能够熟悉管理会计工作的一般流程；
3. 能够合理设计现代企业的会计组织结构。

情境引言

西方管理会计的引入得益于我国的改革开放，开始于20世纪70年代末，其历史并不长，而作为管理会计重要内容的中国式责任会计在企业中的推广与运用却有40余年。现在一般企业均运用了责任会计，大部分企业对全面预算、风险分析、差量分析、长期投资决策方法、企业员工业绩评价等也都有应用。但是少有企业有独立的管理会计机构，它的建立和健全是可以预见的，并必将促进管理会计在我国应用的迅速发展。

学习子情境一　管理会计内涵的认知

一、管理会计的初步认知

(一)管理会计的含义

管理会计是“管理”与“会计”的直接结合，是在当代市场经济条件下以强化企业内部经营管理、实现最佳经济效益为最终目的，以现代企业经营活动为对象，通过对财务信息的深加工和再利用，实现对经济过程的预测、决策规划和控制、责任考核评价等职能的一个会计分支。管理会计是一种侧重于在现代企业内部经营管理中直接发挥作用的会计，同时又是企业管理的重要组成部分。因此，管理会计也被称为“内部经营管理会计”或“内部会计”。

（二）管理会计的形成与发展

管理会计的产生与会计的发展以及管理科学的发展密不可分。管理会计作为现代企业会计信息系统中的一个子系统，其产生是会计学科不断发展的必然结果，也是社会生产力发展到一定阶段的必然产物。从西方资本主义产生到产业革命之前，市场规模较小，企业的组织形式比较单一，主要是独资与合伙的形式，会计的主要子情境是事后记账、算账，谈不上参与管理职能。18 世纪末和 19 世纪初产业革命的发生，使当时的资本主义国家特别是英国的生产力得到了空前的发展，生产规模随着市场的开拓迅速扩大，竞争越来越激烈，企业的组织形式发生了重大变革，出现了股份有限公司。资本的所有权与经营权相分离，对会计的要求也相应提高，会计不仅要发挥反映的职能，更要发挥监督的职能，从而促使了注册会计师职业的产生和发展。到了 19 世纪末 20 世纪初，随着生产规模的发展，企业对内部经营管理越来越重视，强调计划与控制。这就对会计提出了新的要求，会计不仅要进行事后记账、算账，更重要的是要做到事中控制，这一时期产生了标准成本法，强调预算的控制作用，通过差异分析寻找企业降低成本的途径，并对管理人员的业绩作出客观的评价。标准成本法、预算控制、差异分析可以说是管理会计的雏形，但当时管理会计还从属于财务会计的范畴。管理会计真正的形成是在第二次世界大战以后，资本主义经济迅速发展，大量的军用产品生产企业向民用产品生产企业转换，市场竞争接近炽热化，一些企业由于经营不善而破产、倒闭。由此对会计提出了不仅要事后算账、事中控制，更要做到事前预测和决策的要求。于是，管理会计从财务会计中分离出来，成为会计的一个独立分支，形成了由预测决策会计、控制会计和责任会计组成的较完整的体系，被当时的会计界所认可，在大中型制造企业中也得到了普遍的运用。可见，管理会计的产生与社会生产力的发展息息相关。

然而，我们同时也看到西方管理科学的发展对管理会计的产生与发展起到了不可替代的作用，是促使管理与会计结合的重要条件。依据西方管理科学的发展，可以将管理会计的形成概括为三个阶段。

1. 传统管理会计阶段

这一阶段的时间跨度为 20 世纪初至 20 世纪 50 年代，管理理论的代表人物是被西方誉为“科学管理之父”的泰罗(F.W.Tailor)。他在 1911 年出版了《科学管理原理》一书，阐述了科学管理理论的内涵。科学管理的主要内容有四个部分：一是差别计价工资制，即对同一种工作设有两种不同的工资率计付工薪，对用时少、质量高的工人按高工资率支付工资，而对用时长、质量差的工人按低工资率支付工资，以此激励工人努力工作。二是工时研究与标准化，即将一项工作分解为多种基本的组成部分，作出测试，然后根据其合理性重新进行安排，以确定最佳的标准工作方法。同时，对工具、机器、原料和作业环境等进行改进，并使与子情境有关的所有要素都最终实行标准化。三是职能工长制，即将责任分为执行职责和计划职责，在不同岗位配备不同的责任人，以解决综合管理人才短缺的矛盾。四是例外管理，即提供给企业经理人员的应是简洁明了、具有对比性的报告，其内容应该只包括以往正常情况下未出现过的或标准的各种例外情况，节约了经理人员的宝贵时间，使其有更多时间对重大问题进行决策分析。

泰罗的科学管理理论使得当时注重于事后记账、算账的传统会计模式面临严峻挑战，于是，与泰罗同时代的埃墨森(Emerson)在成本管理上实行了标准人工成本法，亨·甘特(Gunter)又将标准人工成本法推广到材料和制造费用的成本管理中。预算控制也是科学管理原理引入会计的产物。19 世纪末至 20 世纪初，美国小城镇率先实施了公共预算制度，以后逐渐推广到美国各州，并从单项预算发展为企业的全面预算。1921 年 6 月，美国国会公布了《预算和会计法》，对民间企业推行预算控制起了决定性的影响。

在科学管理理论的影响下，1922 年美国会计学者奎因坦斯(Quintance)出版的专著《管理会计——财务管理入门》首次提出了"管理会计"术语，但书中只是把管理会计局限于企业内部财务管理的范畴。1924 年麦金西出版了专著《管理会计》，同时，布利斯也出版了专著《通过会计进行管理》，这些著作被西方誉为早期管理会计学的代表作。

标准成本制度与预算控制制度在美国的推广，标志着管理会计的理论体系已初具雏形。

2. 现代管理会计阶段

这一阶段的时间跨度为 20 世纪 50 年代至今，世界经济进入了第二次世界大战后发展的新时期，日益高涨的第二次技术革命浪潮推动社会生产力迅猛发展，生产高度自动化和社会化，产品更新周期大大缩短，一系列新兴产业部门层出不穷，资本的国际化加剧，企业的组织规模不断扩大，出现了大量的集团公司、跨国公司，企业产销规模庞大，管理层次繁多，企业间的竞争越来越激烈，单纯依靠大规模的技术革新，已经无法应对外部市场的急剧变化。面对瞬息万变的外部环境，企业的管理人员意识到，欲使本企业在市场竞争中处于不败之地，并且提高自身的价值，必须对市场变化进行正确预测，在科学预测的基础上作出决策。由此，管理会计的工作重心从规划控制、差异分析向事前的预测、决策转移。同时，为了适应企业的庞大规模，绝大多数集团公司实行了分权管理模式，业绩考核就变得非常重要。在业绩考核过程中，如何恰当、合理地评价被考核者的业绩，充分调动企业各部门及其每一位员工的工作积极性，提高工作效率，也就是如何评价人的行为活动，成为管理会计研究的重点。20 世纪 60 年代以来，行为科学被应用于管理会计，使管理会计理论得到了不断的丰富和充实，成为管理会计的理论支柱之一。

3. 战略管理会计阶段

20 世纪 80 年代以来，随着科学技术领域中新技术的不断涌现，经济结构、产业结构和产品结构都发生了巨大的变化，使管理理论和实践受到极大的冲击与挑战，国外学者率先提出了战略管理的理念。企业的管理不仅要协调内部的各种关系，还应该协调企业内部与外部环境的关系，使企业在变幻莫测的市场中生存下去并不断发展。与战略管理相适应的战略管理会计自然成为各国学者研究和探索的新课题。战略管理会计是在现代管理基础上的进一步发展，与战略管理是相互依存、相互渗透的，其总体的框架结构还不很完善。但一般观点认为，战略管理会计以取得整体竞争优势为主要目标，以战略观念审视企业外部和内部信息，强调财务与非财务信息、数量与非数量信息并重，为企业战略及企业战术的制订、执行和考评，揭示企业在整个行业中的地位及其发展前景，建立预警分析系统，提供全面、相关和多元化信息而形成的战略管理与管理会计融为一体的新型的管理会计体系和方法。目前西方战略管理会计主要关注以下四个领域：战略成本分析、目标成本法、产品生命周期成本法以及平衡计分卡。

随着网络信息技术的飞速发展和各种先进管理思想的诞生及应用，管理会计的对象也正发生着变革，由传统管理会计下的现金流向战略管理会计下的价值流发展。传统的管理会计对象是现金流，它强调现金流入、流出预算是否完成并向上一级负责；战略管理会计对象是价值流，它强调顾客是否满意，同时关注其价值贡献和价值流的横向联系。企业的价值流是一个战略实施的基本责任单位，强调顾客服务第一和为企业创造价值的原则。每一个价值流都有自身的起点和终点、输入和输出，可以用效用值（如顾客的满意度、货币或非货币等计量方法）来描述价值流的输入和输出。在工业企业中，顾客管理、营销管理、经营管理、财务管理、采购、人事管理、信息管理等都是企业的基本价值流，价值流强调的是为顾客提供满意的服务或产品，但就为实现企业的目标——企业价值最大化来看，最终价值流的效用值控制还是要考虑以货币计量的成本和贡献来评价，因此，企业战略规划目标可分解为价值流的子目标来实施。

管理会计学是把管理与会计这两个学科巧妙地融为一体的一门新兴的边缘学科，是管理科学和会计科学相结合的产物。它的形成和发展是会计发展史上一个重要的里程碑。现代管理会计从传统会计系统中分化出来，成为与财务会计并列共生的相对独立的新兴交叉学科，既是社会经济环境变迁的产物，又是多种经济思想与管理方法相互借鉴、发展推动的结果。从社会经济环境变化过程中，我们可以发现：市场需求推动了技术创新，技术创新又推动了企业制度创新。由此可以认为，需求变化、技术创新和企业制度创新之间的互动关系及其结果，构成了管理会计产生与发展的基本脉络。

二、管理会计的内容

管理会计的内容是指与管理会计职能相适应的工作内容。管理会计的基本内容包括“规划与决策会计”和“控制与业绩评价会计”两个方面。

（一）规划与决策会计

规划与决策会计是管理会计系统中为企业管理当局规划未来的生产经营活动服务的子系统，是为企业管理当局预测前景、参与决策和规划未来服务的。具体包括以下内容：

1. 经营预测

经营预测是指利用财务会计信息和其他相关信息，在调查研究和综合判断的基础上，对企业未来一定期间的生产经营活动进行科学的预测分析，为投资决策和经营决策提供依据。一般包括销售预测、成本预测、利润预测和资金预测等。

2. 短期经营决策

短期经营决策是指根据企业经营目标，为了有效组织企业日常生产经营活动，合理利用经济资源，获取最佳的经济效益而进行的决策分析，为决策者提供可行性方案。一般包括生产决策、存货决策和定价决策等。

3. 长期投资决策

长期投资决策是指在合理确定预期投资报酬水平、充分考虑资金时间价值和投资风险价值的基础上，为有效组织企业长期的资本性投资而进行的决策分析，为决策者提供可行性方案。一般包括固定资产投资决策、固定资产更新决策和无形资产投资决策等。

4. 全面预算

全面预算是指把通过预测、决策所确定的目标和子情境，用数量和表格的形式进行表达和分解。一般包括业务预算、专门预算和财务预算几大类。

（二）控制与业绩评价会计

控制与业绩评价会计是指管理会计系统中为企业管理当局分析、评价和控制过去、现在和未来的生产经营活动服务的子系统。其内容包括：

1. 成本控制

成本控制是指根据成本预测、成本预算以及标准成本所确定的目标和子情境，对生产经营过程中所发生的各项耗费和相应的降低成本措施的执行情况进行指导、监督、调节和干预，以完成成本目标和成本预算。

2. 责任会计

责任会计是指在分权管理的条件下，为适应责、权、利相统一的要求，在企业内部建立若干层次的责任中心，并把由其分工负责的经济活动进行规划、控制、评价的一种控制系统。一般包括划分责任单位、编制责任预算、办理责任结算、实行责任控制和考评等环节。

三、管理会计的职能

管理会计的职能是管理会计本质的体现，是管理会计本身固有的客观功能。管理会计是管理科学与会计科学相结合的产物，因此，管理会计的职能与管理的职能和会计职能密切相关。管理的职能最初是“计划、组织、指挥、协调、控制”，即“五职能说”。而现代管理职能还要加上“预测、决策”，由此成为“七职能说”。越来越多的管理学者认为：在管理的各项职能中，最主要的或最基本的职能是规划与控制。管理会计的职能可概括为以下几个方面：

（一）预测职能

预测是指采用科学方法预计、推断客观事物未来发展的方向和程度的管理行为，也就是根据过去、现在预计未来，由已知推断未知的过程。管理会计的预测职能，就是根据企业未来的目标和经营方针，充分考虑经济规律和资源约束，利用会计、统计和其他有关信息，采用科学的经济预测方法，对企业未来的销售、成本、利润、资金需求等重要经济指标进行合理的预计和推断，为企业管理者进行正确的经营决策提供信息支持。因此，预测职能是管理会计的基本职能，是执行其他职能的基础。

（二）参与决策职能

所谓决策，通俗地讲就是作出决定或“拍板”，即对未来行动的目标或方向以及实现目标的方法、手段作出决定。严格地说，参与决策不同于决策，它是指管理会计人员为了使企业决策者作出正确判断和决策，在充分利用会计信息和其他相关信息的基础上，对生产经营或投资活动中的特定问题拟定的备选方案，运用专门的方法进行科学测算、比较和分析，初步筛选出可行方案，供决策者进行选择的各种准备工作及过程。

（三）预算职能

预算是行动计划的定量表现，就是在最终确定的决策方案基础上，编制企业全面预算和各责任单位的责任预算，从而确定企业各方面应达成的主要目标，借以指导当前及未来的经济活动。预算职能既是参与决策职能的继续，又是下述控制职能、评价职能的基础。

（四）控制职能

控制职能主要是根据预算标准来衡量预算执行情况，纠正预算执行中的偏差，确保预算目标的实现。这一职能的充分发挥，要求将对经济过程的事前控制与事中控制有机地结合起来，即通过事前预设科学可行的控制标准（预算标准），并对标准执行偏差及时处理，以保证企业各项经济活动不偏离既定的目标。

（五）评价职能

评价职能主要是在事后，根据各责任单位所编制的业绩报告，将实际数据与预算标准进行对比，并分析其中的差异及其产生的原因，明确责任归属，以此作为对各责任单位的工作业绩或经济成果进行评价、考核并奖惩的依据。

以上职能并不是孤立的，而是紧密地联系在一起，互相补充和促进，共同发挥着一种综合性功能，即提高企业的经济效益。

四、管理会计的程序

(一)企业管理的程序

管理会计是为企业管理服务的,因此,要说明管理会计的一般程序,首先应该明确管理的程序。

在企业管理实践中,通常把管理程序分为“规划”和“控制”两大部分,每一部分又可具体分成几个步骤,这些步骤周而复始地循环,因此也称为“企业管理循环”。具体包括以下六个步骤:

1. 情况判断

管理者的重要子情境之一就是正确分析和判断企业所处的内、外部环境,充分占有企业经营活动的基本信息。只有科学、准确地把握企业的环境特征,才能形成正确的企业战略和经营目标。

2. 形成决策

根据环境判断的结果,对企业的经营目标、经营政策和具体措施进行科学的决策。这是管理的核心环节。

3. 合理组织

根据设定的经营目标,通过合理途径将企业的人力、财力、物力、信息、时间和空间等各种资源,以及生产经营活动中的供应、生产、销售、运输等各环节进行有效的组织,力求以最小的劳动消耗和资金占用获得最大的经济效益。

4. 实际执行

根据经营目标、经营计划以及合理组织的要求,实施各项经济活动。

5. 监督指导

按照经营目标和经营计划,对实际执行情况进行监督和指导,发现问题应及时加以干预,以保证预期目标的实现。

6. 衡量业绩

对照经营目标和计划,对各单位、各部门经济活动的业绩进行评价、考核,从效率、效益角度考察经营目标、计划的实现程度。其衡量结果与下一轮的“情况判断”衔接起来,为下一期制订、修订经营目标、计划和措施提供依据。

(二)管理会计的工作程序

管理会计既是会计与管理相结合的产物,又直接服务于企业管理。因此,企业管理的一般程序与步骤要求管理会计与之相配合,管理会计的相应程序也就构成了“管理会计循环”。具体包括以下六个步骤:

1. 财务报表分析

财务报表是根据公认会计原则(GAAP),采用统一、规范的语言反映企业一定时点的财务状况和一定时期的财务成果及现金流量情况,一般能够集中、客观地反映企业经济活动的历史信息。这些信息不仅满足外部报表使用者了解企业经营情况和财务状况的需要,也可以帮助企业管理者有效地进行企业经营状况和发展能力的分析和判断。

2. 预测、决策和编制全面预算

企业管理会面临日常生产经营决策和长期投资决策问题,管理会计可通过采用多种专门的预测分析和决策分析方法及技术,帮助企业决策者在若干备选方案中进行择优,然后通过编制全面预算，把预测、决策过程中确定的目标和子情境用表格和数量形式进行反映。

3. 建立责任会计系统

根据企业性质和特点，在企业内部划分若干责任中心，按照责、权、利相结合的原则和激励约束原理，构建责任会计系统，把全面预算确定的综合指标进行分解，然后落实到各个责任单位，再根据预算标准对责任单位的业绩进行考核和评价。

4. 计量和定期编制业绩报告

采用标准成本制度和变动成本计算法，对全面预算和责任预算的执行情况进行跟踪计量和记录，定期编制业绩报告。

5. 调节控制经济活动

根据各责任单位编制的业绩报告提供的实际数与预算数进行对比，若发现偏离了原定的目标和要求，应及时反馈给有关责任单位，以便调节和控制其经济活动。

6. 差异分析

根据业绩报告找出偏差发生的原因，用以评价和考核各责任单位的工作业绩；根据分析，指出成绩与问题，并用以奖优罚劣；同时，还应向企业管理当局提出改进建议，以便结合下一轮的财务报表分析，为今后的预测分析、决策分析和预算编制提供依据。

五、管理会计方法

管理会计方法是从管理会计实践中总结出来，用来发挥管理会计职能、作用，进而实现管理会计目标的手段和技术。随着社会经济和科学技术的发展，管理会计职能不断拓展，管理会计方法也相应地得到了改进和革新，并经历了一个由简单到复杂的发展过程。现在，管理会计业已形成一套相对科学、完善的方法体系。根据管理会计的职能和内容，这种方法体系是由以下两大类构成的：

（一）会计规划方法

会计规划方法是指管理会计为企业管理者规划企业未来的生产经营活动而服务的一系列方法。主要包括：

1. 预测分析方法

预测分析方法包括定量分析法和定性分析法。

(1)定量分析法。按其具体做法的不同，又可以分为：趋势预测分析法，如移动加权平均法、指数平滑法、回归分析法等；因果预测分析法，如投入产出法、本量利分析法等。

(2)定性分析法。如调查分析法、判断分析法等。

2. 决策分析方法

决策分析方法包括短期决策方法和长期投资决策方法。

(1)短期决策方法。也称经营决策方法，根据决策的具体内容，主要包括：生产决策方法，如差量分析法、本量利分析法、贡献毛利分析法、经济批量法、线性规划法、概率分析法等；定价决策方法，如市场定价法、成本加成法、贡献毛利定价法等；存货决策方法，如经济定货量法、订货点法、ABC分析法等。

(2)长期投资决策方法。如投资回收期法、投资报酬率法、净现值法、现值指数法、内含报酬率法等。

3. 预算编制方法

预算编制方法包括综合平衡法、固定预算法、弹性预算法、零基预算法、滚动预算法等。

(二)会计控制方法

会计控制方法是指管理会计为企业管理者分析、评价和控制企业过去、现在与未来的生产经营活动服务的一系列方法。主要包括:

(1)成本控制法。如标准成本法、价值工程控制法、差异分析法等。

(2)责任会计方法。如责任中心划分法、预算编制方法、内部转移定价法、内部结算方法和业绩考评方法等。

管理会计与财务会计是现代会计的两大分支,分别服务于企业内部管理的需要和外部决策的需要,两者之间既有联系又有区别。

六、管理会计与财务会计的联系

从结构关系去考察,管理会计与财务会计都属于现代企业会计的有机组成部分,两者密不可分;在实践中,管理会计所需的许多会计资料都来源于财务会计系统,并对财务会计信息进行深加工和再利用。所以,管理会计不能离开财务会计而独立存在,两者源于同一母体,相互依存,相互制约,相互补充。同时,两者都处于市场经济条件下的现代企业环境中,共同为实现企业内部经营管理服务。

(一)起源相同

管理会计与财务会计都是在传统会计中孕育、发展和分离出来的,作为会计管理的重要组成部分,标志着会计学的发展和完善。

(二)目标相同

管理会计和财务会计共同服务于企业管理,其最终目标都是为了提高企业的经济效益,使企业价值最大化。财务会计具有核算和控制的职能,会计的基本方法同时也是内部控制的方法;管理会计直接为企业的经营管理服务。

(三)基本信息同源

管理会计所使用的信息尽管广泛多样,但基本信息来源于财务会计。有时是直接运用财务会计资料,有时则是对财务会计资料的加工和延伸。

(四)服务对象交叉

虽然管理会计与财务会计的服务对象有内、外之分,但在许多情况下,管理会计的信息可为外部利益集团所利用,财务会计信息对企业内部决策也至关重要。

七、管理会计与财务会计的区别

(一)职能目标不同

管理会计是规划未来的会计,其职能侧重于对未来的预测、决策和规划,对现在的控制、考核和评价,属于经营管理型会计;财务会计是反映过去的会计事项,其职能侧重于核算和监督,属于报账型会计。

(二)服务对象不同

管理会计主要为企业内部各管理层提供经营和决策所需的信息,是对内报告会计;财务会计主要向企业外部各利益关系人提供信息,是对外报告会计。

(三)资料时效不同

管理会计预计将要发生或者评价应当发生的经济活动,财务会计则反映已经发生的会计事项。

（四）信息特征不同

管理会计提供的经济信息是特定的、部分的和有选择性的；财务会计提供的经济信息是全面的、连续的、系统的和综合的。

（五）约束条件不同

管理会计不受会计准则、会计制度的制约，其处理方法可以根据企业管理的实际情况和需要确定，具有很大的灵活性；财务会计必须按照会计准则、会计制度及其他法规的规范进行会计核算、财务监督，其处理方法能在允许的范围内选用，灵活性较小。

（六）报告期间不同

管理会计面向未来进行预测、决策，因此，其报告的编制不受固定会计期间的限制，而是根据管理的需要编制反映不同影响期间经济活动的各种报告，只要需要，它可以按天、月、年甚至若干年编制报告；财务会计面向过去进行核算和监督，反映一定期间的财务状况、经营成果和资金变动情况，应按规定的会计期间编制报告。

（七）会计主体不同

适应管理的需要，管理会计既要提供反映企业整体情况的资料，又要提供反映企业内部各责任单位经营活动情况的资料，其会计主体是多层次的；财务会计以企业为会计主体，提供反映整个企业财务状况、经营成果和资金变动的会计资料，通常不以企业内部各部门、各单位为主体提供相关资料。

（八）计算方法不同

由于未来经济活动的复杂性和不确定性，管理会计在进行预测、决策时，要大量应用现代数学方法和计算机技术；财务会计大多采用一般的数学方法进行会计核算。

（九）信息精确程度不同

由于管理会计的工作重点面向未来，未来期间影响经济活动的不确定因素比较多，加之管理会计对信息及时性的要求，决定了管理会计所提供的信息不可能绝对精确，一般只能相对精确；财务会计反映已发生或已经完成的经济活动，因此提供的信息应力求精确，数字必须确切。

（十）计量尺度不同

适应不同管理活动的需要，管理会计虽然主要使用货币量度，但也大量采用非货币量度，如实物量度、劳动量度、关系量度（如市场占有率、销售增长率）等；为了综合反映企业的全部经济活动，财务会计几乎全部使用货币量度。

学习子情境二　管理会计的作用及其工作组织

一、管理会计在企业中的作用

管理会计的作用是指管理会计职能在现代企业环境中所发挥出来的能动效能。管理会计能否起到应有的作用或管理会计职能能否在事件中得到充分发挥，主要受到企业组织形式和管理会计工作者主观努力程度等项因素的限制；同时，管理会计作用的大小与其在企业管理中的地位高低也密切相关。

现代企业的内部组织大体上包括生产部门和服务部门两大类。凡是直接负责处理产品（或劳务）的生产和销售活动的称为生产部门；凡是支持生产部门工作或为生产部门服务的都称为服务部门。会计机构隶属于服务部门。构成现代企业会计两大分支的管理会计和财务会计各自有专职的会计人员，两个部门并行共同接受总会计师的领导。

管理会计人员的主要工作是根据企业的经济实力和未来发展方向对其经营目标和实施方案进行预测、决策、编制预算，对经营活动进行全方位、全过程的价值控制，组织成本核算管理，考核评价有关方面的经营业绩，为加强企业内部经营管理献计献策。可见，管理会计工作可以渗透企业的各个方面，它既服从于企业管理的总体要求，为其提供信息服务，本身又隶属于整个企业管理系统的有机组成部分，并处在价值管理核心的地位，因而发挥着其他会计手段无法替代的巨大作用。

二、管理会计的组织

会计划分为财务会计和管理会计只是学科及其职能、对象、内容的理论分离，在实际工作中，无论是我国还是西方国家，它们都在同一会计机构内。管理会计是现代企业组织机构中的重要组成部分。在西方发达国家的企业中，掌握公司所有权的股东一般是通过股东大会选出董事会，并将企业的经营管理权委托给董事会。在董事会中负主要责任的是董事长，负责监督总经理对整个公司的经营管理。

在总经理之下，设有人事、工程、财务、生产与销售等几个主要管理部门，分别由各相应部门的副总经理负责。财务副总经理领导下的两个部门，分别由总会计师与财务主任负责。总会计师负责财务会计、管理会计、税务、审计等业务，其中管理会计主要负责预测、决策和预算控制等工作。财务主任负责财务方面的决策，主持日常财务工作，如企业筹集资金，评价与选择投资方案，与金融部门、债权人交往以及处理企业的投资、保险等业务。

目前，为了强化大中型企业的管理，提高经济效益，可在总会计师领导下，设置专门小组从事预测前景、参与决策、规划未来、控制和评价企业经济活动等管理会计工作。

由于总会计师主管的范围涵盖了财务会计和管理会计的所有方面，总会计师与企业最高领导——总经理的关系，正如美国斯坦福大学教授霍恩格伦(C. T. Horngen)所述："相当于船舶上的领航员与船长的关系。"这种比喻是非常形象的，因为没有领航员，船舶可能失去目标，但船舶的航行仍需船长发布命令，领航员只能依靠他的知识和经验通知船长应该怎样航行，才能不偏离航线。总之，总会计师在企业中起着"参谋长"的作用。

技能训练

一、单项选择题

1. 下列各项中，与传统的财务会计相对立的是(　　)。

A. 现代会计　　B. 企业会计　　C. 管理会计　　D. 管理会计学

2. 下列各项中，属于划分传统管理会计和现代管理会计两个阶段时间标志的是(　　)。

A. 19 世纪 90 年代　　B. 20 世纪 20 年代　　C. 20 世纪 50 年代　　D. 20 世纪 70 年代

3. 管理会计重在(　　)。

A. 反映过去　　B. 反映现在　　C. 历史陈述　　D. 面向未来

4. 现代会计的两大分支是财务会计和(　　)。

A. 成本会计　　B. 财务管理　　C. 管理会计　　D. 物价会计

5. 下列会计子系统中，能够履行管理会计"考核评价经营业绩"职能的是(　　)。

A. 预测决策会计　　B. 规划控制会计　　C. 对外报告会计　　D. 责任会计

二、多项选择题

1. 规划与决策会计的具体内容包括(　　)。

A. 经营预测　B. 短期经营决策　C. 长期投资决策　D. 全面预算

2. 管理会计与财务会计的联系表现在(　　)。

A. 起源相同　B. 目标相同　C. 基本信息同源　D. 服务对象交叉

3. 现代管理会计应具备(　　)职能。

A. 规划与控制　B. 预测　C. 决策　D. 考核评价

4. 管理会计与财务会计的区别有(　　)。

A. 职能目标不同　B. 服务对象不同　C. 资料时效不同　D. 目标不同

5. 下列各项中,属于管理会计职能的有(　　)。

A. 预测职能　B. 参与决策职能　C. 预算职能　D. 控制职能

三、判断题

1. 管理会计在我国企业中的运用是在 20 世纪 50 年代开始的。(　　)

2. 因为管理会计最初出现在西方社会,所以它是资本主义的必然产物。(　　)

3. 财务会计和管理会计都必须严格遵守公认会计准则。(　　)

4. 既然企业会计包括财务会计和管理会计两个分支,那么我国颁布的《企业会计准则》同样适用于管理会计。(　　)

5. 会计划分为财务会计和管理会计只是学科及其职能、对象、内容的理论分离,在实际工作中无论是我国还是西方国家,它们都在同一会计机构内。(　　)

情 境 二

成本习性分析与变动成本法

职业能力目标

1. 掌握管理会计中成本的分类方法；
2. 熟悉成本习性分析的含义及方法；
3. 熟悉变动成本法的含义；
4. 了解变动成本法与完全成本法的区别。

典型工作任务

1. 能运用成本习性分析方法对成本习性进行分析；
2. 会分别按照完全成本法和变动成本法计算产品成本；
3. 能够编制两种成本计算法下的利润表；
4. 能阐明变动成本法和完全成本法在计算税前利润时产生差异的原因。

情境引言

成本是一个衡量企业经营管理水平和经济效益的重要指标，对成本的研究，是管理会计的一个重要课题。成本按习性可以分为变动成本、固定成本和混合成本，而从本质意义上说，成本与业务量之间的关系只有两种特性：变动成本和固定成本。这种对成本习性的基本认识构成了管理会计对各项短期经济活动分析的基础。

学习子情境一　成本习性的分类

一、成本及其分类

(一)成本的含义

成本是衡量企业经营管理水平高低和经济效益好坏的重要指标。传统的财务会计把成本定义为：企业为生产一定种类产品所发生的各种资产耗费的货币表现。它所强调的是历史成本概念。而管理会计则把成本定义为企业在生产经营过程中对象化的、以货币表现的、为达到一定的经济目的而应当或可能发生的各种经济资源的价值牺牲或付出的代价，它的成本时态可以是过去时、现在完成时或将来时。

(二)成本的分类

成本为了各自不同目的的需要有不同的分类形式，成本按经济用途分类是财务会计的传统分类方法，成本按经济用途可以分为生产成本和非生产成本两类。

1. 生产成本

生产成本是企业为了生产产品或提供劳务而发生的成本，包括直接材料、直接人工和制造费用三部分。直接材料是指用以形成产品实体或构成产品主要部分的材料成本；直接人工是指在产品生产过程中直接改变原材料性质或性态所耗用的人工成本；制造费用是指在产品生产过程中发生的，除了直接材料、直接人工以外的其他全部耗费，包括间接材料、间接人工和其他制造费用。

2. 非生产成本

非生产成本是指企业在行政管理、资金筹集和产品销售过程中发生的各项费用，包括管理费用、财务费用和销售费用。

成本按经济用途分类能够反映产品成本的构成，便于事后考核预计成本指标执行情况，分析成本超支的原因，确定经济责任及便于提出改进措施和建议。但是，这种分类方法也存在着明显的缺点：它没有同企业生产能力挂钩，因而不利于企业事先控制产品成本和进一步挖掘企业内部的生产潜力，以达到用最小的劳动耗费获取最大的经济效益的目的；同时，也不能让管理者了解成本与业务量(生产量或销售量)之间的变化关系，把握成本的变化趋势。因此，为了克服财务会计对成本分类这一缺陷，管理会计就需要把成本按照一个新的标志——“成本习性”进行分类。

二、成本习性

成本习性，也称成本性态，是指成本的变动与业务量、产量或销售量之间的依存关系。进行成本习性分析，就是对成本与业务量之间的依存关系进行分析，从数量上具体掌握成本与产量之间的规律性联系，以便为企业正确地进行最优管理决策和改善经营管理提供有价值的资料。

(一)成本按习性分类

成本按习性分类，可以分为固定成本、变动成本和混合成本。

1. 固定成本

固定成本是指在一定时期和一定业务量范围内总额不受业务量的变动影响而保持不变的成本。企业按直线法计提的固定资产折旧费、房屋设备租赁费、管理人员的工资、财产保险费等，即为固定成本。这类成本的特征是在企业正常经营的条件下，这些成本是必定要发生的，且在一定的业务量范围内均保持稳定。由于固定成本总额不受业务量变动影响，因此，就单位成本而言，在成本总额固定的情况下，业务量小，单位产品所负担的固定成本就高；业务量大，单位产品所负担的固定成本就低。单位固定成本随业务量的增加而减少，呈反方向增减变动。

【学中做 2—1】 神舟公司生产用的一台设备年最高生产能力为 20 000 件产品，按直线法计算，每年折旧费为 30 000 元。生产量与折旧之间的关系如表 2—1 所示。

表 2—1　　生产量与折旧之间的关系

年生产量(件)	年总成本(折旧费)(元)	单位成本(元)
5 000	30 000	6
10 000	30 000	3
15 000	30 000	2
20 000	30 000	1.5

由此可以看出固定成本的两个特点：

第一，在一定时期和一定业务量范围内，固定成本总额(用 a 表示)不受业务量变动的影响。在平面直角坐标图上，固定成本线是一条平行于 x 轴的直线，其总成本模型为 $y=a$，如图 2—1 所示。

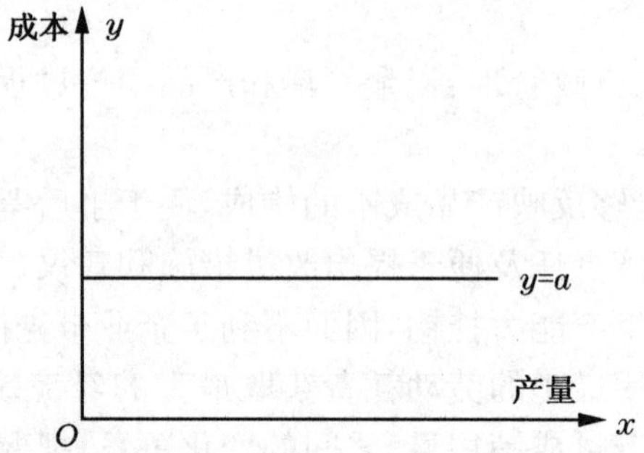

图 2—1　固定成本总额

第二，在一定时期和一定业务量范围内，单位固定成本随着业务量的变动呈反比例变动，其单位成本的模型为 $y=\frac{a}{x}$，反映在坐标图上是一条反比例曲线，如图 2—2 所示。

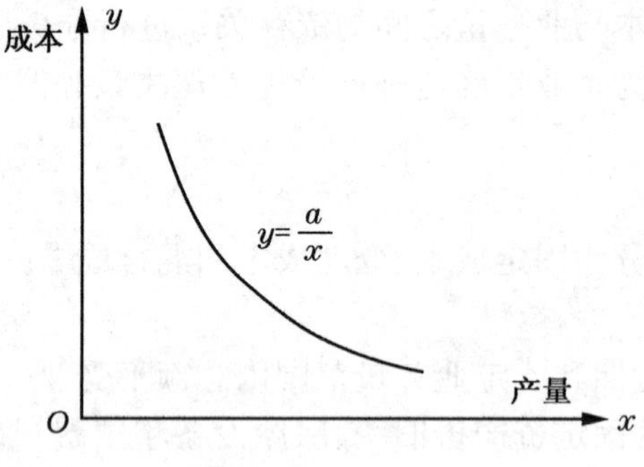

图 2—2　单位固定成本

企业在一定时期内发生的固定成本按其支出数额大小是否受管理层短期决策的影响，可进一步划分为约束性固定成本和酌量性固定成本两类。

(1)约束性固定成本，也称经营能力成本，是指同企业的生产经营能力的形成及其正常维护相联系的、其支出数额不受管理层的决策行动影响的固定成本，如固定资产折旧费、保险费、管理人员工资等。

(2)酌量性固定成本，也称抉择性固定成本或随意性固定成本，是指受管理人员短期决策行为影响，可以在不同时期改变其数额的固定成本。它是由企业管理部门按照经营方针的要求，通过确定未来某一会计期间的有关预算形式而形成的，如企业的开发研究费、广告费、职工培训费等。这类成本支出数额的多少可以改变，服从于企业每一会计期间生产经营的实际需要和财务负担能力，因而可伴随经营方针和财务状态的改变而相应改变，一经确定，只能在某一特定的会计期间存在和发挥作用。

2. 变动成本

变动成本是指在一定时期和一定业务量范围内总额随业务量的变动而呈正比例变动的成本。在产品的生产和劳务的提供中，我们可以看到，这类成本会随着业务量的变化而变化。例如，原材料的消耗，生产工人的工资费用和按销售收入的一定比例提取的佣金等。这类成本的特点是业务量高，成本的发生额就高；业务量低，成本的发生额就低；成本的发生额与业务量成正比例关系。值得注意的是，这里所强调的是变动的对象是成本总额，而非单位成本。就单位成本而言，则是固定的，因为只有单位成本保持固定，变动成本总额才随业务量的变动而呈正比例变动。

【学中做 2—2】 神舟公司生产某种机器以钢材为原材料，钢材消耗成本是该机器的变动成本，每台机器用钢材 500 元。神舟公司机器的生产量与钢材消耗成本之间的关系如表 2—2 所示。

表 2—2　　机器的生产量与钢材消耗成本之间的关系

生产量(台)	总成本(元)	单位成本(元)
100	50 000	500
200	100 000	500
300	150 000	500
400	200 000	500

由此可以看出变动成本具有以下两个特点：

第一，在一定时期和一定业务量范围内，变动成本总额随着业务量呈正比例变动。在直角坐标图上，变动成本线是一条以单位变动成本(用 b 表示)为斜率的直线，其总成本模型为 $y=bx$，如图 2—3 所示。

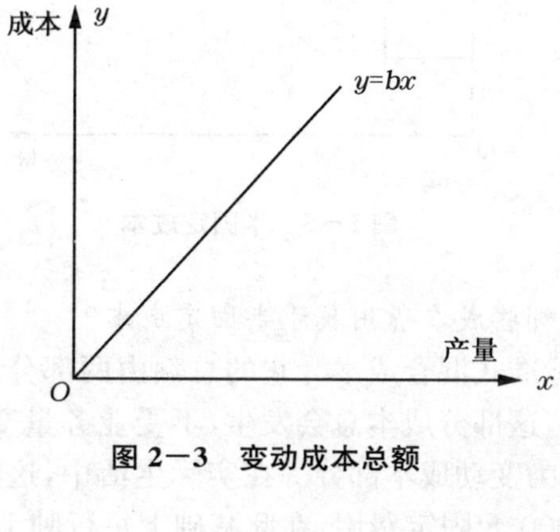

图 2—3　变动成本总额

第二，在一定时期和一定业务量范围内，单位变动成本不受业务量增减变动的影响而保持不变，其单位成本模型为 $y=b$，反映在坐标图上是一条平行于 x 轴的直线，如图 2—4 所示。

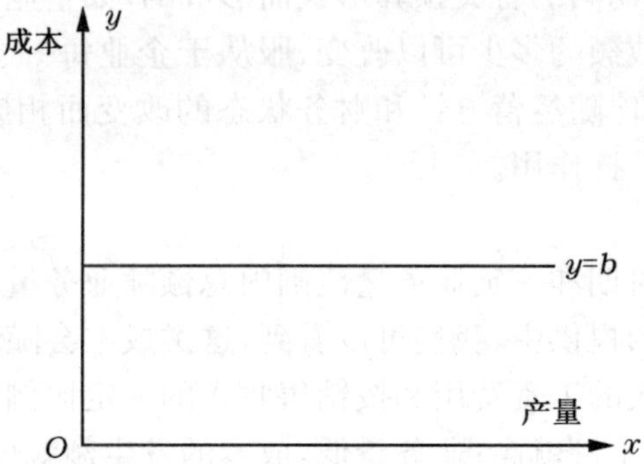

图 2—4　单位变动成本

3. 混合成本

混合成本是指介于固定成本和变动成本之间，其总额随业务变动但又不成正比例的那部分成本。也就是说，当业务量总额发生变化时，有一些成本情境的成本总额随业务量呈非正比例变动，这类成本称为混合成本。混合成本与业务量的关系按其变动形态的不同，基本上可分为四种类型。

(1)半固定成本，又称阶梯式混合成本。它的特点是在一定业务量范围内发生额固定不变，当业务量增长超过该范围，其发生额突然跳跃式上升，然后在业务量增长以后的一定范围内又固定不变，直到业务量范围再被突破，发生新的跳跃式变动为止。例如，假设一个车间的检验员的工资为每月 3 000 元，一个检验员最多只能检验 5 000 件产品，这样，每增加 5 000 件产品就需要增加一名检验员，则检验员的工资即为半固定混合成本。半固定成本模型如图 2—5所示。

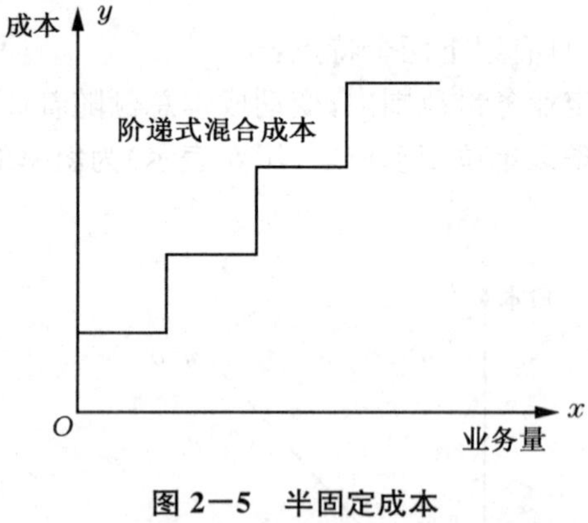

图 2—5　半固定成本

【思考】实际生活中有哪些成本费用属于半固定成本？

(2)半变动成本，又称标准式混合成本。它的总额由两部分成本组成：一部分为固定成本部分，无论有否业务量发生，这部分成本总会发生，不受业务量变动影响；另一部分，随业务量的变动而发生正比例变动，为变动成本部分。在实际生活中，这类成本是较为常见的，如公司租用一辆货车，每年付 50 000 元固定费用，在此基础上每行驶 1 000 米付费 1 元，对于公司来说，这项租金成本即为半变动成本。半变动成本模型如图 2—6 所示。

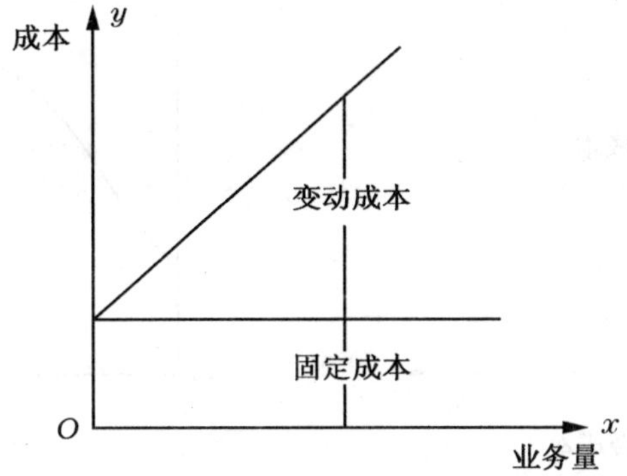

图 2—6　半变动成本

【思考】实际生活中有哪些成本费用属于半变动成本？

(3)延期变动成本，又称低坡式混合成本。其成本总额在一定的业务量范围内保持稳定，但超过一定业务量后，则随业务量呈正比例变动。例如，一个生产车间采用计时工资，一般情况下，月工资约 20 000 元为固定成本，如果月产量超过 10 000 件，则需要加班，加班工资为每件 10 元，则这项成本为延期变动成本。延期变动成本模型如图 2—7 所示。

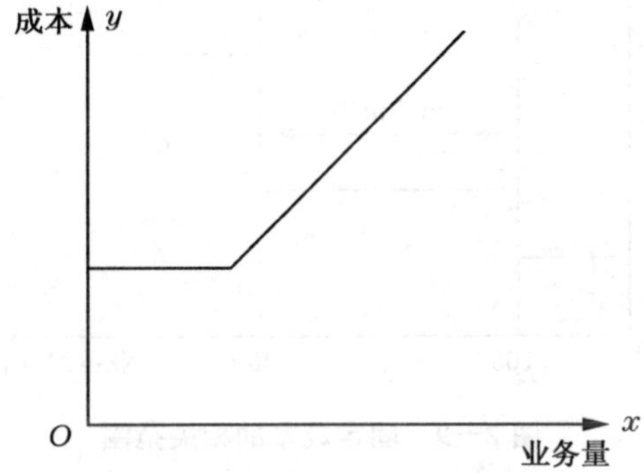

图 2—7　延期变动成本

【思考】实际生活中有哪些成本费用属于延期变动成本？

(4)曲线式混合成本。这类成本通常有一个初始量，在一定条件下保持不变，相当于固定成本。在这个初始量的基础上，随着业务量的增加，成本总额呈非线性的曲线式增加。按照曲线斜率的不同变动趋势，这类成本可分为递减型混合成本和递增型混合成本(见图 2—8)。

【思考】实际生活中有哪些成本费用属于曲线式混合成本？

无论上述哪一类混合成本，都可直接或间接地用直线方程 $y=a+bx$ 去模拟，其中：a 表示混合成本的固定部分，bx 表示混合成本中的变动部分，b 表示混合成本中变动的单位额。在成本习性分析过程中，进行混合成本分解，就是设法求出待定参数 a 和 b 的数值，并建立 $y=a+bx$ 模型。

(二)成本习性的相关范围

在管理会计中，把不会改变固定成本和变动成本习性的有关期间、业务量的特定变动范围称为相关范围。研究固定成本、变动成本必须与一定的时期和一定的业务量范围相联系。超

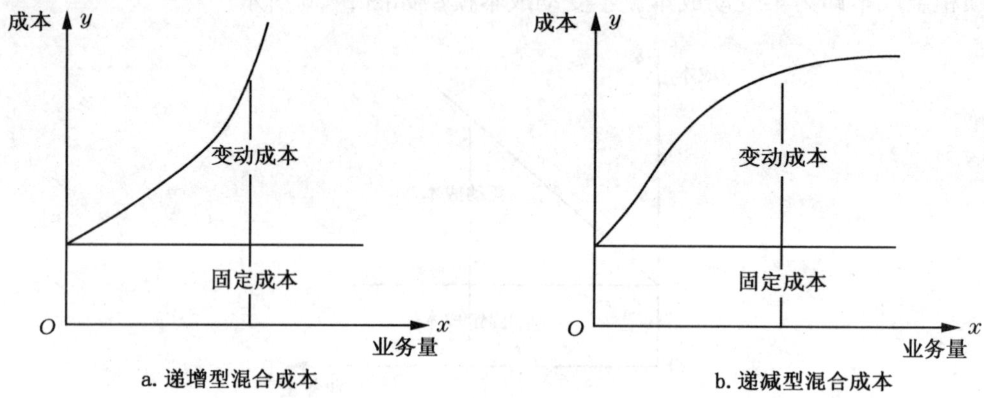

图 2—8　曲线式混合成本

出这个范围，所有的成本都将呈现混合成本特性。

1. 固定成本的相关范围

固定成本总额保持不变也是就一定时期和一定业务量而言的，超出其相关范围，固定成本总额将会发生变化，如图 2—9 所示。

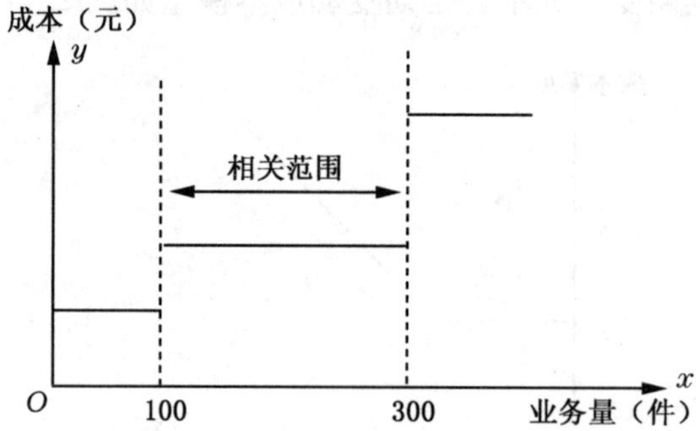

图 2—9　固定成本的相关范围

2. 变动成本的相关范围

就变动成本内容而言，只有单位变动成本 b 不变，其总额才能够与产销量等业务呈正比例变动关系（$y=bx$），而单位变动成本只在一定时期和一定的业务量范围内相对保持稳定，如图 2—10所示。

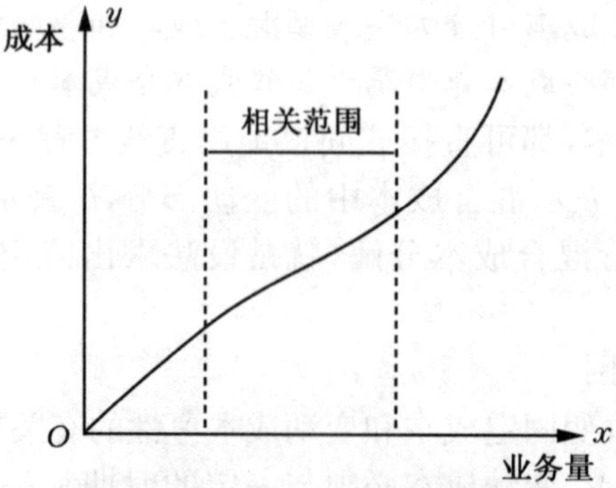

图 2—10　变动成本的相关范围

【提示】由于相关范围的存在，使得各类成本的习性具有相对性、暂时性和可转换性的特点：

(1)成本习性具有暂时性，它只是在一定的时期内保持不变；

(2)成本习性具有相对性，它取决于每个企业的会计政策和会计方法；

(3)成本习性具有可转化性，当业务量标准发生变化时，固定成本和变动成本可能会相互转化。

学习子情境二 成本习性分析的方法

在管理会计决策中，要求必须将企业的全部成本分解为固定成本和变动成本，成本习性分析就是在成本按习性分类的基础上，按照一定的程序和采用一定的方法，最终将全部成本(变动成本、固定成本和混合成本)进一步分解成变动成本和固定成本两个部分，并建立相应的成本—业务量方程的过程。其成本构成都可用一个基本的模式表示，即 $y=a+bx$。式中，y 为成本总额，a 为成本中的固定成本部分，b 为成本中的单位变动成本，x 为业务量，bx 为成本中的变动成本部分。

成本习性分析的方法根据所掌握的成本资料不同，一般有直接分析法、技术测定法和历史资料分析法。

一、直接分析法

直接分析法就是根据某项半变动成本的主要成本习性，视其比较接近于哪一类成本(变动成本或固定成本)，就划入哪类成本的一种定性分析方法。例如，企业的燃料及动力费属于混合成本，由于其中变动成本占比重较大，就把该混合成本全部划归变动成本；管理费用中，固定成本占比重较大，就把管理费用全部划归固定成本。该分解方法比较粗略，但由于该方法能较为清楚地反映出变动成本和固定成本包含的费用情境，又简便易行，所以具有较高的实用价值。

二、技术测定法

技术测定法是指利用经济工程情境财务评价技术方法所测定的企业正常生产过程中投入与产出的关系。该方法是根据产品生产中的各种材料成本和人工成本的投入与产品产出量的关系来合理区分变动成本和固定成本的一种定量分析方法。其基本做法是把材料、工时的投入量与产品产量进行对比分析，把与产量有关的部分汇集为单位变动成本，与产量无关的部分汇集为固定成本。该方法的特点是划分比较准确，但工作量较大，适用于投入产出关系比较稳定的新企业或新产品的成本习性分析。

三、历史资料分析法

历史资料分析法是指根据过去一定时期实际发生的业务量与其相关的成本资料，运用一定的数学方法进行计算分析，从而确定固定成本和单位成本的数值，并建立成本—业务量函数方程。此法包括高低点法、散布图法和回归直线法三种具体方法。

(一)高低点法

高低点法是以过去一定时期内的最高点与最低点业务量的成本之差除以最高点业务量与最低点业务量之差，计算出单位变动成本(b)，然后据以计算出成本中的固定成本(a)的一种定量分析方法。高点是指过去一定时期有关资料中的最高业务量和相应的成本，低点是指资料中的最低业务量及相关的成本。

高低点法的计算公式：根据混合成本的组成方程式 $y=a+bx$ 和高低点资料，可以用数学模式来表示：

$$单位变动成本=\frac{业务量最高时总成本-业务量最低时总成本}{最高业务量-最低业务量}$$

$$b=\frac{y_{高}-y_{低}}{x_{高}-x_{低}}$$

式中：b 为单位变动成本，a 为固定成本，y 为总成本，x 为产量——高为高点，低为低点。

$$a=业务量最高时总成本-b\times 最高业务量$$

或：

$$a=业务量最低时总成本-b\times 最低业务量$$

$$a=y_{高}-bx_{高}$$

或：

$$a=y_{低}-bx_{低}$$

【学中做 2—3】 神舟公司 2015 年 1～6 月份设备维修费（混合成本）的有关资料如表 2—3所示。

表 2—3 设备维修费的有关资料

月　份	机器工作小时	维修费（元）
1	8 000	1 100
2	8 400	1 130
3	10 000	1 300
4	8 200	1 110
5	7 800	1 080
6	8 200	1 120
合　计	50 600	6 840

要求：用高低点法将该企业的设备维修费分解为固定成本、变动成本，并写出维修成本的方程。

确定高低点（见表 2—4）。

表 2—4 高低点的确定

情　境	最高点（3 月份）	最低点（5 月份）
机械工作小时（x）	10 000	7 800
维修费（y）	1 300	1 080

$$b=\frac{y_{高}-y_{低}}{x_{高}-x_{低}}=\frac{1\,300-1\,080}{10\,000-7\,800}=0.1（元）$$

$$a=y_{高}-bx_{高}=1\,300-0.1\times 10\,000=300（元）$$

或：

$$a=y_{低}-bx_{低}=1\,080-0.1\times 7\,800=300（元）$$

按维修费组成的方程为：

$y=300+0.1x$

即混合成本中，固定成本为300元，其余为变动成本。

【提示】 运用高低点法时，高低点坐标的选择必须以一定时期内业务量的高低点来确定，而不是按成本的高低来确定。

采用高低点法虽然具有运用简便的优点，但它仅以高、低两点决定成本性态，因此带有一定的偶然性。为此，其选用的历史数据，应确实能代表该项活动的正常情况，不得含有任何非正常状态下的成本。同时，通过高低点分解而求得成本的公式，也只能适用于相关范围内的业务量，超过相关范围即不适用。

（二）散布图法

散布图法是将一定时期的混合成本历史数据，逐一在坐标图上标明以形成散布图，然后通过目测，在各个成本点之间画一条反映成本变动平均趋势的直线，借以确定混合成本中变动成本和固定成本的方法。其基本做法是 x 轴代表业务量，y 轴代表成本，建立直角坐标系，把过去一定期间已发生的混合成本数据先在坐标图上形成若干个成本点；然后，通过目测，在各成本点之间画一条能反映成本变动的平均趋势的直线，该线与 y 轴的交点即为 a 的值；将 a 值代入混合成本 $y=a+bx$ 的公式即可求得 b 值。

【学中做2—4】 神舟公司2015年1～9月份的维修费用如表2—5所示。

表2—5　　维修费用的有关资料

月　份	机械工作小时(x)	维修费（元）(y)
1	8 500	3 700
2	7 500	3 500
3	9 000	3 800
4	9 500	3 900
5	10 000	4 000
6	11 000	4 200
7	10 500	4 000
8	15 000	4 500
9	13 500	4 200

要求：采用散布图法将该企业的设备维修费分解为固定成本、变动成本，并写出维修成本的方程。

首先，确定趋势直线与 y 轴的交点为(0,2 700)，即固定成本 a 为2 700元；再在直线上任意找到一个点，如(15 000,4 500)，根据趋势直线两端点坐标(0,2 700)、(15 000,4 500)，得出趋势直线的斜率＝(4 500－2 700)/(15 000－0)＝0.12，即单位变动成本 b 为0.12元（见图2—11）。

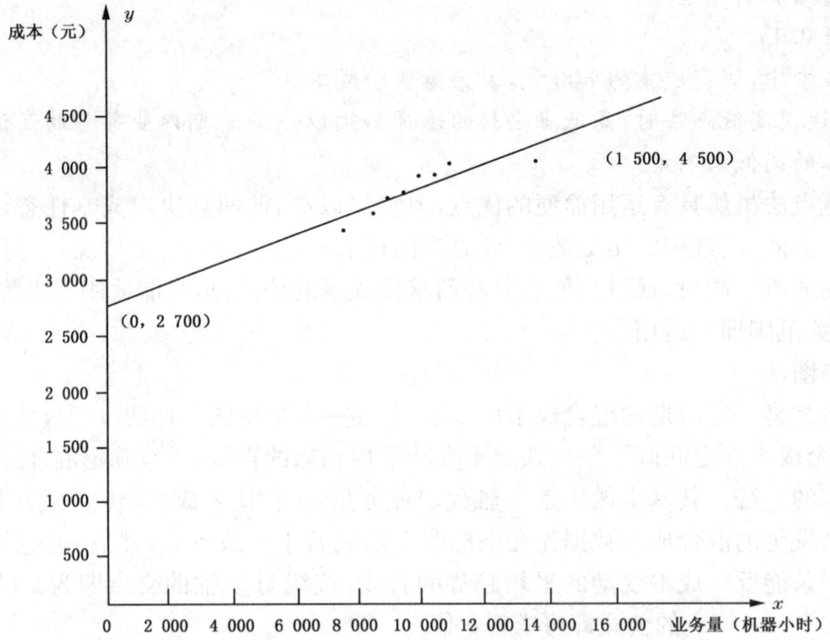

图 2—11　散布图

因此按照成本性态，维修费的方程为：

$y=2\,700+0.12x$

(三)回归直线法

回归直线法是根据过去一定时期的业务量和成本资料，建立反映成本和业务量之间关系的回归直线方程，并据此确定成本中的固定成本和变动成本的一种成本性态分析方法。

设：共有若干(n)期业务量(x)和成本(y)的资料，每期资料的 x、y 之间的关系可以直线方程 $y=a+bx$ 表示。根据资料求得 a、b 的值。

$$a=\frac{\sum y-b\sum x}{n}$$

$$b=\frac{n\sum xy-\sum x\sum y}{n\sum x^2-(\sum x)^2}$$

【学中做 2—5】 神舟公司某一年度的维修费用如表 2—6 所示。

表 2—6　　维修费用的有关资料

月　份	机械工作小时数(小时)(x)	维修费(元)(y)
1	8 500	3 700
2	7 500	3 500
3	9 000	3 800
4	9 500	3 900
5	10 000	4 000
6	11 000	4 200

续表

月　份	机械工作小时数(小时)(x)	维修费(元)(y)
7	10 500	4 000
8	9 500	3 800
9	11 500	4 200
10	12 000	4 300
11	13 000	4 500
12	12 500	4 400

要求：采用回归直线法将宏达公司该年度维修费分解为固定成本、变动成本，并写出维修成本的方程。

计算过程如下：

首先计算公式中的相关数值，如表 2—7 所示。

表 2—7　　相关数值计算表

月　份	机械工作小时数(x)	维修费(y)	xy	x^2
1	8 500	3 700	31 450 000	72 250 000
2	7 500	3 500	26 250 000	56 250 000
3	9 000	3 800	34 200 000	81 000 000
4	9 500	3 900	37 050 000	90 250 000
5	10 000	4 000	40 000 000	100 000 000
6	11 000	4 200	46 200 000	121 000 000
7	10 500	4 000	42 000 000	110 250 000
8	9 500	3 800	36 100 000	90 250 000
9	11 500	4 200	48 300 000	132 250 000
10	12 000	4 300	51 600 000	144 000 000
11	13 000	4 500	58 500 000	169 000 000
12	12 500	4 400	55 000 000	156 250 000
合　计	124 500	48 300	506 650 000	1 322 750 000

根据资料计算如下：

$$b=\frac{n\sum xy-\sum x\sum y}{n\sum x^2-(\sum x)^2}=\frac{12\times 506\ 650\ 000-124\ 500\times 48\ 300}{12\times 1\ 322\ 750\ 000-124\ 500^2}=0.178$$

$$a=\frac{\sum y-b\sum x}{n}=\frac{48\ 300-0.178\times 12\ 450}{12}=2\ 178.25$$

根据求得的 a、b 值，按照成本性态，维修费的方程为：

$y=2\ 178.25+0.178x$

计算表明，该项混合成本中，固定成本为 2 178.25 元，其余为变动成本。

【提示】 运用回归直线法进行成本习性分析，只有当 x、y 呈现显著相关时，这种回归分析才有意义。

回归直线法在理论上比较健全，计算结果精确，但是，计算过程比较烦琐。如果使用计算机的回归分析程序来计算回归系数，这个缺点则可以较好地克服。

学习子情境三　变动成本法的认知

一、变动成本法及其理论依据

(一)变动成本法的含义

变动成本法是指在组织常规的产品成本计算过程中，以成本性态分析为前提，在计算产品成本时只包括产品生产过程中所消耗的直接材料、直接人工和变动制造费用即变动生产成本，而把固定制造费用即固定生产成本及非生产成本全部作为期间成本处理的产品成本计算方法。变动成本法的成本构成如图 2—12 所示。由于变动成本法是以部分成本作为产品成本，这与公认的成本归属原则不符，因而引起了会计学界的争议。但由于变动成本法比传统的财务会计中的全部成本法更能提供广泛而实用的经济信息，因此，从 20 世纪 60 年代以来，变动成本法在美国及其他西方国家被普遍应用于企业内部管理。

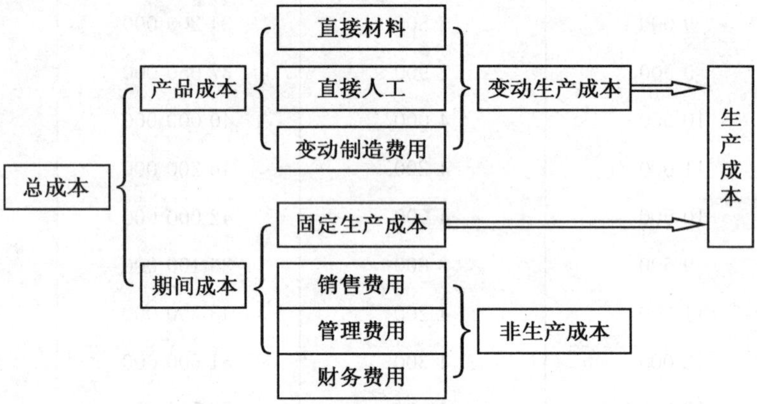

图 2—12　变动成本法的成本构成

在变动成本法下，变动生产成本被视为产品成本，而固定生产成本和销售、管理与财务费用作为期间成本。因此，仅有变动生产成本列为产品存货成本，在产品出售之前，变动生产成本随存货的变化而增减，在产品出售之后，再将存货成本转入产品销售成本，与销售收入相配比决定当期损益。

(二)变动成本法的理论依据

变动成本法在计算产品成本时仅将变动生产成本包括进去，而将固定生产成本作为期间成本处理，主要基于以下理由：

1. 产品成本只应该包括变动生产成本

在管理会计中，产品成本是指那些随产品实体的流动而流动，只有当产品实现销售时才能与相关收入实现配比、得以补偿的成本。显然，只有与产量有关的变动生产成本才能随产品实体流动而流动，因此，只有变动生产成本才能构成产品成本的内容。

2. 固定生产成本应当作为期间成本处理

在管理会计中，期间成本是指那些不随产品实体的流动而流动，而是随企业生产经营持续时间长短而增减，其效益随时间的推移而消逝，不能递延到下期，只能于发生的当期计入利润表由当期收入补偿的成本。这类成本的归属期只有一个，即于发生的当期直接转作本期费用，因而与产品实体流动情况无关，不能计入期末存货。

显然，并非在生产领域内发生的所有成本都是产品成本。如生产成本中的固定生产成本，在相关范围内，它的发生与各期实际产量的多少无关，它只是定期地创造了可供利用的生产能量，与时间的关系更为密切。在这一点上，它与销售费用、管理费用和财务费用等非生产成本只是定期创造了维持企业经营管理的必要条件一样具有时效性。不管这些能量和条件能否在当期被利用、利用得是否有效，这种成本的发生额都不会受到丝毫影响，其效益随着时间的推移而逐渐丧失，不能递延到下期。因此，固定生产成本应当与非生产成本一样作为期间成本处理。

二、变动成本法与全部成本法的区别

变动成本法是与传统的成本计算法相对立的概念，当它产生之后，后者便被称为全部成本法。全部成本法是指在组织常规的产品成本计算过程中，以成本按照经济用途分类为前提，将全部生产成本作为产品成本的构成内容，而将非生产成本作为期间成本的一种成本计算方法。其成本构成如图 2—13 所示。

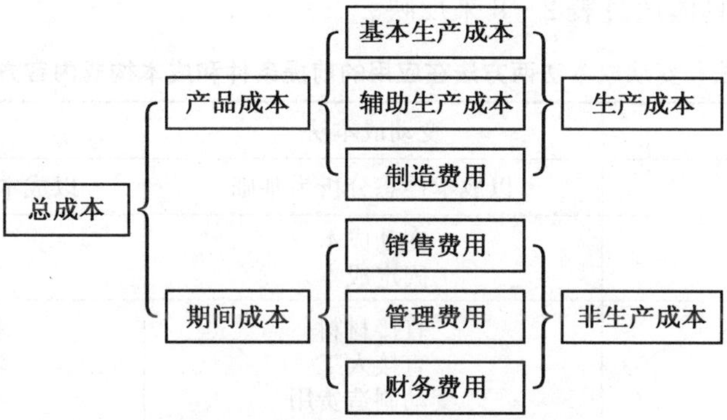

图 2—13　全部成本法的成本构成

相应地，全部成本法的成本流程如图 2—14 所示。

为了深刻认识变动成本法的特点，应将其与传统的全部成本法加以比较，以揭示两者之间的区别。变动成本法与全部成本法的主要区别，可概括为以下几个方面：

(一)应用的前提条件不同

应用变动成本法要求首先进行成本性态分析，把全部成本分为变动成本和固定成本两部分。其中，对于生产成本，要按生产量分解为变动生产成本和固定生产成本；对于销售及管理费用，要按销售量分解为变动销售及管理费用和固定销售及管理费用。

应用全部成本法要求首先把全部成本按其发生的领域或经济用途(经济职能)分为生产成

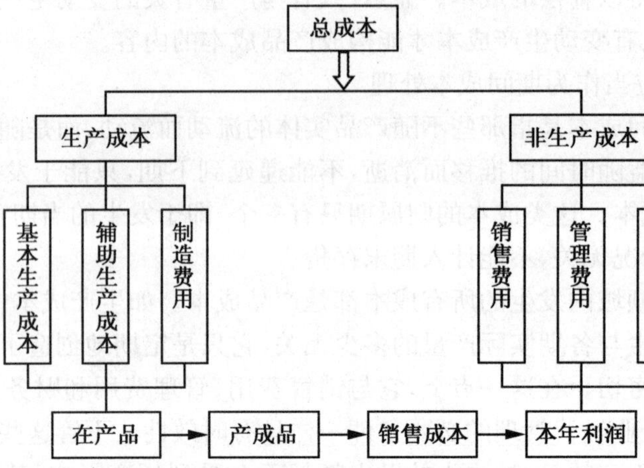

图 2—14　全部成本法的成本流程

本和非生产成本。

凡在生产领域中为生产产品发生的成本就归属于生产成本，发生在流通领域和服务领域由于组织日常销售或进行日常行政管理而发生的成本则归属于非生产成本。

(二)产品成本和期间成本的构成内容不同

在变动成本法下，产品成本只包括变动生产成本，固定成本和非生产成本则全部作为期间成本处理。

在全部成本法下，产品成本则包括全部生产成本，只有非生产成本作为期间成本处理。

上述两点区别可具体通过表 2—8 来反映。

表 2—8　　全部成本法和变动成本法两方法在应用的前提条件和成本构成内容方面的区别

项　目	变动成本法	全部成本法
应用的前提条件	以成本性态分析为基础	以成本按用途分类为基础
成本划分的类别	变动成本 固定成本	生产成本 非生产成本
产品成本包含的内容	直接材料 直接人工 变动制造费用	基本生产成本 辅助生产成本 制造费用
期间成本包含的内容	变动非生产成本： 变动销售费用 变动管理费用 固定成本： 固定销售费用 固定制造费用 固定管理费用	销售费用 管理费用 财务费用

【学中做 2—6】　神舟公司只产销一种产品，其 2015 年的业务量、售价与成本资料如表 2—9所示。

表 2—9 **业务量、售价与成本资料**

期初存货量	0 件	直接材料	10 000 元
本年产量	5 000 件	直接人工	5 000 元
本年销售量	4 000 件	变动制造费用	5 000 元
期末存货量	1 000 件	固定制造费用	10 000 元
销售单价	10 元/件	变动销售费用	3 000 元
		固定销售费用	1 000 元
		变动管理费用	1 000 元
		固定管理费用	1 000 元

要求：分别用变动成本法和全部成本法计算该公司的产品成本和期间成本。

根据上述资料，分别按变动成本法和全部成本法计算的产品成本和期间成本见表 2—10。

表 2—10 **产品成本和期间成本计算表** 单位：元

情 境		变动成本法		全部成本法	
		总成本	单位成本	总成本	单位成本
产品成本	直接材料	10 000	2	10 000	2
	直接人工	5 000	1	5 000	1
	变动制造费用	5 000	1	5 000	1
	固定制造费用			10 000	2
	合 计	20 000	4	30 000	6
期间成本	固定制造费用	10 000			
	销售费用	4 000		4 000	
	管理费用	2 000		2 000	
	合 计	16 000		6 000	

(三)销货成本和存货成本的水平不同

广义的产品有销货和存货两种实物形态。在期末存货和本期销货均不为零的条件下，本期发生的产品成本最终要表现为销货成本和存货成本。因为在变动成本法下固定生产成本作为期间费用处理，直接计入当期利润表，不会转化为销货成本和存货成本。而在全部成本法下固定生产成本计入产品成本，并要在存货和销货之间进行分配，使一部分固定生产成本被期末存货吸收递延至下期，另一部分固定生产成本作为销货成本计入当期利润表。显然，这必将导致两种成本计算法确定的期末存货成本和当期销货成本水平的不同。

【学中做 2—7】 仍以【学中做 2—6】所示的表 2—9 的资料为例。

要求：分别按变动成本法和全部成本法计算确定期末存货成本和本期销货成本。计算结果如表 2—11 所示。

表 2—11　　**期末存货成本和销货成本计算表**　　单位：元

情　境	变动成本法	全部成本法
期初存货成本	0	0
本期产品成本	20 000(5 000×4)	30 000(5 000×6)
可供销售产品成本	20 000	
单位产品成本	4	6
期末存货量	1 000	1 000
期末存货成本	4 000	6 000
本期销货成本	16 000	24 000

由表 2—11 可见，按变动成本法计算的期末存货成本比按全部成本法计算的期末存货成本少 2 000 元(4 000—6 000)，而按变动成本法计算的本期销货成本则比按全部成本法计算的本期销货成本少 8 000 元(16 000—24 000)。之所以产生这个差异，原因在于变动成本法下的本期产品成本不含固定生产成本 10 000 元，而全部成本法下的本期产品成本则包含固定生产成本 10 000 元(每单位产品分摊 2 元)。这样，按变动成本法计算的期末存货成本就比按全部成本法计算的期末存货成本少 2 000 元[1 000×(6—4)]；按变动成本法计算的本期销货成本就比按全部成本法计算的本期销货成本少 8 000 元[4 000×(6—4)]。

(四)税前净利的计算程序不同

(1)在变动成本法下，税前净利应按下列两步计算：

销售收入－变动成本＝边际贡献
边际贡献－固定成本＝税前利润
变动成本＝变动生产成本＋变动非生产成本
变动生产成本＝单位变动生产成本×销售量
变动非生产成本＝单位变动非生产成本×销售量
固定成本＝固定生产成本＋固定管理费用＋固定销售费用

(2)在全部成本法下，税前净利则按下列两步计算：

销售收入－销货成本＝销售毛利
销售毛利－期间成本＝税前净利
销货成本＝按全部成本法计算的本期销货成本
＝期初存货成本＋本期生产成本－期末存货成本
期间成本＝非生产成本＝销售费用＋管理费用

(五)利润表的编制不同

在变动成本法下，编制贡献式利润表；而在全部成本法下，编制职能式利润表。

【学中做 2—8】　仍以【学中做 2—6】所示的表 2—9 的资料为例。

要求：分别按变动成本法编制贡献式利润表和按全部成本法编制职能式利润表，并比较它们的不同。

按两种成本法编制的贡献式和职能式利润表如表 2—12 所示。

表 2—12　　**按两种成本法编制的利润表**　　单位：元

贡献式利润表		职能式利润表	
销售收入(10×4 000)	40 000	销售收入(10×4 000)	40 000
减：变动成本		减：销货成本	
变动生产成本(4×4 000)	16 000	期初存货成本	0
变动销售费用	3 000	本期生产成本(6×5 000)	30 000
变动管理费用	1 000	可供销售的产品成本	30 000
变动成本合计	20 000	减：期末存货成本(6×1 000)	6 000
边际贡献	20 000	本期销货成本合计	24 000
减：固定成本		销货毛利	16 000
固定制造费用	10 000	减：期间成本	
固定销售费用	1 000	销售费用	4 000
固定管理费用	1 000	管理费用	2 000
固定成本合计	12 000	期间成本合计	6 000
税前净利	8 000	税前净利	10 000

比较两张利润表，可以看出两种成本计算法在编制利润表方面有三个显著的差别：

第一，成本情境的排列方式不同。

按全部成本法编制的职能式利润表是把所有成本情境按生产、销售、管理等经济用途(职能)进行排列，主要是为适应企业外界有经济利害关系的团体和个人的需要。而按变动成本法编制的贡献式利润表则是把所有成本情境按成本性态排列，主要是为了便于获得边际贡献信息，适应企业内部管理当局规划与控制经营活动的需要。

第二，对固定生产成本的处理不同。

全部成本法把固定生产成本即固定制造费用视作产品成本的一部分，因此，每销售一批产品(本例为 4 000 件)，其固定制造费用就构成销货成本；至于尚未售出的期末存货(本例为 1 000件)，与产品成本一样，每件存货成本内也包含固定制造费用(本例为 2 元)，它们必须结转至下一个会计年度[本例结转至下年度的为 2 000 元(2×1 000)]。而变动成本法把本期发生的全部固定生产成本均作为期间成本在边际贡献总额中减除。这样，它的销货成本、已出售产品的变动成本，只要用单位变动生产成本乘以本期实际销售量即可求得，再加上变动的销售及管理费用，即构成变动成本总额。这里必须注意，固定生产成本与期末存货的有无或多少毫无关系，因而也就无须转入下一个会计年度。

第三，计算出来的税前净利可能不同。

由于两种方法对本期发生的固定生产成本处理不同，可能导致计算出来的税前净利不同。本例中，按全部成本法计算的税前净利比按变动成本法计算的税前净利多 2 000 元，就是因为按全部成本法计算时，本期发生的固定制造费用 10 000 元要计入本期产品成本，其中有 2 000 元计入期末存货成本，随期末存货结转至下个会计年度，故按全部成本法，从本期收入扣减的固定制造费用仅为 8 000 元。而按照变动成本法，本期发生的全部固定制造费用 10 000 元均作为期间成本处理，完全由本期收入补偿。这里必须指出，两种方法对固定生产成本的处理不同，有可能导致计算的税前净利不同，而并非在任何条件下都必然不同。

(六)适用范围不同

全部成本法是传统的成本计算方法，它主要遵循企业财务会计准则，汇总和分配企业一定期间所发生的生产费用，计算和确定产品成本和存货成本，因此，全部成本法主要适用于财务会计系统，用来编制对外的财务报表；而变动成本法是为适应企业加强内部经营管理的需要，对成本进行规划和日常控制，以及改善经营决策而产生的。故变动成本法主要适用于管理会计系统，用来编制企业的内部管理报表，为内部管理提供有用的信息。

三、两种成本法计算的税前净利产生差异的原因及互换

(一)两种成本法对税前净利的影响

我们已经举了一个例子说明了在两种成本法下税前净利的计算，并知道，变动成本法和全部成本法计算的税前净利可能不同。下面我们根据不同的产销量关系，举例来详细探讨分析两种成本法对各期税前净利的影响。

1. 各期产量稳定，销量变动

在分析不同产销量关系下两种成本法对各期税前净利之间的影响时，我们首先假定各期成本消耗水平不变。这样，在产量稳定的条件下，就意味着各期产品单位成本不变，而销售量变动表明各期期初、期末的产成品存货不同。

【学中做 2-9】 表 2-13、表 2-14 是神舟公司过去连续三年的产销业务量、成本及售价等资料。

表 2-13 连续三年产销业务量 单位：件

业务量	第一年	第二年	第三年	合 计
期初存货量	0	0	1 000	0
当年生产量	4 000	4 000	4 000	12 000
当年销售量	4 000	3 000	5 000	12 000
期末存货量	0	1 000	0	0

表 2-14 连续三年成本及售价

单价、成本资料	单位产品成本	
	全部成本法	变动成本法
每件售价 15 元 生产成本： 单位变动成本 5 元/件 固定成本总额 12 000 元 销售及管理费用： 单位变动成本 3 元/件	变动生产成本 5 元/件 固定生产成本 3 元/件	变动生产成本 5 元/件
固定成本总额 8 000 元	单位产品成本 8 元/件	变动生产成本 5 元/件

几项假定：

(1)每年产量指当年投产且全部完工产量(即无期初、期末在产品)；

(2)每年销售量中不存在销售退回、折让和折扣问题；

(3)各期成本水平(单位变动成本和固定成本总额)、售价不变；

(4)存货计价采用先进先出法。

要求：根据资料，分别按两种成本法计算确定各期税前净利。

按两种成本法计算确定的税前净利如表2—15、表2—16所示。

表2—15　　公司(按全部成本法编制)利润表　　单位：元

项　目	第一年	第二年	第三年	合　计
销售收入	60 000	45 000	75 000	180 000
销货成本：				
期初存货	0	0	8 000	0
本期生产成本(按产量计算)	32 000	32 000	32 000	96 000
可供销售的产品成本	32 000	32 000	40 000	96 000
减：期末存货	0	8 000	0	0
销货成本总额	32 000	24 000	40 000	96 000
销货毛利	28 000	21 000	35 000	84 000
减：销售及管理费用	20 000	17 000	23 000	60 000
税前净利	8 000	4 000	12 000	24 000

表2—16　　公司(按变动成本法编制)利润表　　单位：元

项　目	第一年	第二年	第三年	合　计
销售收入	60 000	45 000	75 000	18 000
变动成本：				
变动生产成本(按销量计算)	20 000	15 000	25 000	60 000
变动销售及管理费用	12 000	9 000	15 000	36 000
变动成本合计	32 000	24 000	40 000	96 000
边际贡献	28 000	21 000	35 000	84 000
减：固定成本				
固定生产成本	12 000	12 000	12 000	36 000
固定销售及管理费用	8 000	8 000	8 000	24 000
固定成本合计	20 000	20 000	20 000	60 000
税前净利	8 000	1 000	15 000	24 000

比较两种成本法编制的利润表及税前净利数据，可以发现：

(1)第一年，两种成本法所得税前净利是相等的。这是由于当年期初存货量与期末存货量相等，也就是本期产量等于销售量。本例中，期初、期末存货量都为0，即产销绝对平衡，这种情况下，采用全部成本法时，随期初存货转入当期，或随期末存货转至下期的固定制造费用都为0。所以，从结果来看，两种成本法计算的税前净利相等。

(2)第二年，按全部成本法计算的税前净利比按变动成本法计算的结果多3 000元。这是由于该年期末存货量增加了1 000件，即产大于销1 000件，而按全部成本法计算的每件存货成本较变动成本法高3元，即全部成本法下单位产品负担的固定制造费用。因此，按全部成本法就要把期末存货1 000件中包含的固定制造费用3 000元转入下一年度，本期已销产品3 000件，只负担了9 000元的固定制造费用。而变动成本法无论产销量如何变化，总是将该期的固定制造费用12 000元全部计入当期损益。因此，全部成本法计算的净利润就会比按变动成本法计算的结果多3 000元。

(3)第三年，按全部成本法计算的税前净利比按变动成本法计算的结果少3 000元。这是由于该年的期末存货量为0，而期初存货量为1 000件，即产小于销1 000件。采用全部成本法把上年转来的期初存货1 000件所释放的固定制造费用3 000元(3×1 000)转为本期的销货成本，而本期期末存货为0，即期末未吸收固定制造费用至下期。由此，按全部成本法计入本期销货成本的固定制造费用为15 000元(3×5 000)，比按变动成本法计入本期损益的12 000元多3 000元。所以造成了全部成本法计算的净利润比变动成本法少了3 000元。

(4)从较长时间来看，两种成本法所确定的净利润应该趋于一致。本例中，三年的产量和与销量和均为12 000件，因此，两种成本法的三年税前净利之和相等，均为24 000元。从长期看，企业的产销应该趋于一致，各年税前净利的差异相互抵消。所以，无论是按全部成本法计入销货成本的固定制造费用，还是按变动成本法直接计入各期损益的固定制造费用，其总额也趋于相同。其结果对长期的税前净利之和影响甚微，甚至没有影响。

2. 各期销量稳定，产量变动

销售量稳定意味着各年的销售收入相同，而产量变动则表明在全部成本法下各期的单位产品成本不同。因为，即使各期的固定制造费用不变，但产量变动的话，单位产品分摊的固定制造费用也不同。

【学中做2—10】 表2—17、表2—18是神舟公司连续三年的产销业务量、成本以及售价等资料，并沿用【学中做2—9】的各项假定。

表2—17　　连续三年产销业务量　　单位：件

业务量	第一年	第二年	第三年	合　计
期初存货量	0	1 000	1 000	0
当年生产量	6 000	5 000	4 000	15 000
当年销售量	5 000	5 000	5 000	15 000
期末存货量	1 000	1 000	0	0

表2—18　　连续三年成本及售价

售价、成本资料	单位产品成本							
每件售价15元	全部成本法				变动成本法			
生产成本：	年度	第一年	第二年	第三年	年度	第一年	第二年	第三年
单位变动成本5元/件	变动生产成本	5元/件	5元/件	5元/件	变动生产成本	5元/件	5元/件	5元/件

续表

售价、成本资料	单位产品成本							
固定成本总额12 000元 销售及管理费用:	固定生产成本	2元/件	2.4元/件	3元/件				
单位变动成本2元/件 固定成本总额1 000元	单位产品成本	7元/件	7.4元/件	8元/件	单位产品成本	5元/件	5元/件	5元/件

要求:根据表2—17、表2—18的资料,分别按两种成本法确定各年的税前净利。

分别按两种成本法确定的税前净利见表2—19、表2—20。

表2—19　　公司(按全部成本法编制)利润表　　单位:元

项　目	第一年	第二年	第三年	合　计
销售收入	75 000	75 000	75 000	225 000
销货成本:				
期初存货	0	7 000	7 400	0
本期生产成本(按产量计算)	42 000	37 000	32 000	111 000
可供销售的产品成本	42 000	44 000	39 400	111 000
减:期末存货	7 000	7 400	0	0
销货成本总额	35 000	36 600	39 400	111 000
销货毛利	40 000	38 400	35 600	114 000
减:销售及管理费用	20 000	20 000	20 000	60 000
税前净利	20 000	18 400	15 600	54 000

表2—20　　公司(按变动成本法编制)利润表　　单位:元

项　目	第一年	第二年	第三年	合　计
销售收入	75 000	75 000	75 000	225 000
变动成本:				
变动生产成本(按销量计算)	25 000	25 000	25 000	75 000
变动销售及管理费用	10 000	10 000	10 000	30 000
变动成本合计	35 000	35 000	35 000	105 000
边际贡献	40 000	40 000	40 000	120 000
减:固定成本				
固定生产成本	12 000	12 000	12 000	36 000
固定销售及管理费用	10 000	10 000	10 000	30 000
固定成本合计	22 000	22 000	22 000	66 000
税前净利	18 000	18 000	18 000	54 000

比较两种成本法编制的利润表,可以看出在销量稳定而产量变动的情况下:

(1)采用变动成本法,各年的税前净利均相等。这是因为每年的销量相同,而且每年的成本和费用水平不变,所以各年税前净利的计算也相同。这里各年产量的变化对税前净利没有影响。

(2)由于三年产量不同,各年单位产品所分摊的固定制造费用也不相同。这样在全部成本法下各年的单位产品成本就会有差异。即使在各年销量相同的情况下,销货成本也不会相同,从而导致按全部成本法确定的各年净利不相等。

(3)在各年产量变动的情况下,即使各年的销量相同,两种成本法下的税前净利也会出现差异。在本例中,第一年,产大于销 1 000 件,按全部成本法确定的税前净利比按变动成本法计算的结果多 2 000 元,这是由于全部成本法下有一部分固定制造费用随期末存货 1 000 件转移至下年,其金额为 2 000 元(2×1 000),而在变动成本法下,不论产销关系如何,固定制造费用均在当年损益计算中一次扣减。第二年虽然产销平衡,均为 5 000 件,但由于有期初、期末存货,按全部成本法计算的税前净利则比按变动成本法计算的结果多 400 元。原因是期初存货 1 000 件释放了上年的部分固定制造费用 2 000 元(2×1 000)而转入本年,期末存货 1 000 件吸收了本年的部分固定制造费用 2 400 元(2.4×1 000)而转入下年,因此计入本年损益的固定制造费用较变动成本法少 400 元(2 000—2 400),税前净利则多出 400 元。第三年,产量小于销量 1 000 件,按全部成本法计算的税前净利比按变动成本法少 2 400 元,原因在于按全部成本法,期初存货释放了第二年的部分固定制造费用 2 400 元(2.4×1 000)转入本年,由本年损益承担,而期末没有存货,因而没有转入下年的固定制造费用,故税前净利较变动成本法少 2 400 元。

(二)两种成本法计算的税前净利产生差异的原因

从上述举例中可见,即使前后各期成本水平、价格和存货计价方法等都不变,两种成本法计算的税前净利可能相同,也可能不同。对此,有人将其原因归结为产销量是否平衡,产销平衡则相等;反之,则不相等。此外,也有人认为,两种成本法计算的税前净利不同是由于对固定制造费用的处理方式不同。但事实并不尽然。其实两种成本法计算的税前净利是否存在差异以及差异大小的原因在于两种成本法计入当期的固定制造费用水平是否存在差异以及差异的大小。

在变动成本法下,计入当期利润表、由当期损益承担的是当期发生的全部固定制造费用;而在全部成本法下,计入当期利润表、由当期损益承担的固定制造费用数额,不仅受到当期发生的固定制造费用水平的影响,而且要受到期末存货和期初存货水平的影响。因此,在其他条件不变的前提下,只要某期全部成本法下期末存货吸收的固定制造费用与期初存货释放的制造费用水平不同,就意味着两种成本法计入当期利润表的固定制造费用的数额不同,则一定会使两种成本法计算的当期税前净利产生差异。差异的大小等于期末存货吸收的固定制造费用数额与期初存货释放的固定制造费用数额之差。如果某期全部成本法下期末存货吸收的固定制造费用与期初存货释放的固定制造费用水平相同,就意味着两种成本法计入当期利润表的固定制造费用的数额相同,两种成本法的当期税前净利必然相等。

上述关系可以用以下公式证明:

$$\text{全部成本法计入当期利润表的固定制造费用} = \text{期初存货释放的固定制造费用} + \text{本期发生的固定制造费用} - \text{期末存货吸收的固定制造费用变动成本法计入当期利润表的固定制造费用}$$

$$= \text{本期发生的固定制造费用}$$

$$\text{两种成本法计入当期利润表的固定制造费用的差额} = \text{全部成本法期末存货吸收的固定制造费用} - \text{全部成本法期初存货释放的固定制造费用}$$

$$= \text{全部成本法期末存货的单位固定制造费用} \times \text{期末存货量} - \text{全部成本法期初存货的单位固定制造费用} \times \text{期初存货量}$$

(三)两种成本法计算的税前净利的相互转换

根据上面的公式,我们可以得出下列用全部成本法与变动成本法计算的税前净利之间相互转换的公式:

$$\text{全部成本法的税前净利}=\text{变动成本法的税前净利}+\left(\text{全部成本法期末存货吸收的固定制造费用}-\text{全部成本法期初存货释放的固定制造费用}\right)$$

$$\text{变动成本法的税前净利}=\text{全部成本法的税前净利}-\left(\text{全部成本法期末存货吸收的固定制造费用}-\text{全部成本法期初存货释放的固定制造费用}\right)$$

这两个公式可以使我们在已知一种成本法下的税前净利的前提下,推算出另一种成本法下的税前净利。由于在会计实务中,企业日常一般仅采用一种成本法进行产品成本核算(即单轨制),故它们不仅有理论意义,而且可用于指导实践。

四、两种成本法的优缺点及结合运用

(一)全部成本法的优缺点

1. 全部成本法的优点

全部成本法是将全部的生产成本包括变动的和固定的生产成本均计入产品成本的一种产品成本计算方法。作为一种传统的方法,其优点主要有以下两点:

(1)有利于调动企业生产的积极性。在全部成本法下,由于固定生产成本计入产品成本,因而单位产品成本就由单位变动生产成本和单位固定生产成本构成,而单位固定生产成本则等于固定生产成本总额除以当期产量。由此可见,在单位变动生产成本和固定生产成本总额不变的条件下,单位产品成本的高低完全由当期产量决定。故提高产量可以降低单位产品成本,从而可以降低从当期收入扣减的销货成本,增加营业利润。因此,采用全部成本法有利于调动企业生产的积极性。

【学中做 2—11】 神舟公司生产某产品,其中:单位变动成本为 2 元/件;固定生产成本为 12 000 元;在不同的产量下,单位成本会产生相应的差异。具体如表 2—21 所示。

表 2—21　产品产量、单位变动成本、单位固定成本及单位产品成本

产量(件)	3 000	6 000	12 000
单位变动成本(元/件)	2	2	2
单位固定成本(元/件)	4	2	1
单位产品成本(元/件)	6	4	3

可见,在全部成本法下,单位成本受产量的直接影响,产量越大,单位成本越低,从而有利于调动企业生产的积极性。

(2)符合传统的成本概念。美国会计学会的成本概念和准则委员会认为:成本是为了达到一个特定的目的而已经发生或可能发生的、以货币计量的牺牲。按照这种传统成本概念,产品成本就应该既包括变动生产成本,也包括固定生产成本。显然,全部成本法计算的产品成本符合这一概念。正因为如此,目前各国会计界的权威如美国的注册会计师协会、美国证券交易委员会、美国国内税务局都主张采用全部成本法计算产品成本,并据以确定存货价值和利润,编制对外财务报表。

2. 全部成本法的缺点

虽然全部成本法有以上优点,但是从适应企业内部管理的角度看,却存在诸多缺点。

(1)采用全部成本法计算的单位产品成本不仅不能反映生产部门的真实成果,反而掩盖或夸大了它们的生产业绩。就以【学中做2—11】而论,假定当生产量为3 000件时,生产部门千方百计地采用了种种节约能源、降低消耗等措施,使单位变动生产成本降低了50%,这时它的单位产品成本就为5元(1+4)。而产量在6 000件或12 000件时,尽管生产部门并未采取任何降低变动生产成本的措施,但它们的单位产品成本(分别为4元和3元)仍旧比产量3 000件时低。这个例子就充分证明了采用全部成本法计算出来的单位产品成本并不代表生产部门的真实业绩。

(2)采用全部成本法来确定各期的税前净利,其结果往往令人费解,甚至促使企业片面追求高产量、高产值,盲目生产社会不需要的产品,造成仓库积压,财政虚收。

①有时尽管每年的销售量相同,销售单价与成本水平(包括单位变动成本和固定成本总额)均无变动,但只要产量不同,各年的单位产品成本和税前净利就有很大差别,这是令人费解的。

②有时尽管当年的销售量超过往年,销售单价、变动成本、固定成本总额均变动,但只要期末存货比往年减少,就会出现税前净利比往年减少的情况,这更令人费解。

【学中做2—12】 假定神舟公司过去连续两年的有关资料如表2—22所示,现据以编制按全部成本法计算的利润表,见表2—23。

表2—22　　公司过去连续两年的有关资料

基本资料	第一年	第二年
期初存货量(件)	0	3 000
本期生产量(件)	8 000	5 000
本期销售量(件)	5 000	8 000
期末存货量(件)	3 000	0
销售单价(元/件)	15	15
单位变动生产成本(元/件)	6	6
固定生产成本总额(元)	40 000	40 000

注:假定该公司没有非生产成本。

表2—23　　公司职能式利润表　　单位:元

项　目	第一年	第二年
销售收入	15×5 000=75 000	15×8 000=120 000
销货成本:		
期初存货成本	0	33 000
本期生产成本	11×8 000=88 000	14×5 000=70 000
可供销售的产品成本	88 000	103 000
减:期末存货成本	11×3 000−33 000	0
销货成本合计	55 000	103 000
税前净利	20 000	17 000

从表2—23可见，虽然该公司第二年的销售量比第一年增长了60%，销售单价、单位变动成本与固定成本总额均无变动，但第二年的税前净利反而比第一年下降15%，这显然非常令人费解。

③有时甚至在销售量下降的情况下，假定销售单价、单位变动成本与固定成本总额均无变动，但由于大量增产，反而会使税前净利增加。这不但令人费解，而且可能在产品并无销路的情况下，促使企业管理当局为粉饰业绩，故意通过大量增产来提高账面利润，从而造成产品积压和资源浪费。

【学中做2—13】 假定神舟公司过去连续两年的有关资料如表2—24所示。现据以编制按全部成本法计算的利润表，见表2—25。

表2—24　　公司过去连续两年的有关资料

基本资料	第一年	第二年
期初存货量(件)	0	0
本期生产量(件)	5 000	12 000
本期销售量(件)	5 000	4 000
期末存货量(件)	0	8 000
销售单价(元/件)	8	8
单位变动生产成本(元/件)	2	2
固定生产成本总额(元)	12 000	12 000

注：假定该公司没有非生产成本。

表2—25　　公司职能式利润表　　单位：元

项　目	第一年	第二年
销售收入	8×5 000=40 000	8×4 000=320 000
销货成本：		
期初存货成本	0	0
本期生产成本	4.4×5 000=22 000	4.4×12 000=36 000
可供销售的产品成本	22 000	36 000
减：期末存货成本	0	3×8 000=24 000
销货成本合计	22 000	12 000
税前净利	18 000	20 000

从表2—25可见，虽然该公司第二年的销售量比第一年下降了20%，销售单价、单位变动成本与固定成本总额均无变动，但由于增产60%，税前净利提高了2 000元。

(3)全部成本法不便于进行预测、短期经营决策和编制弹性预算。在全部成本法下，生产成本未按成本性态划分为变动成本和固定成本，这样就不便于进行成本预测、利润预测及直接进行本量利分析，也不便于进行正确的短期经营决策。因为在短期经营决策中，变动生产成本是相关成本，而固定生产成本一般是非相关成本，故短期经营决策也需要将生产成本划分为变动成本和固定成本。另外，弹性预算的编制也建立在变动成本和固定成本划分的基础上，因而全部成本法也不便于编制弹性预算，进行成本控制。

(4)全部成本法的成本计算比较烦琐。全部成本法下的产品成本含有固定成本部分，这就使得在成本计算过程中必须对固定成本进行分配，而固定成本的分配往往需要经过许多烦琐的手续，因而增加了成本计算的工作量。并且无论分配的方法如何科学，都难免受主观因素影响，造成成本计算的不准确。

(二)变动成本法的优缺点

1. 变动成本法的优点

变动成本法实际上是针对传统的全部成本法所进行的一种改革。在适应企业内部管理方面，它有着全部成本法不可比拟的优点。

(1)采用变动成本法更符合"费用与收益相配合"这一公认的会计原则的要求。所谓"费用与收益相配合"的原则，就是要求会计所记录的一定时期发生的收益与费用必须属于这一会计期间，也就是在一定的会计期间应当以产生的收益为依据，把有关的费用同所发生的收益配合起来。这项原则在我国称为权责发生制。采用变动成本法，把固定生产成本不作为产品成本的组成部分，而看作是处于准备状态与生产并无直接关系的随着时间推移而丧失效用的期间成本，将它与本期的收益相结合，由当期的损益负担。这种方法计算的各期税前净利避免了在全部成本法下，由于各期产量增减而产生的影响，使损益水平更加客观真实，因而较之于全部成本法，它更符合"费用与收益相配合"的原则，有利于正确反映和评定企业的经营业绩。

(2)采用变动成本法，便于分清各部门的经济责任，有利于进行成本控制与业绩评价。一般来说，变动生产成本的高低，最能反映出生产部门和供应部门的工作成绩，同时变动成本的增降责任也归属于这些部门。例如，在直接材料、直接人工和变动制造费用方面如有增减，会立即从产品的变动生产成本指标上反映出来，可以通过制定标准成本和建立弹性预算对其进行日常控制；而固定生产成本的高低，其责任主要归属于企业各级管理部门，这可以通过制定费用预算的办法进行控制。另外，变动成本法提供的信息，也便于分清成本水平高低的原因，比如是产量的变动、价格的变动，还是由成本控制好坏引起的。这样就便于采用正确的成本控制方法，即固定成本应控制总额，变动成本应控制单位变动成本。同时，还能对各责任单位的工作成绩作出恰如其分的评价。

(3)采用变动成本法，能促使管理当局重视销售环节，防止盲目生产。在变动成本法下，产量的高低与存货的增减对企业的税前净利都没有影响，在售价、单位变动成本、销售结构不变的情况下，税前净利将随销售量同步增长。这样就会促使管理当局注意研究市场动态，搞好销售工作，防止生产的盲目扩大。同时也避免了全部成本法下出现的一方面销售量下降，另一方面由于生产量大增，反而造成税前净利增加的奇怪现象。

(4)采用变动成本法，可以大大降低产品成本计算的工作量，便于加强日常管理。在变动成本法下，把固定生产成本列作期间成本而从边际贡献中一笔扣除，可以节省许多间接费用的分配手续，这不仅大大降低了产品成本计算的工作量，避免间接费用分配的主观随意性，而且可以使会计人员从繁重的核算工作中解放出来，集中精力抓好日常管理。

(5)采用变动成本法，可为企业改善经营管理、提高经济效益提供有用的管理信息。采用变动成本法能提供单位变动成本、固定成本总额、边际贡献总额等信息，这些信息能使企业深入地进行本量利分析和产品的盈利能力分析，帮助管理当局预测前景、规划未来(如预测保本点，规划目标利润、目标销售量和销售额、目标成本，编制弹性预算等)和正确地进行短期经营决策(如接受追加订货的决策、开发新产品的决策、自制和外购的决策等)，从而改善经营管理，提高企业经济效益。

2. 变动成本法的缺点

(1)成本的计算不精确。采用变动成本法,需将生产成本划分为变动成本和固定成本,而这种划分在很大程度上是假设的结果,不是一种精确的计算。

(2)不符合传统成本概念的要求。本章前已论及,按照传统的成本概念,产品成本不仅包括变动生产成本,也应包括固定生产成本,因为它们都是生产产品所必须发生的。而变动成本法计算的产品成本仅含变动生产成本,显然不符合传统成本概念的要求。故变动成本法目前还不能用于对外编制财务报表。

(3)不适应长期决策的需要。变动成本法计算的单位变动生产成本和固定生产成本总额仅在短期和相关业务量范围内保持稳定,而长期来看外部环境及企业内部因素则肯定要发生变化,因此不适应长期决策的需要。

(三)变动成本法与全部成本法的结合运用

如上所述,全部成本法虽有诸多缺点,但符合传统的成本概念,企业还必须按全部成本法对外报送财务报表;变动成本法虽有很多优点,但仅适用于企业内部,满足内部管理的需要。企业成本核算如何既满足内部管理的需要,又兼顾对外报告的要求?对此,有两种方案:一是设两套账,分别按全部成本法和变动成本法进行成本核算,即实行"双轨制";二是将两种成本法有机结合起来,在一套账上进行成本核算,同时满足内、外两个方面的要求,即实行"单轨制"。比较而言,第一种方案技术上简单,但工作量大,会计成本高。故从成本效益的角度,应采用第二种方案,实行单轨制核算。企业将变动成本法与全部成本法结合运用实行单轨制核算时,可将日常的成本核算建立在变动成本法的基础上,对在产品、产成品和产品销售成本均按变动生产成本计算;同时,增设"固定生产成本"账户,归集日常发生的固定制造费用。期末,按当期产品销售量的比例,将"固定生产成本"账户中属于本期已销产品分担的部分转入"产品销售成本"账户,并列入利润表作为本期销售收入的减除项目;至于"固定生产成本"账户中属于本期没有销售产品的部分,仍保留在本期账户内,并将其按实际比例分配给资产负债表上的在产品和产品存货,使之按全部成本反映。

显然,上述单轨制核算既可为内部管理提供诸如变动成本和固定成本等有用信息,又可满足对外编报财务报表的要求,同时与双轨制相比,还可避免核算人员的重复劳动,因而是一种理想的方案。

技能训练

一、单项选择题

1. 下面各项方法中,计算结果最精确的是(　　)。

A. 高低点法　B. 散布图法　C. 回归直线法　D. 账户分析法

2. 在应用高低点法进行成本习性分析时,选择高点坐标的依据是(　　)。

A. 最高的业务量　B. 最高的成本

C. 最高的业务量和最高的成本　D. 最高的业务量或最高的成本

3. 下列各项中,能构成变动成本法产品成本内容的是(　　)。

A. 变动成本　B. 固定成本　C. 生产成本　D. 变动生产成本

4. 下列各项中,不能列入变动成本法下产品成本的是(　　)。

A. 直接材料　B. 直接人工　C. 变动制造费用　D. 固定制造费用

5. 在变动成本法下，其利润表所提供的中间指标是(　　)。

A. 边际贡献　B. 营业利润　C. 营业毛利　D. 期间成本

二、多项选择题

1. 下列成本项目中，(　　)是酌量性固定成本。

A. 新产品开发费　B. 职工培训费

C. 管理人员工资　D. 广告费

2. 成本习性分析最终将全部成本区分为(　　)。

A. 固定成本　B. 变动成本　C. 混合成本　D. 半变动成本

3. 下列项目中，属于变动成本法与全部成本法的区别的有(　　)。

A. 产品成本的结构内容不同　B. 计算出的营业利润不相等

C. 利润表的格式不同　D. 损益确定程序不同

4. 变动成本法的优点主要有(　　)。

A. 简化成本核算　B. 便于成本控制

C. 便于短期决策　D. 有利于重视销售

5. 下列项目中，属于固定成本的有(　　)。

A. 广告宣传费　B. 计件工资

C. 管理人员工资　D. 按直线法计提的折旧费

三、判断题

1. 按变动成本法的解释，期间成本中只包括固定成本。(　　)

2. 由于固定成本的总额固定不变，所以就没有降低固定成本的方法。(　　)

3. 无论在哪一种成本计算法下，非生产成本都被作为期间成本处理，必须在发生的当期全额计入利润表。(　　)

4. 导致两种成本法分期营业利润出现差额的根本原因，就在于它们对固定制造费用的处理采取了不同的方式。(　　)

5. 无论哪一种混合成本，实质上都可以区分为固定部分和变动部分。(　　)

四、计算分析题

1. 已知：某企业2015年1～6月份有关业务量与维修费(混合成本)的历史数据如下表所示。

月　份	业务量 x(小时)	维修费用 y(元)
1	80	420
2	120	620
3	180	800
4	200	900
5	150	700
6	100	560

要求：

(1)用高低点法对上述维修费用进行成本习性分析；

(2)用回归直线法对上述维修费用进行成本习性分析。

2. 已知：某企业只生产甲产品，今年下半年总成本资料在产量相关范围内的变动情况如下表所示。

月 份	业务量 x(小时)	维修费用 y(元)
7	5	95
8	6	120
9	8	150
10	10	170
11	12	186
12	7	130

要求：

(1)用回归直线法对上述总成本进行成本习性分析；

(2)如果来年1月份甲产品预计达到14 000件，那么，该企业预计总成本应为多少？

3. 已知：某企业2015年的生产成本在相关范围内的变动状况如下表所示。

月 份	业务量 x(小时)	维修费用 y(元)
1	1 000	30 000
2	1 200	37 200
3	1 400	40 000
4	1 600	46 000
5	1 500	43 000
6	1 800	52 000

6月份生产成本中的固定成本、变动成本和混合成本分别为12 000元、36 000元和4 000元。假定企业各月份成本水平不变的构成比例与6月份相同。

要求：分别按两种程序用高低点法对该企业的生产成本进行成本习性分析。

情境三

本量利分析

职业能力目标

1. 理解本量利分析的含义和基本前提；
2. 掌握本量利分析的基本模型和相关概念；
3. 掌握保本分析、保利分析和企业经营安全分析的方法。

典型工作任务

1. 能解释本量利分析的基本原理；
2. 会计算保本点、保利点；
3. 能够运用本量利分析原理进行企业经营安全分析。

情境引言

通过成本习性分析，我们基本上掌握了成本与业务量之间的相互联系。在此基础上，可进一步将利润因素考虑在内，进行管理会计中另一个重要的问题——本量利分析的研究。本量利分析是现代管理会计学的重要分析方法之一。运用本量利分析不仅可为企业完成保本、保利条件下应实现的销售量或销售额的预测，而且若将其与风险分析相联系，可为企业提供化解经营风险的方法和手段，以保证企业既定目标的实现；若将其与决策分析相结合，可帮助企业进行有关的生产决策、定价决策和投资项目的不确定性分析。此外，本量利分析还可成为编制全面预算和控制成本的基础。

学习子情境一　本量利分析的认知

一、本量利分析的含义与基本前提

（一）本量利分析的含义

本量利分析，也称 CVP 分析，是对成本、业务量、利润三者之间的依存关系所进行的分析。

它是在变动成本法的基础上，以数量化的会计模型或图形来揭示售价、销量、单位变动成本、固定成本总额以及利润等有关因素之间内在的、规律性的联系。通过对这种联系的研究，可为企业规划、控制乃至决策提供必要的经济信息和相应的分析手段。

【知识链接】早在1904年，美国就已经出现了有关最原始的CVP分析图的文字记载。1922年，美国哥伦比亚大学的一位会计学教授提出了完整的保本分析理论。进入50年代以后，CVP分析技术在西方会计实践中得到了广泛的应用，其理论更加完善，成为现代管理会计学的重要组成部分。

(二)本量利分析的基本前提

为了便于揭示成本、业务量及利润三者之间的数量关系，在管理会计中述及本量利分析时通常以下述假定为基本前提：

1. 成本习性分析的假定

假定成本习性分析工作已经完成，全部成本费用都可以明确地依照成本习性划分为变动成本与固定成本两大类，产品成本只由变动生产成本构成，固定成本(包括固定制造费用)全部作为期间成本处理，且有关成本习性模型已经建立完毕。

2. 相关范围及线性关系假定

假定在分析期间，业务量的变动不超越可保持售价、单位变动成本及固定成本总额不变的范围。因而在此情况下，不仅业务量与销售收入可保持正比例关系，而且业务量与成本总额也可呈现出完全线性关系。

3. 产销平衡与品种结构稳定假定

假定企业各期生产的产品都能在市场上找到销路，从而实现当期产与销的统一；在多品种生产条件下，当以价值形态表现的产销总量发生变化时，假定其各产品的销售额在全部产品销售总额中所占的比重并不发生变化。

4. 目标利润为息税前利润假定

本量利分析中涉及的一个重要指标是利润。在我国企业财务会计报表中，用于反映利润的指标主要包括产品销售利润、营业利润、利润总额以及净利润等。若从上述利润指标的形成与企业经常性的业务活动及业务量的相关性角度看，显然以营业利润作为本量利分析中的目标利润更为恰当。管理会计中的营业利润，是不考虑财务费用和所得税的利润，也就是息税前利润。

二、本量利分析的基本内容

本量利分析在实际工作中有比较广泛的用途，其基本内容主要包括保本分析、保利分析及各因素变动对本量利分析的影响。

本量利分析首先是保本分析，即确定盈亏平衡点(保本点)。保本点，就是在销售单价、单位变动成本和固定成本总额不变的情况下，企业既不盈利又不亏损的销售数量(或销售额)。这是企业经营管理的重要信息，因为盈亏平衡是获利的基础，也是企业经营安全的前提，只有在销售量(或销售额)超过盈亏平衡点时，企业才能获利，企业的经营才可能安全。其次，在此基础上才能进行保利分析，即分析在销售单价、单位变动成本和固定成本总额不变的情况下，销售数量变动对利润的影响，从而确定目标利润，进行利润规划。最后，再进一步分析销售单价、单位变动成本和固定成本总额等各因素的变动对保本点、保利点、经营的安全程度以及对利润的影响。

只有对企业经营活动安全性进行正确的估量，对企业盈亏状况有一个基本了解，才能使经营决策者在管理活动中以较少的消耗取得较多的盈利，并采取相应的对策，规避风险，提高企业经营效益。因此，盈亏平衡分析在规划企业经济活动和经营决策中具有广泛的用途。

三、本量利分析的基本模型

本量利分析的目标是利润，计算利润的基本公式即为本量利分析的基本数学模型。

利润＝销售收入总额－成本总额

＝销售收入总额－(变动成本总额＋固定成本总额)

＝销售量×销售单价－销售量×单位变动成本－固定成本总额

＝销售量×(单价－单位变动成本)－固定成本总额

为计算方便，上式中各因素可分别用英文字母表示：$EBIT$ 代表息税前利润，p 代表销售单价，x 代表销售量(业务量)，b 代表单位变动成本，a 代表固定成本总额。

那么，基本模型又可以表示为：

$$
\begin{aligned}
EBIT &= px-(bx+a) \\
&= px-bx-a \\
&= (p-b)x-a
\end{aligned}
$$

【提示】之所以将其称为本量利的基本数学模型，不仅是因为保本分析、保利分析均是建立在上述基本公式的基础之上，而且若将其分解，还能进行多因素的变动分析。

四、本量利分析的相关概念

(一)边际贡献

边际贡献是衡量企业经济效益的重要指标，亦称为边际毛益、贡献毛益、边际利润或贡献边际，是指产品的销售收入扣减其变动成本后的余额。它通常有两种表现形式：一是单位边际贡献(cm)，它能够反映某种产品的盈利能力；二是边际贡献总额(Tcm)，它的经济内容体现在计算企业的营业净利中能做出多大贡献。其计算公式分别为：

(1)在单一产品的产销情况下：

边际贡献总额＝销售收入总额－变动成本总额

＝销售量×(销售单价－单位变动成本)

＝销售量×单位边际贡献

即：

$$Tcm = px - bx = (p-b)x = cm \cdot x$$

其中：

单位边际贡献＝销售单价－单位变动成本

即：

$$cm = p - b = \frac{Tcm}{x}$$

(2)在多种产品的产销情况下：

全部产品边际贡献＝∑各种产品边际贡献

＝∑(各种产品销售收入－各种产品变动成本)

＝∑(Tcm)＝∑(px－bx)

若将边际贡献代入本量利分析基本公式，则为：

息税前利润＝边际贡献－固定成本总额(EBIT)

＝Tcm－a

由此可知，边际贡献的大小将直接影响企业产品销售盈亏水平的高低，产品销售能否保本以及产品销售利润的高低将取决于边际贡献能否“吸收”(抵减)全部固定成本，并有剩余额及剩余额的大小。在固定成本不变的情况下，边际贡献的增减意味着利润的增减，只有当边际贡献大于固定成本时才能为企业提供利润；否则，企业将会出现亏损。

(二)边际贡献率

边际贡献与相应销售收入的比值，称为边际贡献率(cmR)。其计算公式分别为：

(1)在单一产品的产销情况下：

$$边际贡献率=\frac{边际贡献}{销售收入}\times 100\%=\frac{单位边际贡献}{销售单价}\times 100\%$$

即：

$$cmR=\frac{Tcm}{px}\times 100\%=\frac{cm}{p}\times 100\%$$

(2)在多品种产品的产销情况下：

$$\begin{aligned}综合(加权平均)边际贡献率&=\frac{\sum(各种产品边际贡献)}{\sum(各种产品销售收入)}\times 100\%\\&=\sum(各产品边际贡献率\times 该产品销售比重)\times 100\%\end{aligned}$$

(三)变动成本率

变动成本率(bR)是指产品的变动成本总额与产品的销售收入总额之间的比率，又等于单位变动成本占销售单价的百分比，它表明每增加1元销售所增加的变动成本。其计算公式为：

$$\begin{aligned}变动成本率&=\frac{变动成本总额}{销售收入总额}\times 100\%\\&=\frac{单位变动成本}{销售单价}\times 100\%\end{aligned}$$

即：

$$bR=\frac{bx}{px}=\frac{b}{p}$$

(四)边际贡献率与变动成本率的关系

由于边际贡献率与变动成本率均表明边际贡献或变动成本占销售收入的百分比，因此将这两项指标联系起来考虑，可以得到以下关系式：

$$\begin{aligned}边际贡献率+变动成本率&=\frac{单位变动贡献}{销售单价}+\frac{单位变动成本}{销售单价}\\&=\frac{单位边际贡献+单位变动成本}{销售单价}\\&=\frac{(销售单价-单位变动成本)+单位变动成本}{销售单价}\\&=1\end{aligned}$$

即：

$$cmR+bR=1$$

显然，边际贡献率与变动成本率具有互补关系。变动成本率低的企业，则边际贡献率高，盈利能力强；反之，变动成本率高的企业，则边际贡献率低，盈利能力弱。

【学中做3-1】 神舟公司生产电动自行车，每辆自行车耗用材料、人工、电瓶等变动成本1 200元，固定成本总额500万元，共生产销售了10 000辆，每辆售价25 500元。则该公司生产电动自行车的单位边际贡献、边际贡献总额、边际贡献率、变动成本率和息税前利润分别为：

单位边际贡献(cm)=2 500−1 200=1 300(元/辆)

边际贡献(Tcm)=1 300×1=1 300(万元)

或:

边际贡献(cm)=2 500×1-1 300×1=1 300(万元)

$$边际贡献率(cmR)=\frac{1\ 300}{2\ 500}\times100\%=52\%$$

$$变动成本率(bR)=\frac{1\ 200}{2\ 500}\times100\%=48\%$$

边际贡献率+变动成本率=52%+48%=1

息税前利润($EBIT$)=1 300-500=800(万元)

学习子情境二　保本分析

一、保本分析的含义及计算模型

(一)保本分析的含义

保本分析,又称盈亏临界点分析,是指企业在一定时期内收支相等、盈亏平衡、不盈不亏和利润为零的状态。当企业处于这种收支相等、损益平衡、不盈不亏、利润为零的特殊情况时,称为企业达到保本状态。保本点在管理会计中是一项很重要的管理信息,因为它是假定未来的生产经营活动是否有利可图,从而是否应该进行的标准。如果未来的生产经营规模超过所确定的保本点,则这种生产经营活动实际进行的结果,将会为企业带来生产经营的利润,因而它就是可行的、合理的;反之,如果未来的生产经营规模低于所确定的保本点,则其进行的结果就会使企业遭受亏损,因而它就是不可行的。因此,根据历史资料预计未来时期的保本点,就成为管理会计的一项十分重要的内容。保本分析的关键是保本点的确定。

保本点有两种具体的表现形式:

(1)保本销售量,是指以产品实物单位计量的保本点水平。

(2)保本销售额,是指以产品价值单位(货币单位)计量的保本点水平。

(二)保本点的计算模型

保本点是指能使企业达到保本状态的业务量。即在该业务水平上,企业收入与变动成本之差刚好与固定成本持平。稍微增加一点业务量,企业就有盈利;反之,减少一点业务量就会发生亏损。在我国,保本点又称盈亏临界点、损益分界点、损益两平点、够本点等。为简化起见,可将其记作 BEP。

保本点分析是以成本性态分析和变动成本法为基础的,由于本量利分析的基本模型可表述为:

$$利润=销售收入-变动成本-固定成本$$

保本点就是使利润等于零时的销售量,即:

$$销售收入=变动成本+固定成本$$

或:

$$销量\times单价=销量\times单位变动成本+固定成本$$

即:

$$px=bx+a$$

二、单一品种保本点的计算

单一品种保本点的计算方法有图解法、基本等式法等。

(一)图解法

图解法是指通过绘制保本图来确定保本点位置的一种方法。这种方法的原理是当总收入等于总成本时,企业恰好保本。在平面直角坐标系上画出销售收入线和销售总成本线,其交点就是保本点,据此可以读出保本量和保本额的数值。具体作图步骤如下:

(1)建立平面直角坐标系,以横轴代表销售量,纵轴代表销售收入和总成本。

(2)以单价 p 为斜率,过原点 O 在坐标图上画一条直线 $y=px$,即销售收入线。

(3)以固定成本 a 为截距,以单位变动成本 b 为斜率,画出总成本线 $y=a+bx$。

若单价 p 大于单位变动成本 b,销售收入线与总成本线必有交点(x_0, y_0),则此点为保本点 BEP。其中 x_0 为保本量的值,y_0 为保本额的值。

保本图如图 3－1 所示。

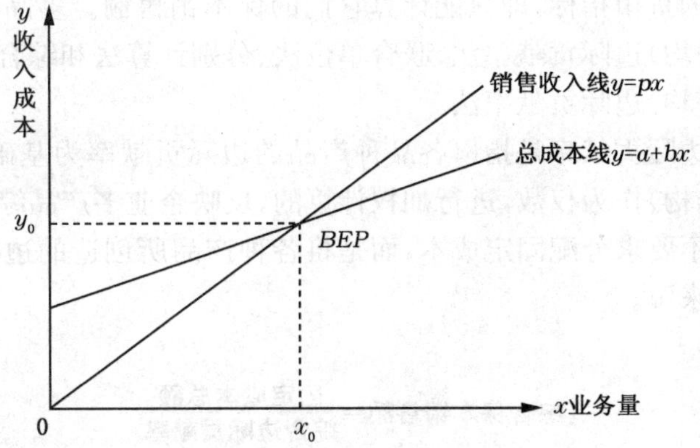

图 3－1　保本图

【提示】 这种方法的优点在于形象、直观,容易理解。但由于绘图比较麻烦,而且保本量和保本额数值的确定都需要在数轴上读出,因此结果可能不十分准确。

(二)基本等式法

基本等式法又称方程式法,是指在本量利关系基本公式的基础上,根据保本点的定义,先求出保本量,再推算保本额的一种方法。其原理是当利润为零时,企业恰好保本。基本公式如下:

$$保本量(x_0)=\frac{固定成本}{单价-单位变动成本}=\frac{固定成本}{单位贡献边际}=\frac{a}{p-b}=\frac{a}{cm}$$

$$保本额(y_0)=单价\times保本量=p\cdot x_0=\frac{固定成本}{边际贡献率}=\frac{a}{cmR}=\frac{固定成本}{(1-变动成本率)}$$

【思考】 后面两个公式是如何得到的?

【学中做 3－2】 神舟公司 2015 年只生产 A 产品，单价为 15 元/件，单位变动成本为 7 元/件，全年固定成本为 24 000 元，当年生产量为 12 000 件。则公司生产 A 产品的保本量和保本额分别为：

$$保本量(x_0)=\frac{24\ 000}{15-7}=3\ 000(件)$$

$$保本额(y_0)=15\times 3\ 000=45\ 000(元)$$

以上计算表明，神舟公司必须完成销售 3 000 件 A 产品，或实现 45 000 元的销售额，才可以保本，达到不盈不亏。

三、多品种条件下保本点的计算

上述保本点的计算方法，是以产销一种产品为基础的，但是大多数企业往往不只产销一种产品，而是同时产销多种产品。在这种情况下，要进行本量利分析，确定企业实现盈亏平衡保本点，就不能用实物量来表示，因为不同质的各种产品在数量上是不能相加的，而必须选用能反映各种产品销售量的货币指标，即只能计算它们的保本销售额。多品种条件下保本点的计算通常有综合(加权平均)边际贡献率法、联合单位法、分别计算法和综合保本图法等。其中最常用的是综合(加权平均)边际贡献率法。

综合(加权平均)边际贡献率是指以各品种产品的边际贡献率为基础，用各产品的预计销售比重(即产品销售结构)作为权数，进行加权计算的，反映企业多产品综合创利能力的平均边际贡献率。该种方法不要求分配固定成本，而是将各种产品所创造的边际贡献视为补偿企业全部固定成本的利润来源。

其计算公式如下：

$$综合保本销售额=\frac{固定成本总额}{综合边际贡献率}$$

其中：

$$综合(加权平均)贡献边际率=\frac{各种产品边际贡献合计}{各种产品销售收入合计}$$

$$=\sum 各种产品的贡献边际率\times\frac{各种产品的销售额}{全部产品预计销售收入合计}$$

$$=\sum 各种产品的贡献边际率\times 该产品的销售额比重$$

$$各种产品的保本销售额=综合保本销售额\times 各种产品的销售比重$$

【学中做 3－3】 神舟公司生产 A、B、C 三种产品，固定成本总额为 6 600 元，其他资料如表 3－1 所示。

表 3－1　　A、B、C 三种产品预计销售量、单价、单位变动成本情况表

项　目	A 产品	B 产品	C 产品
产销量(件)	900	900	600
销售单价(元/件)	20	10	5
单位变动成本(元/件)	15	6	2

要求：计算三种产品的综合保本销售额和各种产品的保本销售额。

(1)计算三种产品的边际贡献率。

A 产品边际贡献率$=\frac{20-15}{20}\times100\%=25\%$

B 产品边际贡献率$=\frac{10-6}{10}\times100\%=40\%$

C 产品边际贡献率$=\frac{5-2}{5}\times100\%=60\%$

(2)计算三种产品的预计销售收入总额及销售结构。

销售收入总额$=900\times20+900\times10+600\times5=30\ 000$(元)

A 产品的销售比率$=\frac{900\times20}{30\ 000}\times100\%=60\%$

B 产品的销售比率$=\frac{900\times10}{30\ 000}\times100\%=30\%$

C 产品的销售比率$=1-60\%-30\%=10\%$

则:

综合贡献边际率$=25\%\times60\%+40\%\times30\%+60\%\times10\%=33\%$

(3)计算综合保本销售额。

综合保本销售额$=\frac{6\ 600}{33\%}=20\ 000$(元)

(4)计算各种产品的保本销售额。

A 产品保本销售额$=20\ 000\times60\%=12\ 000$(元)

B 产品保本销售额$=20\ 000\times30\%=6\ 000$(元)

C 产品保本销售额$=20\ 000-12\ 000-6\ 000=2\ 000$(元)

用每种产品的保本销售额分别除以各该产品的单价,就可求出它们的保本销售量:

A 产品保本销售量$=\frac{12\ 000}{20}=600$(件)

B 产品保本销售量$=\frac{6\ 000}{10}=600$(件)

C 产品保本销售量$=\frac{2\ 000}{5}=400$(件)

学习子情境三　保利分析

一、保利分析的含义

确定保本点只是为了管理者建立一道经营中的预警线,企业经营的最终目的还是为了获取利润。保利分析是在保本分析的基础上,研究当企业实现目标利润时本量利关系的具体状况。通过保利分析,可以首先确定为实现目标利润而应达到的目标销售量和目标销售额——保利点,从而以销定产,确定目标生产量、目标生产成本以及目标资金需要量等,为企业实施目标控制奠定基础,为企业短期经营确定方向。

因此,为保证预定目标利润的顺利实现,企业应在保本分析的基础上进一步开展保利点分析,即分析为实现目标利润应完成的业务量、应控制的成本水平,以及应达到的价格水平等。

保利点是指在单价和成本水平确定的情况下，为确保预先设定的目标利润能够实现而应达到的业务量，包括实现目标利润销售量（保利量）和实现目标利润销售额（保利额）两项指标。

二、单一品种保利点的计算

（一）不考虑所得税的保利点确定

由于本量利分析中的“利润”一般为息税前利润，所以不考虑所得税的保利点分析是最基本的本量利分析。

根据本量利基本公式，可得到：

$$\text{保利销售量}=\frac{\text{固定成本总额}+\text{目标利润}}{\text{销售单价}-\text{单位变动成本}}=\frac{\text{固定成本总额}+\text{目标利润}}{\text{单位边际贡献}}$$

$$\text{保利销售额}=\text{保利销售量}\times\text{销售单价}=\frac{\text{固定成本总额}+\text{目标利润}}{\text{边际贡献率}}$$

【学中做 3－4】 仍按【学中做 3－2】的资料，假设计划年度的目标利润为 16 000 元，则为实现上述目标应完成的销售量和销售额分别为：

$$\text{保利销售量}=\frac{24\,000+16\,000}{15-7}=5\,000\text{（件）}$$

$$\text{保利销售额}=5\,000\times15=75\,000\text{（元）}$$

（二）考虑所得税的保利点确定

考虑所得税的目标利润，就是指目标税后利润。对于企业的所有者而言，只有企业在一定时期所实现的税后利润才归属所有者，它是所有者取得投资报酬、实现资本保值增值的重要保证，也是企业提取盈余公积、分配股利、形成企业内部积累的重要依据。因此，企业的目标税后利润以及确保目标税后利润实现的保利分析，更受投资者关注，也更受企业管理人员的重视。

因为：

$$\text{目标税后利润}=\text{目标利润}\times(1-\text{所得税税率})$$

所以，确保目标税后利润的保利销售量、保利销售额的公式分别为：

$$\text{保利销售量}=\frac{\text{固定成本总额}+\dfrac{\text{目标税后利润}}{1-\text{所得税税率}}}{\text{销售单价}-\text{单位变动成本}}$$

$$=\frac{\text{固定成本总额}+\dfrac{\text{目标税后利润}}{1-\text{所得税税率}}}{\text{边际贡献率}}$$

【学中做 3－5】 仍按【学中做 3－2】的资料，若计划年度的所得税税率为 25%，欲实现目标税后利润 12 000 元。则为实现上述目标应完成的销售量和销售额分别为：

$$\text{保利销售量}=\frac{24\,000+\dfrac{12\,000}{1-25\%}}{15-7}=5\,000\text{（件）}$$

$$\text{保利销售额}=5\,000\times15=75\,000\text{（元）}$$

由以上计算结果可知，只要目标税后利润＝目标利润×（1－所得税税率），则无论税前、税后，保利点业务量是一致的。

三、多品种保利点的计算

下面还是以综合(加权平均)边际贡献率法进行说明,根据保利点的含义和本量利分析的基本公式,确定保利点的有关公式如下:

$$综合保利销售额=\frac{固定成本+目标利润}{综合边际贡献率}$$

$$各产品的保利销售额=综合保利销售额\times 该产品的销售比重$$

【学中做 3-6】 仍按【学中做 3-3】的资料,若目标利润为 4 950 元,则三种产品的综合保利销售额和各种产品的保利销售额分别为:

$$综合保利销售额=\frac{6\ 600+4\ 950}{33\%}=35\ 000(元)$$

A 产品综合保利销售额$=35\ 000\times 60\%=21\ 000$(元)

B 产品综合保利销售额$=35\ 000\times 30\%=10\ 500$(元)

C 产品综合保利销售额$=35\ 000-21\ 000-10\ 500=3\ 500$(元)

$$A 产品保利销售量=\frac{21\ 000}{20}=1\ 050(件)$$

$$B 产品保利销售量=\frac{10\ 500}{10}=1\ 050(件)$$

$$C 产品保利销售量=\frac{3\ 500}{5}=700(件)$$

学习子情境四 企业经营安全分析

一、安全边际与安全边际率

(一)安全边际

安全边际,又称安全边际量(或安全边际额),是指企业实际或预计的销售量(或销售额)与保本销售量(或销售额)之间的差量(或差额)。

安全边际量=实际(或预计)销售量-保本销售量

安全边际额=实际(或预计)销售额-保本销售额

=安全边际量×销售单价

安全边际可以表明从实际或预计销售量(额)到保本销售量(额)之间的差距,说明企业达不到预计销售目标而又不至于亏损的范围有多大。这个范围越大,企业亏损的可能性就越小,经营的安全程度就越高。同时,只有安全边际内的销售量(额)才能给企业提供利润,因为全部固定成本已被保本点所弥补,所以安全边际内的销售额减去其自身的变动成本后即为企业的利润。也就是说,安全边际范围内的边际贡献就是企业的盈利额。

即:

销售利润=安全边际量×单位边际贡献

=安全边际额×边际贡献率

因此,安全边际越大,所获利润就越高,企业经营就越安全。

(二)安全边际率

安全边际率是指安全边际量(额)与实际或预计销售量(额)的比率。安全边际率是以相对数的形式表现企业经营安全与否的一项重要指标。安全边际率越高,企业经营越安全,发生亏损的可能性就越小;反之,企业经营的安全程度越低,发生亏损的可能性就越大。安全边际率可按下述公式计算:

$$安全边际率=\frac{安全边际量}{实际(或预计)销售量}\times 100\%$$
$$=\frac{安全边际额}{实际(或预计)销售额}\times 100\%$$

根据安全边际与销售利润之间的关系又可以推导出:

$$销售利润率=安全边际率\times 边际贡献率$$

安全边际率与评价企业经营安全程度的一般标准如表3-2所示。

表3-2　　安全边际率与评价企业经营安全程度的一般标准

安全边际率	10%以下	10%～20%	20%～30%	30%～40%	40%以上
安全程度	危险	警惕	比较安全	安全	很安全

【学中做3-7】 神舟公司生产A产品,该产品单位售价为150元,单位变动成本为110元,固定成本总额为60 000元,预计计划期间产销A产品5 000件。

要求:计算该企业计划期间经营A产品的安全边际及安全边际率,并从安全边际的角度推导出该产品的销售利润及销售利润率。

(1)计算保本销售量(额)。

$$保本销售量=\frac{60\ 000}{150-110}=1\ 500(件)$$

保本销售额=1 500×150=225 000(元)

(2)计算安全边际及安全边际率。

安全边际量=5 000-1 500=3 500(件)

安全边际额=5 000×150-225 000=525 000(元)

$$安全边际率=\frac{3\ 500}{5\ 000}\times 100\%=70\%$$

或:

$$安全边际率=\frac{525\ 000}{5\ 000\times 150}\times 100\%=70\%$$

(3)计算销售利润及销售利润率。

销售利润=3 500×(150-110)=140 000(元)

或:

$$销售利润=525\ 000\times\frac{150-110}{150}=525\ 000\times 26.67\%=140\ 000(元)$$

销售利润率=70%×26.67%=18.67%

二、保本点作业率

安全边际率为正指标,保本点作业率为逆指标。保本点作业率又称危险率,是指保本销售量(额)占实际或预计情况下的销售量(额)的百分比。其指标数值越小,说明企业经营程度越安全;反之,则说明企业经营程度越不安全。

$$\text{保本点作业率}=\frac{\text{保本销售量}}{\text{实际(或预计)销售量}}\times 100\%$$

$$=\frac{\text{保本销售额}}{\text{实际(或预计)销售额}}\times 100\%$$

一般情况下，企业的生产经营能力是按正常经营条件下实现的销售量(额)来规划的，所以保本点作业率实际上还可表明：当企业的生产经营能力达到怎样的利用程度时，才可以保本。

我们可以看出，保本点作业率这个指标与安全边际率存在互补关系。即：

$$\text{保本点作业率}+\text{安全边际率}=\frac{\text{保本销售量(额)}}{\text{实际或预计销售量(额)}}+\frac{\text{安全边际量(额)}}{\text{实际或预计销售量(额)}}=1$$

【学中做 3－8】 依据【学中做 3－7】的资料及有关计算结果，并假定神舟公司实际经营销售量为 5 000 件。则其保本点作业率为：

$$\text{保本点作业率}=\frac{1\ 500}{5\ 000}\times 100\%=30\%$$

或：

$$\text{保本点作业率}=\frac{225\ 000}{5\ 000\times 150}\times 100\%=30\%$$

上述计算结果表明，该企业保本点作业率必须达到正常经营业务量的 30%才可保本；低于这一比率，企业就会发生亏损。

三、经营杠杆系数

(一)经营杠杆的含义

根据成本习性原理，我们知道在相关范围内，业务量的增加一般不会改变其固定成本总额，但是却会使单位固定成本降低，从而提高单位产品的利润，并使息税前利润的增长率大于业务量的增长率；反之，业务量的减少会使单位固定成本上升，从而降低单位产品的息税前利润，并使息税前利润的下降率大于业务量的下降率。很显然，产品只有在没有固定成本的条件下(即企业的所有成本都是变动的)，边际贡献总额等于营业利润，那么此时息税前利润的变动率才有可能与业务量的变动率同步增减。实际上，这种情况一般是不存在的。因此，在经济生活中，由于固定成本的存在，息税前利润的变动率必然大于销售量的变动率。这种利润变动率大于销售量变动率的现象，我们称之为“经营杠杆”。它能反映出企业经营的风险，并帮助管理当局进行科学的预测分析和决策分析，因而也是本量利分析中的一个重要概念。

(二)经营杠杆系数的计算

经营杠杆现象通常用经营杠杆系数来表示。经营杠杆系数是指息税前利润变动率相当于销售量变动率的倍数，用 DOL 来表示。根据此定义，可得到其基本计算公式为：

$$\text{经营杠杆系数}(DOL)=\frac{\text{息税前利润变动率}}{\text{销售变动率}}$$

$$=\frac{\Delta EBIT/EBIT}{\Delta x/x}$$

其中：$EBIT$ 为基期息税前利润，$\Delta EBIT$ 为息税前利润变动额；x 为基期销售量(额)，Δx 为销售量或销售额变动数。

若对上述基本公式进行变换，可以得到其简化公式为：

$$DOL=\frac{(p-b)\cdot x}{(p-b)\cdot x-a}$$

$$=\frac{Tcm}{Tcm-a}$$

$$=\frac{Tcm}{EBIT}$$

$$=\frac{\text{基期边际贡献}}{\text{基期息税前利润}}$$

【思考】你能从基本公式推导出简化公式吗?

【学中做 3-9】 神舟公司生产某品牌电视机,单位产品售价为 1 500 元。上年该电视机产销量为 1 万台,预计计划年度产销量增长 20%。单位变动成本为 900 元,全年固定成本总额为 300 万元。

要求:计算经营杠杆系数 DOL 指标。

该公司销售变动率 $\Delta x/x=20\%$

基期息税前利润 $EBIT=(1\ 500-900)\times 10\ 000-3\ 000\ 000=3\ 000\ 000$(元)

预计计划年度的息税前利润$=(1\ 500-900)\times 12\ 000-3\ 000\ 000=4\ 200\ 000$(元)

$$\text{息税前利润变动率}=\frac{4\ 200\ 000-3\ 000\ 000}{3\ 000\ 000}\times 100\%=40\%$$

于是:

$$DOL=\frac{\Delta EBIT/EBIT}{\Delta x/x}=\frac{40\%}{20\%}=2$$

运用简化公式,我们同样可以得到经营杠杆系数为:

$$DOL=\frac{(1\ 500-900)\times 10\ 000}{(1\ 500-900)\times 10\ 000-3\ 000\ 000}=2$$

由公式可知,企业只要存在固定成本,经营杠杆系数 DOL 恒大于 1,并且经营杠杆系数与固定成本总额同方向变动,固定成本越大,经营杠杆系数越大。

在【学中做 3-9】中,息税前利润总是以销售增长率的 2 倍增长。企业在实际经营过程中,若对产品的市场前景看好,就应该加大固定成本的投入,如增加固定资产投资、增加雇员等,从而加大经营杠杆系数,使产品销售量的增长能带来利润的更大增长。但是由于供求关系的不确定性,未来的产品销售量也许增长,也许负增长,当销售量减少时,息税前利润又将以经营杠杆系数为倍数的幅度下降。由此可见,经营杠杆系数扩大了市场和生产等不确定因素对利润变动的影响;且经营杠杆系数越大,随着产品销售量的变动,利润的变动越剧烈,从而企业的经营风险也就越大。因此我们说,经营杠杆系数是用于衡量企业经营风险大小的指标。

【提示】从简化公式可以看出,企业通常可以通过增加销售额、降低单位变动成本、降低固定成本等途径使经营杠杆系数下降,从而降低经营风险。

此外,在企业的经营管理活动中,还可利用经营杠杆系数变形进行利润预测分析。

息税前利润变动率=销售变动率×经营杠杆系数

计划期的息税前利润=基期的息税前利润×(1+销售变动率×经营杠杆系数)

也可以利用经营杠杆系数进行完成既定目标利润下的销售增长预测分析。

$$\text{预计销售增长率}=\frac{\text{息税前利润变动率}}{\text{经营杠杆系数}}$$

【思考】经营杠杆系数和安全边际率是互为倒数关系吗?

技能训练

一、单项选择题

1. 下列(　　)因素变动不会影响企业保本点的变动。

A. 销售单价　　B. 目标利润　　C. 固定成本　　D. 单位变动成本

2. 某企业甲产品的单位售价为 60 元,单位变动生产成本为 35 元,单位销售费用为 3 元,单位管理费用为 2 元,则该产品的单位贡献为(　　)元。

A. 25　　B. 22　　C. 23　　D. 0

3. 已知 A 企业生产和销售单一产品,销售单价为 20 元/件,单位变动成本为 12 元/件,今年的固定成本总额为 40 000 元,预计明年将增加 8 000 元的酌量性固定成本,其他条件不变,则明年该企业的保本量为(　　)件。

A. 1 000　　B. 4 000　　C. 5 000　　D. 6 000

4. 某企业只生产一种产品,单价为 56 元/件,单位变动成本为 36 元/件,固定成本总额为 4 000 元。如果企业要确保安全边际率达到 50%,则销售量应达到(　　)件。

A. 143　　B. 222　　C. 400　　D. 500

5. 某公司生产的产品,单价为 2 元,边际贡献率为 40%,本期的保本量为 20 万件,则其固定成本为(　　)万元。

A. 16　　B. 50　　C. 80　　D. 100

6. 已知某企业经营安全程度的评价结论为“值得注意”,据此可以断定,该企业安全边际率的数值(　　)。

A. 在 10%以下　　B. 在 10%至 20%之间

C. 在 20%至 30%之间　　D. 在 30%至 40%之间

7. 已知某企业的销售收入为 10 000 元,固定成本为 2 200 元,保本作业率为 40%。在此情况下,该企业可实现利润为(　　)元。

A. 1 800　　B. 2 300　　C. 3 300　　D. 3 800

8. 某企业的变动成本率为 60%,安全边际率为 30%,则其销售利润率为(　　)。

A. 12%　　B. 18%　　C. 28%　　D. 42%

9. 假定下列各项中的因素变动均处于相关范围内,则能够导致保本点升高的是(　　)。

A. 单价提高　　B. 单位变动成本升高

C. 实际销量增多　　D. 安全边际量增大

10. 如果经营杠杆系数等于 1,表明企业的固定成本(　　)。

A. 等于零　　B. 大于零　　C. 小于零　　D. 为任意值

二、多项选择题

1. 下列各项中,属于正确的管理会计公式的有(　　)。

A. 销售利润率=安全边际率×边际贡献率

B. 安全边际率=边际贡献率+变动成本率

C. 边际贡献率+变动成本率=1

D. 保本点作业率+安全边际率=1

2. 下列各项中,能够决定保本点大小的因素有(　　)。

A. 固定成本　　B. 单位变动成本　　C. 现有销售量　　D. 销售单价

3. 按照管理会计对传统式本量利分析图的解释，下列各项中，表达正确的有(　　)。

A. 在成本水平不变的情况下，单价越高，保本点越低

B. 在成本水平不变的情况下，单价越高，保本点越高

C. 在单价、固定成本不变的情况下，单位变动成本越高，保本点越高

D. 在单价、固定成本不变的情况下，单位变动成本越高，保本点越低

4. 在下列关于安全边际及安全边际率的描述中，正确的有(　　)。

A. 安全边际是现有销售额超过保本点销售额的部分

B. 安全边际率是安全边际量与现有销售量之比

C. 安全边际率和保本作业率之和为1

D. 安全边际率越大，企业发生亏损的可能性越大

5. 下列各项中，会随着单价变动而呈现反方向变动的有(　　)。

A. 保本点　　B. 保利点　　C. 变动成本率　　D. 安全边际率

6. 下列各项中，能同时影响保本点、保利点的有(　　)。

A. 固定成本总额　　B. 目标利润　　C. 单位边际贡献　　D. 边际贡献率

7. 下列各式中，其计算结果等于边际贡献率的有(　　)。

A. $\frac{\text{单位边际贡献}}{\text{单价}}$　　B. 1－变动成本率

C. $\frac{\text{边际贡献}}{\text{销售收入}}$　　D. $\frac{\text{固定成本}}{\text{保本额}}$

8. 下列各项中，有可能成立的关系有(　　)。

A. 边际贡献率大于变动成本率

B. 边际贡献率小于变动成本率

C. 边际贡献率＋变动成本率＝1

D. 边际贡献率和变动成本率都大于零

9. 当企业处于保本状态时，就意味着(　　)。

A. 总收入等于总成本　　B. 利润等于零

C. 边际贡献大于固定成本　　D. 边际贡献等于固定成本

10. 某产品单价为8元，固定成本总额为2 000元，单位变动成本为5元，计划产销量为600件，要实现400元的利润，可分别采用的措施有(　　)。

A. 减少固定成本600元　　B. 提高单价1元

C. 提高产销量200件　　D. 降低单位变动成本1元

三、判断题

1. 若单位产品售价与单位变动成本发生同方向同比例变动，则保本量不变。(　　)

2. 在多品种条件下，若整个企业的利润为零，则说明各产品均已达到保本状态。(　　)

3. 在已知固定成本、保本额和销售单价的条件下，可推算出单位变动成本。(　　)

4. 因为安全边际额等于现有销售额超过保本额的差额，并表明销售额下降多少企业仍不至于亏损，所以安全边际额就等于企业的营业利润。(　　)

5. 从标准式本量利关系图中可以看出，只有当单价大于单位变动成本时，才可能形成保

本点。 (　　)

6. 在一定时期内，如果企业的保本作业率为零，可以断定该企业处于保本状态。 (　　)

7. 在贡献式本量利关系图中，销售收入线与固定成本线之间的垂直距离是边际贡献。 (　　)

8. 在标准式本量利关系图中，当现有销售量变化时，会导致利润三角区和亏损三角区同时变动。 (　　)

9. 只要固定成本不等于0，经营杠杆系数恒大于1。 (　　)

10. 产销量的变动与经营杠杆系数的变动方向相同。 (　　)

四、计算分析题

1. 某企业只生产并销售一种产品，销售单价为10元，单位变动成本为6元，固定成本总额为20 000元，预计计划期可销售8 000件。

要求：计算下列指标：

(1)保本量；

(2)保本额；

(3)单位边际贡献；

(4)边际贡献率；

(5)安全边际率；

(6)保本作业率；

(7)预计销售利润。

2. 某企业月计划生产并销售A产品800件，该产品单价为48元，单位变动成本为30元，固定成本为4 500元。

要求：

(1)预计销售量下的利润。

(2)若利润不变，销售量增加到1 000件，单价可降低多少元?

(3)若增加广告费500元，单位变动成本降低5%，单价降低10%，要实现20 000元的目标利润，销售量需要达到多少件?

3. 某公司年固定成本为102 000元，生产A、B、C三种产品，有关资料如下表所示。

	A产品	B产品	C产品
销售量(件)	2 000	1 000	1 000
单价(元)	100	100	100
单位变动成本(元)	50	60	70

要求：

(1)用加权平均法计算综合贡献毛益率；

(2)计算公司计划期的保本额和各产品的保本点。

4. 金利公司当前销售量为10 000件，售价为30元(收入为300 000元)，单位变动成本为18元(变动成本为180 000元)，固定成本为100 000元，*EBIT*为20 000元，预计下年度的销售量为12 000元(即增长20%)，固定成本保持不变。试计算经营杠杆系数*DOL*。

5. 某公司只产销一种产品，本年度的销售总收入为 150 000 元，净利润为 12 000 元。按该公司的计划，下年度销售量将减少 10%，销售量下降后，该公司净利润将下降 75%。假定下年度的销售单价仍维持 40 元不变，单位变动成本与固定成本不变。

要求：计算下列指标：

(1)本年度销售量和下年度的销量降低额；

(2)下年度的利润降低额；

(3)单位贡献边际和固定成本；

(4)下年度的保本量。

情境四

预测分析

职业能力目标

1. 了解生产经营预测的意义；
2. 理解资金需要量预测的影响因素；
3. 掌握资金需要量预测、成本预测、销售预测和利润预测的预测方法。

典型工作任务

1. 能够使用资金需要量预测方法进行资金需要量预测；
2. 能够使用成本预测方法进行成本预测；
3. 能够使用销售预测方法进行销售预测；
4. 能够使用利润预测方法进行利润预测。

情境引言

在市场经济日益发展的今天，预测分析的重要性越来越大。企业要想在市场竞争中立于不败之地，就必须做好预测分析，不仅要了解市场的过去和现状，更为重要的是必须面向未来，对未来的发展趋势作出科学的预计和推测。缺乏科学预测的管理是盲目的和不健全的管理。预测分析的基本内容主要包括资金需要量预测、成本预测、销售预测和利润预测。

学习子情境一　成本与资金需要量的预测

一、成本预测的意义

成本是衡量企业经济效益的重要指标，也是管理会计研究的主要对象之一。成本预测是根据企业目前的经济状况和发展目标，通过对影响成本变动的有关因素的分析和测算，对企业未来成本水平和变动趋势进行预计和推测的一种方法。成本预测在现代企业经营管理工作中具有十分重要的意义。

(一)成本预测有利于加强事前成本管理

通过成本预测,企业在生产经营活动开始之前,就可以确定成本的变动趋势和未来一定时期内的成本水平,把握成本控制的方向和途径,正确评价各种方案、措施可能产生的经济效果,同时为编制成本计划提供科学依据,从而将成本管理纳入事前管理的轨道,以主动的成本控制取代被动的成本控制。

(二)成本预测有利于加强目标管理

在实施目标管理的过程中,目标成本管理具有举足轻重的地位。通过成本预测,可以确定成本与业务量之间的相互关系,为确定未来一定期间内的成本目标提供客观依据,为做好企业整个的目标管理工作奠定基础。

(三)成本预测有利于加强成本控制

通过成本预测,能够预计出本期的产品成本水平,将这一预测值与目标成本相比较,就可以预计本期产品成本计划的完成情况。如果预计出来的成本不能达到目标成本的要求,企业就要及时采取各种控制措施,纠正偏差,以确保实现经营目标。

(四)成本预测有利于制定经营决策

经营决策的正确制定,依赖于以成本为主体内容的决策成本信息。通过成本预测,可以恰当地确定有关产品的品种结构、产量界限、质量标准和材料、人工的合理消费水平,还可以准确地揭示、估计各种因素对产品成本的影响与制约。

二、成本预测的方法

成本预测的方法主要有目标成本预测法、历史资料分析预测法和新产品成本预测法。

(一)目标成本预测法

该方法是为实现目标利润所应达到的成本水平或应控制的成本限额。它是在销售预测和利润预测的基础上,结合本量利分析预测目标成本的一种方法。预测目标成本,是为了控制企业生产经营过程中的劳动消耗,降低产品成本,实现企业的目标利润。用这种方法确定的目标成本,能够与企业的目标利润联系起来,有利于目标利润的实现。制定目标成本一般是在综合考察未来一定期间内有关产品的品种、数量、价格和目标利润等因素的基础上进行的。计算方法一般有如下几种:

1. 根据目标利润制定目标成本

目标成本=预计销售收入－目标利润

【学中做4－1】 神舟公司产销一种产品,预计下年度的产销量为12 000件,预计销售单价为30元/件,预计的目标利润为40 000元,则该企业下年度的目标成本为:

目标成本=12 000×30－40 000=320 000(元)

2. 根据资金利润率制定目标成本

目标成本=预计销售收入－预计资金利润率×平均资金占用额

【学中做4－2】 神舟公司上年度实际固定资产平均占用额为240万元,全部流动资金平均占用额为100万元。本年度计划扩大生产规模,拟在年初购置一套价值52万元的新型加工设备投入生产。年初追加流动资金8万元,预计资金利润率为12%,本年度预计的销售额为280万元。则公司本年度的目标成本为:

目标成本=280－[(240+100)+(52+8)]×12%=232(万元)

3. 根据销售利润率制定目标成本

目标成本＝预计销售收入×(1－销售利润率)

【学中做 4－3】 神舟公司预计下年度销售额为 600 万元，销售利润率为 15%。则公司下年度的目标成本为：

目标成本＝600×(1－15%)＝510(万元)

4. 以过去先进的成本水平作为目标成本

这种方法以本企业历史上最好的成本水平或国内外同行业同类产品的先进成本水平作为目标成本，也可以将本企业上年实际成本水平扣除行业或主管单位下达的成本降低率后，作为目标成本。这种方法的缺陷是没有将目标成本同目标利润联系起来，因此与企业的实际存在一定的差距。

(二)历史资料分析预测法

该方法也称可比产品成本预测法，适用于企业现存产品或者与现存产品相似的产品成本的预测。它是根据企业成本的历史资料和相关数据，并采用一定的方法对这些数据进行相应处理，建立相关的数学模型，并根据该模型对企业的产品成本进行预测，具体的方法有高低点法、加权平均法和回归分析法等。

1. 高低点法

高低点法是以成本习性分析为基础，依据成本的历史资料，将某一时期与最高业务量和最低业务量相对应的成本进行对比，从而确定成本预测模型的一种方法。

【学中做 4－4】 神舟公司 2015 年上半年的历史成本资料如表 4－1 所示。预计 7 月份的产量为 100 万件，采用高低点法预测 7 月份的成本总额。

表 4－1　　神舟公司 2015 年上半年的历史成本资料

期　间	1 月	2 月	3 月	4 月	5 月	6 月	合　计
生产量(万件)	20	60	40	80	120	118	438
总成本(万元)	240	340	280	340	460	470	2 130

根据生产量的高低确定高点与低点资料：高点生产量为 120 万件，对应的总成本为 460 万元；低点生产量为 20 万件，对应的总成本为 240 万元。则：

$$b=\frac{\text{高低点总成本之差}}{\text{高低点生产量之差}}$$

$$=\frac{460-240}{120-20}=2.2(\text{元/件})$$

a＝高点总成本－b×高点生产量＝460－2.2×120＝196(万元)

总成本预测模型为：

$y=a+bx=196+2.2x$

将 7 月份生产量 100 万件代入上式，得 7 月份成本的预测值为：

$y_7=196+2.2\times100=416$(万元)

【提示】 高低点法是一种非常简便的预测方法。但是，由于该法仅使用个别成本资料，故难以精确反映成本变动的趋势。

2. 加权平均法

加权平均法主要是根据过去若干期间的单位变动成本和固定成本的加权平均值，预测计划期的产品成本。由于距计划期越近，对计划期的影响越大，其权数就应大些；反之，距计划期越远，对计划期的影响越小，其权数就应小些。其计算公式如下：

$$\text{计划期的总成本 } y=\frac{\sum wa}{\sum w}+\frac{\sum wb}{\sum w}x$$

【提示】加权平均法适用于企业的历史成本资料具有详细的固定成本总额与单位变动成本的数据，否则就只能采用上述介绍的高低点法或者后面将介绍的回归分析法。

【学中做 4—5】 神舟公司最近 3 年的成本数据如表 4—2 所示。

表 4—2　　神舟公司最近 3 年的成本数据　　单位：元

年　份	固定成本总额	单位变动成本
2013	60 000	40
2014	65 000	36
2015	70 000	30

要求：预测 2016 年生产 20 000 件的成本总额及单位产品成本。

根据上述资料按距计划期远近分别加权，假定 2015 年加权数为 3，2014 年加权数为 2，2013 年加权数为 1。则预计 2016 年产品总成本为：

$$y=\frac{\sum wa}{\sum w}+\frac{\sum wb}{\sum w}x$$

$$=\frac{60\ 000\times1+65\ 000\times2+70\ 000\times3}{1+2+3}+\frac{40\times1+36\times2+30\times3}{1+2+3}\times20\ 000$$

$$=740\ 000(\text{元})$$

$$\text{预计产品单位成本}=\frac{y}{x}=\frac{740\ 000}{20\ 000}=37(\text{元/件})$$

3. 回归分析法

回归分析法是应用数学上的最小平方法原理，根据若干期的业务量、成本及其相互间的回归关系，确定成本预测回归方程式，寻求其变化规律的一种方法。反映总成本随业务量变动而变动的趋势直线方程为 $y=a+bx$，其中，a 和 b 的计算公式如下：

$$b=\frac{n\sum xy-\sum x\sum y}{n\sum x^2-(\sum x)^2}$$

$$a=\frac{\sum y-b\sum x}{n}$$

【学中做 4—6】 依据【学中做 4—4】的资料，采用回归分析法预测该公司 7 月份的成本总额。

依据资料，列表计算有关数据如表 4—3 所示。

表 4—3　　回归直线计算表

月　份	x	y	xy	x^2
1	20	240	4 800	400
2	60	340	20 400	3 600

续表

月份	x	y	xy	x^2
3	40	280	11 200	1 600
4	80	340	27 200	6 400
5	120	460	55 200	14 400
6	118	470	55 460	13 924
$n=6$	$\sum x=438$	$\sum y=2\ 130$	$\sum xy=174\ 260$	$\sum x^2=40\ 324$

将相关数值代入公式，计算 a、b 的值：

$$b=\frac{6\times 174\ 260-438\times 2\ 130}{6\times 40\ 324-438^2}=2.25$$

$$a=\frac{2\ 130-2.25\times 438}{6}=190.75$$

则总成本的习性模型为：

$y=190.75+2.25x$

将 $x=100$ 代入该模型，得 7 月份的成本预测值如下：

$y=190.75+2.25\times 100=415.75$(元)

回归分析法比较简单，它是在仅考虑一个产量因素的情况下，根据若干时期的成本资料，经过分析、计算后，按最小平方法原理，分析确定能反映成本变动趋势的直线，以预测计划期成本的方法。

(三)新产品成本预测法

该方法也称不可比产品成本预测法。它适用于企业以往年度没有正式生产过的、其成本水平无法与过去进行比较的新产品成本预测。主要有以下两种：

1. 技术测定法

技术测定法是指在充分挖掘生产潜力的基础上，根据产品设计结构、生产技术条件和工艺方法，对影响人力、物力消耗的各项因素进行技术测试和分析计算，从而确定产品成本的一种方法。该方法比较科学，但工作量较大，较适合于品种少、技术资料比较齐全的产品。

2. 产值成本法

产值成本法是指按工业总产值的一定比例确定产品成本的一种方法。产品的生产过程同时也是生产的消耗过程，在这一过程中，产品成本体现生产过程中的资金耗费，而产值则以货币形式反映生产过程中的成果。产品成本与产品产值之间客观存在着一定的比例关系，比例越大，说明消耗越大，成本越高；比例越小，说明消耗越小，成本越低。这样，企业进行预测时，就可以参照同类企业相似产品的实际产值成本率，加以分析确定。其计算公式如下：

$$\text{某种产品的预测单位成本}=\frac{\text{某产品的总产值}\times\text{预计产值成本率}}{\text{预计产品产量}}$$

该方法简单易行，计算工作量小，但预测的结果不太准确。

三、企业资金需要量预测的基本程序

(一)确认企业需要资金的时间

资金是具有时间价值的，因此，在筹集资金前，企业财务人员必须根据企业生产经营活动需要投放资金的时间，按资金价值的原理，计算不同情况下的资金时间价值。合理、适时地安排企业资金筹集的时间，既要避免过早筹集资金导致资金闲置，又要防止筹措资金的时间滞后，错失资金投放的最佳时间。

(二)确定企业需要资金的用途

企业需要筹措的资金，可以投放于企业生产经营过程的各个方面。例如，可以投资于现金、应收账款、存货等，也可以投资于新产品、新技术的研制和开发，企业厂房、机器设备的更新和改造。由于用途不同，导致资金需要量不同，资金使用时间长短不同，因此，在进行企业资金需要量预测时，必须确定企业需要资金的用途。

(三)搜集相关资料

进行企业资金需要量预测，需要大量的历史资料和企业生产经营活动的现时资料。包括：企业历年的资产负债表、利润表及现金流量表等财务报表资料；企业资产结构资料、企业产品生产的规模、企业将要投资项目的可行性报告等各方面资料。这些都会为企业进行科学合理的资金需要量预测提供充分的依据。

(四)选择企业资金需要量预测的方法

预测企业资金需要量的方法有多种，常用的有定性预测法、比率预测法及资金习性预测法等。企业应根据预测资金的种类、用途和实际资料的情况，合理选择资金需要量预测的方法，以预测一定时期的资金需要量，真正成为企业实际筹措资金的重要参考资料。

(五)合理确定企业资金的需要量

企业财务人员可以依据企业资金需要量相关资料，选择适当的方法，首先测算资金需要量的预计数，但这一数据仅仅为企业筹集资金起参考作用。企业财务人员还应会同企业的相关管理决策部门，综合考虑筹措资金的实际情况，合理确定企业资金的需要量。

四、资金需要量预测的方法

(一)定性预测法

定性预测法一般是在企业缺乏完备准确的历史资料情况时进行的资金需要量的预测。定性预测法主要依靠相关人员的个人经验、主观分析和判断能力，测算企业未来一定时期的资金需要数量。

主要预测步骤是：首先，由熟悉财务情况和生产经营情况的专业人员，根据过去所积累的经验，进行分析判断，提出预测的初步意见；其次，通过召开座谈会或发出各种表格等形式，对上述预测的初步意见进行修正补充。如此经过一次或几次以后，得出预测的最终结果。

定性预测法在企业缺乏完备、准确的历史资料的情况下采用，是十分有用的。但它不能揭示资金需要量与产销量等有关因素之间的依存关系。

(二)比率预测法

比率预测法是以一定的财务比率来预测资金需要量的一种方法，如销售百分比法、周转率法等。常用的方法是销售百分比法，本书仅介绍该种方法。

销售百分比法的预测步骤是：首先，将资产负债表中现金、应收账款、存货、应付费用、应付账款等随销售收入变动而变动的项目分离出来。其次，确定销售收入中所需资金比率。最后，确定追加资金需要量。

$$\text{追加资金需要量}=\frac{A}{S_1}\times\Delta S-\frac{B}{S_1}\times\Delta S-P\times E\times S_2$$

其中：A 代表变动资产；B 代表变动负债；S_1 代表基期销售额；S_2 代表预测期销售额；ΔS 代表变动的销售额；P 代表销售净利率；E 代表预计的留存比率。

【学中做 4—7】 某公司 2015 年年末资产负债表如表 4—4 所示。已知该公司去年销售额为 1 000 万元，假定销售净利率为 10%，今年销售额扩大到 1 200 万元，利润分配率为 60%，试预测外部筹资额。

表 4—4 **资产负债表**

2015 年 12 月 31 日 单位：万元

资　产		负债与所有者权益	
现金	50	应付费用	50
应收账款	150	应付账款	100
存货	300	短期借款	250
固定资产净值	300	公司债券	100
		实收资本	200
		留存收益	100
资产总计	800	负债与所有者权益总计	800

根据销售百分比法的步骤，首先计算出资产负债表中随销售额变动的各项目分别与销售额的比例关系，如表 4—5 所示。

表 4—5 **该公司销售百分率表**

资　产	占销售收入(%)	负债与所有者权益	占销售收入(%)
现金	5	应付费用	5
应收账款	15	应付账款	10
存货	30	短期借款	不变动
固定资产	不变动	公司债券	不变动
		实收资本	不变动
		留存收益	不变动
合　计	50	合　计	15

然后根据表 4—5 计算出企业应追加资金量。

追加资金需要量＝50%×200－15%×200－10%×40%×1 200＝22(万元)

资金需要量的预测方法还有很多，如资金习性预测法、现金流量分析法等。针对不同的资金项目，资金需要量的预测采用不同的方法。

学习子情境二　销售预测

一、销售预测的意义

销售预测是在对市场进行充分调查的基础上，根据市场供需情况的发展趋势，并以过去和现在的销售资料为基础进行分析、判断，对企业某种产品在未来一定时期和区域内的销售量及其变化趋势进行预计和测算的过程。销售预测是企业进行正确经营决策的基本前提，也是其他各项经济预测的基础。搞好销售预测，既有利于提高经营决策的科学性，又可使企业的经营目标同社会生产的发展和人们的消费需要相适应，便于“以销定产”，使产品的生产、销售、调拨以及库存之间密切配合，大大提高企业的经济效益。

影响销售预测的因素很多，它们彼此间的关系也很复杂。其中包括国民经济的发展规模及速度、国家有关政策法规制度的变化、人口增长的速度、社会的消费水平、相关产品销售量的变化等因素。因此，搞好销售预测要求大量占有市场信息，综合考虑各种影响因素，并且恰当地运用分析方法。销售预测按预测的性质可分为定性预测和定量预测；按预测的时间可分为短期、中期和长期预测。

二、销售预测的方法

(一)销售预测的定性预测方法

销售预测的定性预测方法主要有市场调查法、专业人员判断分析法。

1. 市场调查法

市场调查法是指在市场调查的基础上，根据产品销售的具体特点和调查所得的资料，进行销售预测的方法。市场调查的内容主要包括：

(1)对产品本身的调查。任何产品都有其市场的寿命周期，通常可以分为试销期、成长期、饱和期、衰退期四个阶段。即使对同一种产品来讲，由于受到科学技术水平、社会经济发展水平以及消费环境变化的影响，其在不同社会时期的寿命周期有不断缩短的趋势。对产品本身的调查，就是要了解产品在当前市场的寿命周期长度以及所处的寿命周期阶段，以把握产品的市场销售前景。

(2)对消费者情况的调查。一种产品能否售出主要取决于市场需求，而消费者的情况、消费心理、个人爱好、消费风俗习惯等，对产品及其供应者的要求等都会影响产品的需求量。因此，掌握消费者的爱好和对产品的购买意图是市场调查的一项很重要的内容，这对生活消费品的销售预测来讲尤为重要，因为生活消费品使用面广，选择性强，消费者的消费意愿极易变化，消费行为对市场需求的影响更为直接。

(3)对经济发展趋势的调查。一国或地区的社会经济发展趋势都会直接或间接地影响市场需求。因此，了解国民收入增长情况、社会商品购买力情况、消费动向、行业生产增长速度和规模等，将有助于对产品的市场需求作出正确的判断。

(4)对市场竞争情况的调查。市场经济离不开竞争，要能在市场经济中求得生存和发展，既要清楚本企业产品的竞争能力，又要了解竞争对手的情况，包括在产品的设计、生产、销售价格等方面的新动向及其对销售将会产生的影响等，正确估计本企业产品在市场上的地位。

2. 专业人员判断分析法

专业人员判断分析法是通过一些具有丰富经验的经营管理人员或知识渊博的外界经济专家，对企业一定时期内特定产品的销售业务量情况作出判断和预计的一种方法。此方法一般适用于不具备完备可靠的历史资料、无法进行定量分析的企业。专业人员判断分析法主要包括以下三种方法：

(1)推销员意见综合法。它是由企业专门从事产品推销活动的人员，根据他们对其所在销售区域里各种产品销售历史情况的了解，提出有关产品在未来一定期间内销售量增减变动的个人意见，然后经归纳汇总，推算出产品需求总量的一种方法。采用此方法进行销售预测所需的时间短、费用低，比较实用。

(2)经理评定法。它是由企业召集有关经营管理人员，特别是熟悉销售业务的销售主管人员，以及各地经销商负责人开会，由他们根据多年的实践经验和判断能力对特定产品未来的销售变动趋势进行判断和预测的一种方法。该方法能够集思广益、博采众长、快捷实用，但预测结果也会受到有关人员判断能力的影响。

(3)专家判断法。它是由知识丰富的经济专家，根据他们多年的实践经验和判断能力对特定产品未来的销售变动趋势进行判断和预测的一种方法。这里的专家是指本企业或同行业的高级领导人、销售部门经理以及其他外界专家等，但不包括推销员和顾客。

(二)销售预测的定量预测方法

销售预测的定量预测方法主要有算术平均法、移动加权平均法、指数平滑法等。

1. 算术平均法

算术平均法又称简单平均法，它是对某产品在过去若干期间内的实际销售量(额)进行简单的平均计算，以其平均值作为该产品未来期间内销售预测值的一种预测方法。其计算公式如下：

$$s=\frac{\sum_{i}^{n}s_i}{n}$$

其中：S 代表销售预测值；S_i 代表第 i 期销售量(额)；n 代表销售资料期数。

【学中做4－8】 神舟公司生产经营A产品，该产品过去6期的实际销售额资料如表4－6所示。采用算术平均法确定第7期的销售预测值。

表4－6 **A产品的实际销售额资料** 单位：万元

期数	1	2	3	4	5	6
销售额	630	650	680	660	680	678

7月份销售额预测值 $S=\frac{630+650+680+660+680+678}{6}=663$(万元)

【提示】 这种方法的优点是计算简单、方便易行；缺点是没有考虑不同时期(如远期和近期)实际销售量(额)对销售预测值的不同影响。故此方法一般只适用于销售量(额)变化比较平稳的商品，如没有季节性变化的食品、文具、日常用品等。

2. 移动加权平均法

移动加权平均法是对距离预测期较近的若干期间内的实际销售量(额)进行加权平均计算，以其平均值作为销售预测值的一种预测方法。它是根据各时期的实际值对预测值的影响程度对其分别规定不同的权数，进行加权平均计算，以求得预测值的一种方法。其计算公式如下：

$$S=\frac{\sum_{i=1}^{n}S_iW_i}{\sum W_i}$$

其中：S 代表销售预测值；S_i 代表第 i 期销售量(额)；n 代表销售资料期数；W_i 代表第 i 期权数。

为简化计算，可令 $\sum W_i=1$，则上式变为 $S=\sum_{i=1}^{n}S_iW_i$。

【学中做 4-9】 依据【学中做 4-8】的资料，若第 4、5、6 期的权数分别为 0.2、0.3、0.5，则采用移动加权平均法确定第 7 期的销售预测值为：

$S=0.2\times660+0.3\times680+0.5\times678=675$(万元)

【提示】 移动加权平均法弥补了算术平均法的缺陷，使企业的预测更加接近于实际，加大了预测期与近期的联系。

3. 指数平滑法

指数平滑法是一种特殊的加权平均法，它是在前期销售量(额)实际数和预测数的基础上，利用事先确定的平滑指数预测未来销售量的一种方法。假设 A 表示实际值，F 表示预测值，α 表示平滑指数($0\leqslant\alpha\leqslant1$，一般取值为 0.3～0.7)，$t$ 表示第 t 期。则其计算公式为：

$$F_t=\alpha A_{t-1}+(1-\alpha)F_{t-1}$$

实际上，公式中的 α 及 $1-\alpha$ 分别表示前期实际值和预测值对本期预测值的影响权重。

【学中做 4-10】 仍沿用【学中做 4-8】的资料，假设第 6 期的预测销售额的预测值为 670 万元，平滑指数为 $\alpha=0.6$，则采用平滑指数法预测第 7 期的销售额为：

$F_7=\alpha A_6+(1-\alpha)F_6=0.6\times678+(1-0.6)\times670=674.8$(万元)

用平滑指数进行预测时，平滑指数对预测值的大小具有很大的影响，平滑指数 α 越大，则前期实际数对预测结果的影响越大；平滑指数 α 越小，则前期实际数对预测结果的影响越小。而企业在确定平滑指数时往往是根据过去的实际值和预测值的比较得出的，带有一定的主观因素。为避免人为因素对平滑指数的影响，往往需要利用不同的平滑指数进行反复的验证，方可达到预测值和实际值之间差异的最小化，得到最佳的销售预测值。

学习子情境三　利润预测

一、利润预测的意义

利润是衡量企业生产经营成果的重要指标。企业生产经营过程中各项工作的好坏，可直接或间接地通过利润指标反映出来。利润预测是按照企业经营目标的要求，通过综合分析影响利润变动的价格、成本、产销量等因素，测算企业在未来一定时期内可能达到的利润水平和利润变动趋势的一种方法。

进行科学的利润预测，对于改善企业的经营管理具有非常重要的意义。

(1)利润预测可以为企业的生产经营管理提供明确的目标。

(2)利润预测是编制全面预算的基础。

(3)利润预测可以为企业的资金需要量预测提供信息。

二、利润预测的方法

企业在分析上期利润计划并考察下期影响利润的各种因素变动情况的基础上，就可以预测下期的目标利润。其方法主要有本量利分析法、销售增长比率法、资金利润率法和利润增长比率法。

(一)本量利分析法

该方法是在成本习性分析和保本分析的基础上，根据有关产品成本、价格、业务量等因素与利润的关系确定计划期间目标利润的一种方法。

1. 单一品种目标利润计算公式

目标利润=(预计销售单价－预计单位变动成本)×预计销售数量－固定成本总额

即：

$$\pi=(p-b)Q-a$$

其中：π 代表目标利润；p 代表预计销售单价；b 代表预计单位变动成本；Q 代表预计销售数量；a 代表固定成本总额。

【学中做 4－11】 神舟公司产销一种产品，预计下年度的产销量为 12 000 件，单位变动生产成本为 200 元/件，单位变动销售及管理费用为 50 元/件，固定成本总额为 400 000 元，销售单价为 300 元/件。则该公司下年度的目标利润为：

π＝[300－(200＋50)]×12 000－400 000＝200 000(元)

2. 多品种目标利润计算公式

目标利润=预计销售收入总额×综合贡献毛益率－固定成本总额

即：

$$\pi=PQ\cdot\overline{cmR}-a$$

其中：π 代表目标利润；p 代表预计销售单价；Q 代表预计销售数量；$\overline{cmR}$代表综合贡献毛益率；a 代表固定成本总额。

【学中做 4－12】 神舟公司产销 A、B、C 三种产品，贡献毛益率分别为 40%、30%、20%，在销售总额中各种产品的销售比重分别为 20%、50%、30%，预计下年度销售收入总额为 1 000万元，固定成本总额为 200 万元。则该公司下年度的目标利润为：

π＝1 000×(40%×20%＋30%×50%＋20%×30%)－200＝90(万元)

(二)销售增长比率法

该方法是以基期实际销售利润与销售预计增长比率为依据计算目标利润的一种方法。该方法假定利润与销售同步增长。其计算公式如下：

目标利润＝基期销售利润×(1＋销售预计增长比率)

【学中做 4－13】 神舟公司上年实际销售利润为 140 万元，实际销售收入为 1 600 万元。若本年度计划销售额为 2 000 万元，则该公司本年度的目标利润为：

$$销售增长比率=\frac{2\,000-1\,600}{1\,600}\times100\%=25\%$$

目标利润＝140×(1＋25%)＝175(万元)

(三)资金利润率法

该方法是根据企业预计资金利润率水平，结合基期实际资金的占用状况与未来计划投资额来确定目标利润的一种方法。其计算公式如下：

目标利润＝(基期占用资金＋计划投资额)×预计资金利润率

【学中做 4－14】 神舟公司上年度实际固定资产平均占用额为 240 万元，全部流动资金平均占用额为 100 万元。下年度计划扩大生产规模，拟在年初购置一套价值 52 万元的新型加工设备投入生产。年初追加流动资金 8 万元，预计本年度资金利润率为 12%。按资金利润率法预测公司本年度的目标利润为：

目标利润＝[(240＋100)＋(52＋8)]×12%＝48(万元)

(四)利润增长比率法

该方法是根据企业基期已经达到的利润水平，结合近期若干年(通常为近 3 年)利润增长比率的变动趋势，以及影响利润的有关因素在未来可能发生的变动等情况，确定一个相应的预计利润增长比率，来确定目标利润的一种方法。其计算公式如下：

目标利润＝基期利润×(1＋预计利润增长率)

【学中做4—15】 神舟公司上年度实际利润总额为50万元，根据过去3年盈利情况的分析，确定本年度的利润增长比率为10%。则公司本年度的目标利润为：

目标利润＝50×(1＋10%)＝55(万元)

技能训练

一、单项选择题

1. 下列各项中，不属于定量分析法的是(　　)。

A. 判断分析法　B. 算术平均法　C. 回归分析法　D. 平滑指数法

2. 在下列产品寿命周期的不同阶段中，产品销售量急剧下降的现象通常发生在(　　)。

A. 萌芽期　B. 成长期　C. 成熟期　D. 衰退期

3. 下列各项中，可用于预测追加资金需用量的方法是(　　)。

A. 平均法　B. 回归分析法　C. 指数平滑法　D. 销售百分比法

4. 某企业利用0.4的平滑指数进行销售预测，已知2014年的实际销量为100吨，预计销量比实际多10吨；2015年实际销量比预测销量少6吨。则该企业2016年预测销量应为(　　)吨。

A. 106.6　B. 103.6　C. 93.6　D. 63.6

5. 某汽车厂今年销售汽车的历史资料如下表所示。

季　度	1	2	3	4
销量(万辆)	13.5	13.2	13.8	14

则利用算术平均法预测明年1月份的汽车销售量为(　　)万辆。

A. 13.6　B. 13.625　C. 13.2　D. 13.375

二、多项选择题

1. 下列各项中，属于预测分析内容的有(　　)。

A. 销售预测　B. 利润预测　C. 成本预测　D. 定性预测

2. 下列各项中，属于影响销售量的外部因素的有(　　)。

A. 市场环境　B. 竞争对手　C. 生产条件　D. 经济发展趋势

3. 下列各项中，可用于销售预测的定量分析方法有(　　)。

A. 判断分析法　B. 算术平均法

C. 移动加权平均法　D. 指数平滑法

4. 在销售预测中，定性预测可以采用的方法有(　　)。

A. 推销员意见综合法　B. 回归分析法

C. 专家判断法　D. 市场调查法

5. 利润预测的方法主要有(　　)。

A. 本量利分析法　B. 销售增长比率法

C. 资金利润率法　　　　　　　　　　　　D. 利润增长比率法

三、判断题

1. 销量预测中的算术平均法与移动加权平均法没有任何共同之处。（　　）
2. 成本预测是其他各项预测的前提。（　　）
3. 销售预测中的算术平均法适用于销售量略有波动的产品的预测。（　　）
4. 在产品寿命的不同周期阶段，销售量的发展趋势是不同的。（　　）
5. 指数平滑法的实质是一种特殊的加权平均法。（　　）

四、计算分析题

1. 某企业生产一种产品，2015 年 1～12 月份的销售量资料如下表所示。

月　份	1	2	3	4	5	6	7	8	9	10	11	12
销售量(吨)	10	12	13	11	14	16	17	15	12	16	18	19

要求：分别按平滑指数法预测 2016 年 1 月份销售量。（假设 2015 年 12 月份销售量预测数为 16 吨，平滑指数为 0.3）

2. 某企业只生产一种产品，本年销售量为 20 000 件，固定成本为 25 000 元，利润为 10 000元，预计下一年销售量为 25 000 件(假设成本、单价水平不变)。

要求：预测下年的利润额。

3. 某企业生产一种产品，最近半年的平均总成本资料如下表所示。

单位：万元

月　份	固定成本	单位变动成本
1	12 000	14
2	12 500	13
3	13 000	12
4	14 000	12
5	14 500	10
6	15 000	9

要求：假设 7 月份产量为 500 件，采用加权平均法预测 7 月份产品的总成本和单位成本。

情境五

短期经营决策分析

职业能力目标

1. 了解决策的概念、种类和程序；
2. 掌握短期经营决策中的成本概念、短期经营决策的方法；
3. 掌握常见的短期经营决策；
4. 了解影响产品定价的因素。

典型工作任务

1. 能在经营决策中区别相关成本和无关成本；
2. 具有一定的短期经营决策能力，能对企业常见的短期经营情境作出决策；
3. 能够灵活运用各种产品定价方法与策略。

情境引言

企业日常经营过程中，存在着大量的诸如生产什么产品、如何组织生产以及如何取得最佳收入的问题。由于这些问题主要涉及一年内的收支盈亏，所以，我们称之为短期经营决策。短期经营决策分析、评价的重点在于不同方案对企业成本、利润的影响，企业管理部门应认真分析不同方案的特性，采用专门的分析方法，权衡利害得失，从中选取最优方案以便取得最佳的经济效益。

学习子情境一　短期经营决策的认知

一、决策的概念及种类

(一)决策的概念

管理的关键在经营，经营的关键在决策。所谓决策，是指为了达到特定的目标，或者对某些特殊专门问题决定是否采取某种行动而在两个或两个以上的备选方案中，选择一个最优方案的过程。在现实当中，新情况、新问题层出不穷，它们需要当事者作出正确的判断和处理。对一个企业来说，生产经营过程中需要决策的事情很多，如生产何种产品、产品是否进一步加工、亏损产品是否停产或转产等。如何对这些问题进行正确的决策，关系到企业的兴衰成败、生存和发展。因此，经营决策是企业整个经营管理工作的重心，相关人员必须在未来经营战略和经营方针的指引下，结合企业的内部条件和外部环境，制订各种具体方案的经营措施和经营方法，并对各种方案可能导致的结果进行综合测算和对比分析，权衡利弊，从中择出最佳方案。

(二)决策的种类

1. 按决策时间长短进行分类

(1)短期决策。短期决策又称经营决策，是指对涉及一年以内的一次性专门业务，并仅对该时期内的收支产生影响的问题而进行的决策。该决策侧重探讨如何充分配置和利用现有的人力、物力和财力，获取最大的经济效益。它一般不涉及新的固定资产投资。例如，生产决策、销售决策、产品定价决策等。

(2)长期决策。长期决策又称投资决策或长期投资决策，是指对涉及的期间超过一年，并对较长期间内的收支产生影响的问题而进行的决策。它一般需要投入大量资金，并对企业生产经营产生较长的影响。例如，固定资产更新改造决策、是否需要增加固定资产生产设备的决策等。

【思考】 *举例说明什么是短期决策，什么是长期决策？*

2. 按决策者掌握信息的程度进行分类

(1)确定型决策。确定型决策是指决策者对未来情况所掌握的信息都是肯定的数据，只要比较不同方案的计算结果就能作出结论的决策。这种情况下，与决策相关的那些客观条件和自然状态是肯定的、明确的，并且可将其进行量化。

(2)风险型决策。风险型决策是指决策者对未来情况所掌握的信息不是完全肯定的数据，而是存在着几种可能的结果，无论选择何种方案都带有一定的风险的决策。这种决策一般以概率表示其可能性的大小，尽可能做到近似地符合实际情况。

(3)不确定型决策。不确定型决策是指决策者对未来情况所掌握的信息不仅数据不肯定，而且这些数据出现的概率也难以估计的决策。这种决策只能依靠决策者的实践经验和判断能力，或采用模糊数学的方法来解决。

3. 按决策的层次进行分类

(1)高层决策。高层决策是指由企业的最高阶层领导作出的决策，即涉及企业全局性、长远性大问题的决策。这类决策属于战略性决定。

(2)中层决策。中层决策是指由企业中层管理人员作出的决策，即从更低的层次、更短的时间和更小的范围对高层决策进行具体化，并制订最优利用资源、保证最高决策得以顺利实现的实施方案。这类决策属于战术性决定。

(3)基层决策。基层决策是指由企业基层管理人员作出的决策，即将上一层次所作的决策付诸具体实施。这类决策属于执行性决定。

4. 按决策本身的不同性质进行分类

(1)采纳与否决策。采纳与否决策也称接受与否决策，是指备选待定方案只有一个时而作出的决策。例如，亏损产品是否停产的决策、是否接受加工订货的决策等。

(2)互斥选择决策。互斥选择决策是指在一定的决策条件下，存在着几个相互排斥的备选方案，通过对比分析，最终选择最优方案而排斥其他方案的决策。例如，零部件是自制还是外购的决策、联产品是否进一步加工的决策等。

(3)最优组合决策。最优组合决策是指几个备选方案可以并举,在其资源总量受到一定限制的情况下,如何将这些方案进行优化组合,使其综合经济效益达到最优的决策。例如,在几种约束条件下生产不同产品的最优组合决策、在资本总量一定的情况下不同投资情境的最优组合决策等。

二、决策分析的程序

在企业中,为了科学地进行决策分析,一般应按以下步骤进行:

(一)确定决策分析的目标

确定决策分析的目标就是弄清这项决策要解决的问题。例如,在产品生产方面,有新产品的研制和开发问题、生产力提高的问题、生产设备充分利用的问题、生产工艺技术更新的问题等。决策目标应具体、明确,并力求目标的数量化。

(二)收集有关资料

针对决策分析的目标,广泛收集尽可能多的、对决策目标有影响的各种可计量因素和不可计量因素的有关资料,特别是要收集有关预期收入和预期成本的数据,以作为决策分析的依据。对于收集的各种资料,要善于鉴别,必要时还要进行加工延伸。

(三)提出各种备选方案

在明确决策分析目标的前提下,应充分考虑现实与可能,提出若干可行性的备选方案。所谓可行性,必须是技术上适当、生产上可行、经济上合理。提出可行性的备选方案是决策分析的重要环节,是作出科学决策的基础和保证。

(四)通过定量分析对各种备选方案作出初步评价

这个步骤就是根据各种备选方案的可计量资料,选择适当的专门方法,建立数学模型,对各方案的预期收入和预期成本进行计算、比较和分析,再根据经济效益的大小对备选方案作出初步的判断和评价,确定较优方案。这是整个决策分析过程的关键阶段。

(五)考虑其他因素的影响,确定最优方案

根据上一步骤定量分析的初步评价,进一步考虑计划期间各种非计量因素的影响。例如,针对国际、国内政治经济形势的变动,以及人们心理、习惯、风俗等因素的改变,进行定性分析。把定量分析与定性分析结合起来,通盘研究,权衡利害得失,并根据各方案提供的经济效益和社会效益的高低进行综合判断,最后确定最优方案。

三、短期经营决策分析所涉及的特殊成本

在经营决策分析中,成本是一个需要考虑的重要因素,除了经常使用的变动成本和固定成本等成本概念外,还可以将成本按决策的需要进行各种分类,从而形成成本分析当中特殊的成本概念。

(一)相关成本

相关成本是指在决策分析中必须加以考虑并且同方案选择有关的未来成本。主要包括以下内容:

1. 差量成本

差量成本是经营决策中广泛应用的一个重要的成本概念,是指两个备选方案的预期成本总额之差。不同方案经济效益的高低一般可通过差量成本的计算明显地反映出来。因此,计

算不同方案的差量成本有助于我们进行决策分析，确定最优方案。例如，某工厂的甲零件若自制，预期的单位成本(包括直接材料、直接人工和制造费用)为28元；若向市场采购，预期的单位购价为30元，则自制方案较外购方案优越，因为单位零件有差量成本2元。

2. 边际成本

边际成本是指在企业生产能力的相关范围内，每增加或减少一单位产量而引起的成本变动。从这个意义上来讲，管理会计中的单位变动成本和差量成本，都是边际成本这个理论概念的具体表现形式。

3. 机会成本

机会成本是指在使用资源的决策分析过程中，选取某个方案而放弃其他方案所丧失的潜在收益。由于每项资源往往有多种用途(或机会)，但用于某一方面就不能同时用于另一方面。这就是说，在某方面的所得，正是由于放弃另一方面的机会而产生的。例如，某企业从银行活期存款账户中取出5万元购买国库券作为短期投资，其机会成本就是该企业放弃银行存款所能获得的利息收入。在决策分析中，必须把已放弃方案可能获得的潜在收益，作为被选用方案的机会成本，才能对该方案的经济效益作出全面、合理的评价，最后正确判断被选用的方案是否真正最优。如果某项资源只有一个用途，如煤气公司的输气管道、自来水公司的地下水管等，就没有其他选择机会，那么它的机会成本就等于零。

4. 重置成本

重置成本又称现时成本或现行成本，是指目前从市场上购置同一项原有资产所需支付的成本。在商品定价决策中，一般需将重置成本作为重点考虑的对象。

5. 付现成本

付现成本是指需要在将来动用现金支付的成本。企业在短期经营决策中，如碰到本身的货币资金比较拮据，近期内又无应收账款可以收回，并且向市场上筹措资金又比较困难或借款利率较高时，对付现成本的考虑，往往会比对总成本的考虑更为重要，会选择付现成本最小的方案来代替总成本最低的方案。

6. 专属成本

专属成本是指明确归属于某种、某批或某个部门的固定成本。例如，专门为生产某种零件或某批产品而使用的机床的折旧费、保险费等，都属于专属成本。

7. 可避免成本

可避免成本是指通过决策行为可改变其数额的成本。例如，酌量性固定成本中的广告费、职工培训费等就属于此类。凡与某一备选方案有直接联系的变动成本，如自制某种零件需要支付的直接材料、直接人工和变动制造费用等也属于此类。

8. 可递延成本

可递延成本是指在企业财力负担有限的情况下，对已决定选用的某一方案如推迟执行，还不致影响企业的大局，那么与这一方案有关的成本，就称为可递延成本或可延缓成本。例如，某公司原来的办公楼比较简陋，原定在计划年度新盖办公楼一幢，需花费200万元，现在考虑到计划期间资金比较紧张，决定推迟三年再盖大楼，那么与建新楼有关的建筑材料、人工等，都属于可递延成本。

(二)无关成本

无关成本是指在决策分析中无须考虑、对未来没有影响的成本，或是指在各个备选方案中，情境相同、金额相等的未来成本。主要包括以下内容：

1. 沉没成本

沉没成本是指由于过去决策所引起，并已支付过款项的成本。例如，某公司去年年初购买了一台机床，原价 84 000 元，可用十年，期满残值 4 000 元。则该机床的原价 84 000 元及第一年按直线法计提的折旧 8 000 元，均属于沉没成本。

2. 不可避免成本

不可避免成本是指通过决策行为不能改变其数额的成本。例如，原有固定资产的折旧费、管理人员工资、固定资产租金，以及原来制造产品的各项变动成本等，都属于不可避免成本。

3. 不可递延成本

不可递延成本是指已选定的某一方案，即使在企业财力负担有限的情况下，也不能推迟执行，否则就会影响企业的大局，那么与这一方案有关的成本，就称为不可递延成本或不可延缓成本。例如，某公司过去一直采用烧柴油的锅炉，能源浪费很大，而且污染四周环境。现决定在计划年度内改用烧煤的锅炉，并装上防止污染的装置，需花费 20 万元。企业即使在计划期间财力紧张也必须执行这个方案，否则将被市政机关和环保部门勒令停业。那么与这个方案有关的成本都属于不可递延成本。

4. 共同成本

共同成本是指由几种、几批或几个有关部门共同分担的固定成本。例如，企业管理人员的工资、车间的照明费等。

5. 联合成本

联合成本是指联产品或半成品在进一步加工前所发生的变动成本和固定成本。在对联产品或半成品是否需要进一步加工的决策分析中，联合成本属于无关成本，不必加以考虑。

四、短期经营决策分析常用的方法

(一)差量分析法

在管理会计中，不同备选方案之间的差别称为差量，分为差量收入和差量成本两种。差量收入是两个备选方案预期收入之差；差量成本是两个备选方案预期成本之差。

差量分析法是根据两个备选方案的差量收入与差量成本所确定的差量损益进行决策分析的方法。若差量损益为正值，则前一个方案较优；若差量损益为负值，则后一个方案较优。应该注意：计算差量收入和差量成本的方案排列顺序必须保持一致。

采用差量分析法的关键在于：进行决策分析时，只考虑那些对备选方案的预期收入和预期成本会发生影响的项目；那些不相关的因素，则一概予以剔除。

【学中做 5—1】 神舟公司用一台设备既可生产甲产品，也可生产乙产品，其预计产销量、销售单价和单位变动成本资料如表 5—1 所示。

表 5—1 **神舟公司产品资料表**

项 目	甲产品	乙产品
产销量(件)	50	100
销售单价(元/件)	25	10
单位变动成本(元/件)	20	7

要求：作出该企业究竟生产哪种产品较为有利的决策。

(1)计算甲产品、乙产品的差量收入：

差量收入＝25×50－10×100＝250(元)

(2)计算甲产品、乙产品的差量成本：

差量成本＝20×50－7×100＝300(元)

(3)计算甲产品、乙产品的差量损益：

差量损益＝差量收入－差量成本＝250－300＝－50(元)

计算表明，甲产品与乙产品的差量损益为－50元，小于零，因此应选择生产乙产品，可多获利50元。

上述差量分析的整个过程，也可以通过编制差量分析表(见表5－2)的方法来进行。

表5－2　　差量分析表　　单位：元

项　目	甲产品	乙产品	差　量
差量收入	1 250	1 000	250
差量成本	1 000	700	300
差量损益			－50

【思考】上例中其他资料不变，假设甲产品的单位变动成本为15元/件，应选择何种产品？

(二)边际贡献分析法

边际贡献分析法是通过对比备选方案所提供的边际贡献总额来确定最优方案的方法。尽管单位边际贡献是反映产品盈利能力的重要指标，但由于企业税前利润的大小取决于边际贡献总额补偿固定成本总额后的余额，而边际贡献总额＝单位边际贡献×销售量。因此，在进行决策分析时，必须以备选方案提供的边际贡献总额的大小，或单位工时(或机器小时)所创造的边际贡献的大小作为选优标准，而绝不能以产品提供的单位边际贡献的大小来判断方案的优劣。

【学中做5－2】　依据【学中做5－1】的资料，采用边际贡献分析法进行决策分析。

甲产品边际贡献＝(25－20)×50＝250(元)

乙产品边际贡献＝(10－7)×100＝300(元)

计算表明，生产乙产品的边际贡献300元大于生产甲产品的边际贡献250元，所以应选择生产乙产品。

【提示】用同一台设备生产甲产品或乙产品，不论选择哪一个方案，固定成本总是相同的，是决策分析中的无关成本，因此，可以采用边际贡献总额的大小进行决策。

【思考】此类决策为什么不能以单位边际贡献作为决策的依据？

(三)成本平衡点法

成本平衡点法的关键在于确定成本平衡点(或成本分界点)。成本平衡点是两个备选方案的预期成本在相等情况下的业务量。根据成本平衡点，就可以确定在什么业务量范围内哪个方案较优。

【学中做5－3】　神舟公司需用的A配件既可以自制，又可以从市场上购买，购买单价为20元/件，每年自制A配件需增加专属成本30 000元，单位变动成本为15元/件。

要求：作出需求量在什么范围内A配件自制或外购的决策分析。

设A配件的需要量为x，则：

外购的相关成本 $y_1=20x$

自制的相关成本 $y_2=30\ 000+15x$

令 $y_1=y_2$

则 $20x=30\ 000+15x$

成本平衡点 $x=6\ 000$(件)

计算表明，若需要量为 6 000 件时，两方案成本相同，均属于可行方案；若需要量小于 6 000件时，外购方案的相关成本小于自制方案的相关成本，外购方案较优；若需要量大于 6 000件时，自制方案的相关成本小于外购方案的相关成本，自制方案较优。

学习子情境二　生产决策

一、新产品开发的品种决策

为了提高企业竞争能力，企业应不断开发新产品。在这里，我们讨论的是企业生产能力有剩余，或者淘汰老产品，生产新产品。至于通过增加固定资产投资，扩大生产能力发展新产品的决策，则属于长期投资决策，我们将在情境六中进行讨论。

(一)不追加专属成本时的决策分析

当各备选方案只是利用现有剩余生产能力，而不涉及追加专属成本时，各备选方案的原有固定成本都是相同的，属于无关成本。在进行决策分析时，只需计算各方案的边际贡献就可以正确决策，因此这种情况一般采用边际贡献分析法。

【学中做 5—4】 神舟公司原设计生产能力为 100 00 机器小时，但实际开工率只有原生产能力的 80%，现准备将剩余生产能力用来开发新产品 A 或 B。有关资料如表 5—3 所示。

表 5—3　　**新产品 A、B 的有关资料**

项　目	新产品 A	新产品 B
定额工时(机器小时/件)	10	5
销售单价(元/件)	100	80
单位变动成本(元/件)	75	60
固定成本总额(元)	3 000	

要求：作出该公司开发何种新产品较为有利的决策分析。

根据有关资料，编制边际贡献分析表如表 5—4 所示。

表 5—4　　**边际贡献分析表**

项　目	新产品 A	新产品 B
剩余生产能力(机器小时)	10 000×(1−80%)=2 000	
定额工时(机器小时/件)	10	5
最大产量(件)	2 000÷10=200	2 000÷5=400
销售单价(元/件)	100	80

续表

项　目	新产品 A	新产品 B
单位变动成本(元/件)	75	65
单位边际贡献(元/件)	25	15
边际贡献总额(元)	25×200=5 000	15×400=6 000

从表 5—4 的数据可见,开发新产品 B 比开发新产品 A 获边际贡献多 1 000 元(6 000—5 000),故开发新产品 B 较为有利。

(二)追加专属成本时的决策分析

当产品开发的品种决策方案中涉及追加专属成本时,就无法直接利用边际贡献指标来评价各方案的优劣,可以采用剩余边际贡献指标,即边际贡献扣除专属成本后的余额进行评价,或者用差别分析法进行评价。

【学中做 5—5】 依照【学中做 5—4】的资料,假设神舟公司制造新产品 A 需支付专属固定成本 1 800 元,制造新产品 B 需支付专属固定成本 3 000 元,则决策分析的结论又将如何?

由于专属固定成本是相关成本,故在决策分析过程中必须加以考虑,其边际贡献分析表如表 5—5 所示。

表 5—5　　边际贡献分析表

项　目	新产品 A	新产品 B
剩余生产能力(机器小时)	10 000×(1—80%)=2 000	
定额工时(机器小时/件)	10	5
最大产量(件)	2 000÷10=200	2 000÷5=400
销售单价(元/件)	100	80
单位变动成本(元/件)	75	65
单位边际贡献(元/件)	25	15
边际贡献总额(元)	25×200=5 000	15×400=6 000
减:专属固定成本(元)	1 800	3 000
剩余边际贡献总额(元)	3 200	3 000

计算表明,考虑了专属固定成本以后,新产品 A 的剩余边际贡献总额较新产品 B 多 200 元(3 200—3 000),故开发新产品 A 较开发新产品 B 能够给企业带来更多的收益。

【思考】 本例可否用差量分析法进行决策?

二、特殊价格追加订货的决策

这里所说的特殊价格,是指低于正常价格甚至低于单位产品成本的价格。在企业尚有一定的剩余生产能力可以利用的情况下,如果其他企业要求以较低的价格追加订货,企业应视情况考虑是否接受追加订货。

(一)当追加订货量小于或等于剩余生产能力时

此时企业利用剩余生产能力完成追加订货的生产,不妨碍正常订货的完成,而且在接受追加订货不追加专属成本，剩余生产能力又无法转移时，只要特殊订货的单价大于该产品的单位变动成本，就可以接受该追加订货。

(二)当追加订货量大于剩余生产能力时

此时接受追加订货必然会妨碍正常订货的完成，在决策分析时，应将追加订货而减少的正常收入作为追加订货的机会成本。当企业剩余生产能力能够转移时，转产所能产生的收益也应作为追加订货方案的机会成本。若追加订货需要增加专门的固定成本，则应将其作为追加订货方案的专属成本。

【学中做5—6】 神舟公司原来生产甲产品，年生产能力10 000件，每年有35%的剩余生产能力，正常销售单价为65元，有关成本数据见表5—6。

表5—6 甲产品单位成本资料

项 目	金 额
直接材料费(元/件)	18
直接人工费(元/件)	12
制造费用(元/件)	20
其中:变动制造费用(元/件)	8
固定制造费用(元/件)	12
单位产品成本(元/件)	50

(1)现有一客户提出订货3 000件，每件定价39元，剩余生产能力无法转移，增加订货不需要增加专属成本。

(2)现有一客户提出订货3 500件，每件定价40元，但该订货还有些特殊要求，需购置一台专用设备，年增加固定成本3 000元。

(3)现有一客户提出订货4 000件，每件定价41元，剩余生产能力无法转移，增加订货无须增加专属成本。

要求:就上述各不相关情况作出是否接受特殊价格追加订货的决策分析。

其计算分析情况如下:

(1)该企业有35%的剩余生产能力，即每年有3 500件的剩余生产能力，客户提出的订货量只有3 000元，小于企业剩余生产能力，剩余生产能力无法转移，也不需要增加专属成本。在这种情况下，只要定价大于该产品的单位变动成本就可以接受订货。因为特殊定价39元大于该产品的单位变动成本38元(18+12+8)，所以可以接受此追加订货。

(2)在此种情况下，可对接受订货和拒绝追加订货两个方案采用差量分析法，具体计算分析见表5—7。

表5—7 差量分析表 单位:元

项 目	接受追加订货	拒绝追加订货	差异额
相关收入	3 500×40=140 000	0	140 000
相关成本	136 000	0	136 000
其中:增量成本	3 500×38=133 000	0	

续表

项　目	接受追加订货	拒绝追加订货	差异额
专属成本	3 000	0	
差别损益			4 000

从计算分析可以看出，接受订货比拒绝订货可多获利 4 000 元，所以应接受订货。

(3)订货 4 000 件，已经超过了企业的剩余生产能力(3 500 件)，如果接受订货，将减少正常销售量 500 件，此 500 件的正常销售收入应作为接受订货方案的机会成本。具体计算分析见表 5—8。

表 5—8　　差量分析表　　单位：元

项　目	接受追加订货	拒绝追加订货	差异额
相关收入	4 000×41＝164 000	0	164 000
相关成本	165 500	0	165 500
其中：增量成本	3 500×38＝133 000	0	
机会成本	500×65＝32 500	0	
差别损益			－1 500

从计算分析可以看出，接受订货比拒绝订货少获利 1 500 元，所以应拒绝订货。

【思考】为什么在表 5—8 中在计算增量成本(新增加的变动成本)时，按纯增加的产量 3 500件计算，而不按追加订货量 4 000 件计算？

三、产品加工程度的决策

在某些企业中，经常会面临出售半成品或完工产品的决策分析问题。例如，棉纺织厂既可出售半成品棉纱，也可以对棉纱继续加工织成坯布(完工产品)后再出售。当然，完工产品的销售单价要比半成品高些，但继续加工一般都要追加变动成本和专属固定成本。另外，在某些石油化工企业中，经常会在同一生产过程中同时生产出若干种联产品。这些联产品可以在分离后立即出售，也可以在分离后经过继续加工再出售。

【学中做 5—7】　神舟公司每年生产半成品甲 10 000 件，销售单价 46 元/件，单位变动成本 20 元/件，固定成本总额 150 000 元。如把半成品甲进一步加工为完工产品乙，则销售单价可提高到 80 元/件，但需追加单位变动成本 23 元/件，专属固定成本 80 000 元。

要求：作出该公司是否需要进一步加工产品的决策分析。

根据有关资料，采用差量分析法计算如下：

产品乙与半成品甲的差量收入＝80×10 000－46×10 000＝340 000(元)

产品乙与半成品甲的差量成本＝(23×10 000＋80 000)－0＝310 000(元)

产品乙与半成品甲的差量损益＝340 000－310 000＝30 000(元)

计算表明，把半成品甲进一步加工为完工产品乙再出售的方案较优，因为它比直接出售半成品甲的方案可多获利润 30 000 元。

【学中做 5—8】　神舟公司在同一生产过程中可同时生产出甲、乙、丙、丁四种联产品，其中甲、乙两种联产品可在分离后立即出售，也可继续加工后再出售。其有关产量、销售单价及成本资料如表 5—9 所示。

表 5—9　　甲、乙产品产量、销售单价及成本资料

联产品名称		甲产品	乙产品
产量(千克)		10 000	4 000
销售单价(元/千克)	分离后	2	6
	加工后	5	10
加工前的联合成本		14 000	20 000
加工过程中增加的成本	单位变动成本(元/件)	2	5
	专属固定成本(元)	5 000	1 000

要求:作出该公司是否需要进一步加工甲、乙两种联产品的决策分析。

根据有关资料,分别对甲、乙两种联产品编制差量分析表,如表 5—10、表 5—11 所示。

表 5—10　　甲产品差量分析表　　单位:元

项　目	进一步加工	直接出售	差　量
差量收入	5×10 000=50 000	2×10 000=20 000	30 000
差量成本	5 000+2×10 000=25 000	0	25 000
差量损益	30 000—25 000=5 000		

表 5—11　　乙产品差量分析表　　单位:元

项　目	进一步加工	直接出售	差　量
差量收入	10×4 000=40 000	6×4 000=24 000	16 000
差量成本	1 000+5×4 000=21 000	0	21 000
差量损益	16 000—21 000=—5 000		

计算表明,联产品甲以分离后继续加工再出售的方案为优,可多获利 5 000 元;而联产品乙则以分离后立即出售的方案为优,若继续加工再出售反而要损失 5 000 元。

【提示】 对这类决策问题,均可采用差量分析法。但应注意的是:半成品或联产品进一步加工前所发生的成本,不论是变动成本还是固定成本,在决策分析中均属于无关成本,不必加以考虑。问题的关键在于分析研究半成品或联产品在加工后所增加的收入是否超过在进一步加工过程中所追加的成本。如果前者大于后者,则进一步加工的方案较优;反之,则出售半成品或不加工的联产品的方案较优。

四、亏损产品停产或转产的决策

(一)生产能力无法转移时,亏损产品是否停产的决策分析

工业企业在日常经营过程中,往往会由于某些产品不能适销对路或质量较次、款式陈旧等原因,造成市场滞销,仓库积压,发生亏损,并且此时若不生产亏损产品,闲置下来的生产能力无法用于其他方面,这就面临亏损产品是否要停产的决策分析问题。在这种情况下,只要亏损产品的边际贡献大于零就不应该停产。因为亏损产品停产后只能减少变动成本,并不能减少

固定成本，如果继续生产亏损产品，亏损产品提供的边际贡献可以弥补部分固定成本，而停产亏损产品不仅不会减少亏损，反而会扩大亏损。所以此时可采用边际贡献分析法进行决策。

【学中做 5—9】 神舟公司本年产销 A、B、C 三种产品。有关资料如表 5—12 所示。

表 5—12　A、B、C 产品有关资料

项　目	A 产品	B 产品	C 产品
销售量(件)	1 000	500	400
销售单价(元/件)	20	60	25
单位变动成本(元/件)	9	46	15
固定成本总额(元)	18 000(按各产品销售收入比重分配)		

要求：作出该公司 B 产品是否停产的决策分析。

根据有关资料，采用边际贡献分析法，编制边际贡献及净利润计算表，如表 5—13 所示。

表 5—13　边际贡献与净利润计算表　　单位：元

项　目	A 产品	B 产品	C 产品	合　计
销售收入总额	20 000	30 000	10 000	60 000
变动成本总额	9 000	23 000	6 000	38 000
边际贡献总额	11 000	7 000	4 000	22 000
固定成本总额	6 000	9 000	3 000	18 000
净利润或净亏损	5 000	—2 000	1 000	4 000

计算表明，B 产品能提供 7 000 元的边际贡献总额，故 B 产品不应该停产。若将 B 产品停产，则全公司的边际贡献总额减少了 7 000 元，而 B 产品所分配的固定成本总额则要转加给 A、C 两种产品去承担，其结果反而造成整个公司全面亏损 3 000 元。B 产品停产后的边际贡献与净利润计算表如表 5—14 所示。

表 5—14　B 产品停产后的边际贡献与净利润计算表　　单位：元

项　目	A 产品	C 产品	合　计
销售收入总额	20 000	10 000	30 000
变动成本总额	9 000	6 000	15 000
边际贡献总额	11 000	4 000	15 000
固定成本总额	12 000	6 000	18 000
净利润或净亏损	—1 000	—2 000	—3 000

(二)生产能力可以转移时，亏损产品是否转产的决策分析

如果亏损产品停产以后，闲置下来的生产能力可以转移，或转产其他产品，或将设备对外出租，就必须考虑亏损产品的机会成本因素，对可供备选的方案进行对比分析后再作决策。

【学中做 5—10】 依据【学中做 5—9】的资料，若将 B 产品停产后腾出来的生产能力转产 D 产品，每年可产销 700 件，销售单价为 40 元/件，单位变动成本为 25 元/件。

要求：作出该公司B产品是否转产的决策分析。

D产品的边际贡献总额=(40−25)×700=10 500(元)

计算表明，D产品的边际贡献总额10 500元比B产品的边际贡献总额7 000元多3 500元，故转产D产品的方案是可行的。

【思考】 在【学中做5−9】中，假设B产品停产后不是转产D产品，而是将腾出来的厂房、机器设备等出租给别的单位，每年可获租金9 000元，又该如何决策呢？

五、零、部、配件取得方式的决策

(一)零、部、配件全年需要量确定

这类决策分析一般可采用差量分析法。在零、部、配件全年需要量确定的情况下，一般有自制或外购两种方式，但由于自制或外购的预期收入总是相同的，故应用差量分析法时，只计算差量成本，并从中选择成本较低的方案作为较优方案。当然，在决策分析过程中还应注意：不论是自制还是外购，共同性的固定成本总要发生，并不因方案而异。因此，在一般情况下，特别是生产能力充足的情况下，自制方案根本不需要考虑固定成本，除非自制时需要增加专用设备，则其新增的专属固定成本属于相关成本。另外，在分析时还应注意是否有机会成本存在(例如，车间中的生产设备如不自制可移作他用，并能提供边际贡献或获得租金收入等)，如果有的话，也应考虑进去。至于外购方案的预期相关成本，一般应包括买价以及订货、运输、装卸等费用在内。

【学中做5−11】 神舟公司每年需要甲零件3 600个。若向市场购买，每个零件的进货价格包括运杂费为28元/个；若该公司金工车间目前有剩余生产能力可制造这种零件，经会计部门会同生产技术部门进行估算，预计每个零件的成本资料如下：直接材料14元，直接人工6元，变动制造费用4元，固定制造费用6元。金工车间如不制造该零件，生产设备也没有其他用途。

要求：作出甲零件是自制还是外购的决策。

由于该厂金工车间有剩余生产能力可以利用，原有的固定成本不会因自制而增加，也不会因外购而减少。故甲零件自制成本中的固定制造费用属于无关成本，不应包括在内。据此，可以采用差量分析法，计算过程如下：

自制方案的预期成本=(14+6+4)×3 600=86 400(元)

外购方案的预期成本=28×3 600=100 800(元)

自制与外购的差量成本=100 800−86 400=14 400(元)

计算表明，甲零件应采用自制方案，可比外购方案节约成本14 400元。

【学中做5−12】 依据【学中做5−11】的资料，假定神舟公司金工车间的生产设备如不自制甲零件，可出租给外厂使用，每月可收取租金1 300元。

要求：作出甲零件是自制还是外购的决策分析。

若该厂决定自制，则舍弃外购方案可获得的潜在利益(全年租金收入)，应作为被选中的自制方案的机会成本来衡量自制方案是否真正可行。据此，进行差量分析如下：

自制方案的预期成本=(14+6+4)×3 600+1 300×12=102 000(元)

外购方案的预期成本=28×3 600=100 800(元)

自制与外购的差量成本=102 000−100 800=1 200(元)

计算表明，自制方案若考虑机会成本，则外购方案要比自制方案节约成本1 200元，故采用

外购方案为宜。

【学中做 5－13】 依据【学中做 5－11】的资料，假定神舟公司金工车间自制甲零件时，每年需增加专属固定成本 14 000 元。

要求：作出甲零件是自制还是外购的决策。

由于专属固定成本属于决策的相关成本，故在自制方案中应作为预期成本的一部分。据此，可进行差量分析如下：

自制方案的预期成本＝14 000＋(14＋6＋4)×3 600＝100 400(元)

外购方案的预期成本＝28×3 600＝100 800(元)

自制与外购的差量成本＝100 800－100 400＝400(元)

计算表明，自制方案考虑专属固定成本后，其预期成本仍比外购方案低 400 元，故采用自制方案较优。

(二)零、部、配件全年需要量不确定

在零、部、配件全年需要量不确定的情况下，可以应用成本平衡点法进行决策分析。

【学中做 5－14】 神舟公司过去生产用 A 零件，一直依靠外购，购入单价为 500 元。现该厂金工车间有不能移作他用的剩余生产能力可以制造 A 零件。经过技术部门与会计部门共同估算，自制每个 A 零件的单位成本为 550 元，其中：直接材料 180 元，直接人工 120 元，变动制造费用 120 元，固定制造费用 130 元。另外，如自制 A 零件，每年还需增加专属固定成本 16 000元。

要求：作出该厂所需的 A 零件是自制还是外购的决策分析。

设 A 零件的需要量为 x，则：

外购的相关成本 $y_1=500x$

自制的相关成本 $y_2=16\ 000+(180+120+120)x$

令 $y_1=y_2$

则 $500x=16\ 000+(180+120+120)x$

成本平衡点 $x=200$(个)

结论：若 A 零件需要量为 200 单位，则两方案的预期成本相同，均属可行方案；若 A 零件需要量大于 200 单位，则自制方案较优；若 A 零件需要量小于 200 单位，则外购方案较优。

学习子情境三　定价决策

一、定价决策分析的影响因素

定价决策是指企业为实现其定价目标而科学合理地确定商品的最合适价格。定价决策分析是指在不违背国家物价政策的前提下，通过对影响产品价格的因素进行分析，运用一定的方法制定出能够使企业获得最大经济效益的产品价格的决策分析过程。为生产的产品或提供的劳务制定合理的价格，是企业生产经营业务的一项重要决策。定价是否合理，直接影响着销售量，而销售量的多少又决定着生产量的高低，并影响产品成本的水平和盈利的多少。产品销售量一定，销售单价越高，销售总收入就越多；但销售单价定得太高，就会影响产品的销路，使销售量减少。这样，单位产品的成本又会随销售量的下降而提高；相反，销售单价如定得太低，又难以补偿成本的开支，当然也就无法保证企业目标利润的实现。因此，企业管理部门必须作出合理的定价决策，以保证企业的长远利益和最佳经济效益的实现。总之，定价决策的适当与否，直接关系着企业的生存和发展。

产品定价是一个极其复杂又十分敏感的问题，涉及许多影响因素并且这些因素之间存在错综复杂的关系。这些因素包括：企业生产经营方面的成本费用、销售数量、资金周转等；市场需求竞争方面的需求价格弹性、需求收入弹性、需求交叉弹性、同类产品竞争状况、产品生命周期等。

(一)企业生产经营方面

1. 成本费用

企业定价首先必须使成本费用得到补偿，这就要求价格不能低于平均成本费用。但是这仅仅是获利的前提条件。由于平均成本费用包括平均固定成本费用和平均变动成本费用两部分，而固定成本费用并不随产量的变化而变化。因此，企业取得盈利的初始点只能在价格补偿平均变动成本费用之后的累积余额等于全部固定成本费用之时。

2. 销售数量

就单个商品而言，如果成本费用不变，则价格越高，盈利越大。但是，单位商品盈利水平高并不意味着企业总盈利水平必然就高。企业盈利是单位商品实现的盈利与销售数量两者的乘积，在其他条件既定的情况下，企业盈利状况最终取决于价格与销售数量之间的不同组合。按照西方经济学的观点，当边际收益等于边际成本时，销售数量与价格之间达到最佳组合，可以实现最高盈利。

3. 资金周转

合理定价与加速资金周转是增加年利润的两个密切相关的方面。合理定价的积极意义既表现为现时静态利益的获取，又体现在迅速实现商品价值，加速资金周转，从而不断创造新价值。在其他销售条件不变的情况下，定价带来的眼前利益与加速资金周转实现的长远利益往往不相一致，维持高价会带来高盈利水平，但却因此延缓了资金周转速度；降价促销是加速资金周转的有效手段，但由此又会丧失一部分盈利。在这种情况下，可以通过机会成本来确定定价方案。机会成本低意味着放弃的收入低于获取的收入。当企业面临高价取厚利还是低价促周转的两种选择时，比较机会成本来定价会给企业带来更多的盈利。例如，假设降价出售可能造成一定损失，但由此使资金周转速度加快，以至于下一生产经营周期可望增加的盈利大于这个损失，则表明降价的机会成本低于维持原价的机会成本。显然，企业此时应制定较低水平的价格。以此类推，凡出现与定价有关的多因素权衡抉择，都可通过比较机会成本的方法确定恰当的价格水平。

(二)市场需求竞争方面

1. 需求价格弹性

需求价格弹性，简称价格弹性，是指因价格变动而引起的需求量的相应变动率，反映需求量变动对价格变动的敏感程度，通常用 E 表示，即需求量变动的百分比与价格变动的百分比之比。定价时考虑需求价格弹性的意义在于，不同产品具有不同的需求价格弹性，从其弹性的大小决定企业的价格决策。需求价格弹性主要分为以下三种类型：

(1)$E=1$。对于这类商品，价格的上升或下降会引起需求量等比例的减少或增加，因此价格变化对销售收入没有影响。定价时可选择实现预期盈利率的价格或选择通行的市场价格。

(2)$E>1$。反映需求量的相应变化大于价格自身变化。对于这类商品，价格的上升(下降)会引起需求量较大幅度的减少(增加)，一般应采用低价策略，即定价时，应通过降低价格、薄利多销达到增加盈利的目的；反之，提价时务必谨慎，以防需求量发生锐减，影响企业收入。

(3)$E<1$。反映需求量的相应变化小于价格自身变化。对于这类商品，价格的上升(下降)仅会引起需求量较小程度的减少(增加)。一般应采用高价策略，定价时，较高水平的价格往往会增加盈利，低价对需求量刺激效果不大，薄利并不能多销，反而会降低收入水平。

2. 需求收入弹性

需求收入弹性，简称收入弹性，是指因居民收入水平变动而引起的需求量的相应变动率，反映需求量的变动对收入水平变动的敏感程度，即需求量变动百分比与收入水平变动百分比的比值。定价时考虑商品的需求收入弹性有着重要的意义。一方面，企业应选择不同水平的价格，力图使价格变化与居民收入水平变化对需求量的影响相适应，达到销售数量随收入增加而扩大的目的；另一方面，企业利用价格对实际收入的反向影响，适时调整价格，刺激高收入弹性商品的需求，实现更多的盈利。在收入水平既定的条件下，降低高收入弹性商品的价格，意味着消费者用于这类商品的实际收入增加，按其高弹性变化比例，需求量将呈现大幅度增长，企业可获薄利多销之利。而当收入水平增长较快时，用于高收入弹性商品的支出必定会大大增加，此时适当提高这类商品的价格对需求量并无影响，企业可获厚利多销之利。

3. 需求交叉弹性

需求交叉弹性，简称交叉弹性，是指因一种商品的价格变动而引起的其他相关商品需求量的相应变动率。许多商品彼此在使用价值上相互关联，一种情况是互替相关，称为互替商品；另一种情况是互补相关，称为互补商品。

互替商品是消费中使用价值可以相互替代的商品，如苹果与梨。当苹果的价格上升时，导致苹果需求量下降，从而梨的需求量上升，使互替商品的交叉弹性为正值。

互补商品是消费中使用价值必须相互补充的商品，如汽车与汽油。当汽车价格下降时，汽车需求量上升，从而导致汽油需求量上升，使得互补商品的交叉弹性为负值。不同商品的交叉弹性各异，企业定价时不仅要考虑价格对其产品自身需求量的影响，也要考虑市场上相关商品的价格对其产品需求量的影响。

4. 产品生命周期

在产品生命周期的不同阶段，市场需求和竞争状况不同，企业各基本策略的组合也不一样。因此，对处于不同阶段的产品，企业要依据其阶段特征，在定价时作出相应的决策。

【思考】影响定价决策分析的因素有哪些？

二、定价决策分析的步骤

企业的定价程序可分为六个主要步骤：

(1)根据企业发展方向、经济实力及所处的市场环境，制定符合某一发展阶段特征的定价目标。

(2)根据企业产销能力，计算成本费用水平和产量界限。

(3)收集市场信息，考察各种产品的需求弹性、竞争产品的市场份额和价格水平等定价相关因素。

(4)估算不同价格水平所对应的销售量，预测实际可销售量，确定盈亏分界点。

(5)根据本企业产品特征及其他营销策略的要求，运用恰当可行的定价方法及定价技巧。

(6)确定产品最终价格，并根据市场变化及时调整。

三、定价决策分析的方法

(一)成本导向定价法

成本导向定价法是以产品成本为定价的基本依据,主要包括以下几种具体方法:

1. 完全成本加成定价法

完全成本加成定价法是在单位完全成本的基础上加上一定比率的利润,来制定产品价格的一种方法。其计算公式如下:

产品销售单价=产品预计单位完全成本×(1+利润加成率)

【学中做 5-15】 神舟公司计划产销某产品 1 000 件,该产品预计单位变动成本为:直接材料 10 元,直接人工 8 元,变动制造费用 7 元,固定成本总额 7 500 元,利润加成率 10%。则该产品的销售单价为:

产品销售单价=(10+8+7+7 500÷1 000)×(1+10%)=35.75(元/件)

完全成本加成定价法的优点是计算简单、简便易行。在正常情况下,按此方法定价可使企业获取预期盈利。其缺点是忽视市场竞争和供求状况的影响,缺乏灵活性,难以适应市场竞争的变化形势,特别是加成率的确定仅从企业角度考虑,因而难以确保所定价格水平的市场销售量,使固定成本费用的分摊难保其合理性。

2. 变动成本加成定价法

变动成本加成定价法又称目标边际贡献定价法,是以单位变动成本加上单位产品边际贡献来制定产品单价的一种方法。其计算公式为:

产品销售单价=单位变动成本+单位边际贡献

【学中做 5-16】 神舟公司的年固定成本为 18 万元,每件产品的单位变动成本为 50 元,计划边际贡献为 15 万元,当销售量预计为 6 000 件时,其价格应为:

产品销售单价$=\dfrac{50+15}{0.6}=75$(元/件)

变动成本加成定价法的优点:(1)易于在各种产品之间合理地分摊固定成本。(2)有利于企业选择和接受市场价格。在竞争作用下,市场价格可能接近甚至低于企业的平均成本,但只要这一价格高于平均变动成本,企业就可接受,从而大大提高企业的竞争能力。(3)根据各种产品贡献的多少安排企业的产品线,易于实现最佳产品组合。

变动成本定价法的缺点:它只是一个权宜之计,如长期使用会使固定成本一直得不到全部补偿。

3. 保本分析定价法

保本分析定价法又称收支平衡定价法或损益平衡定价法,是根据固定成本与变动成本的不同运动形态,采用保本分析来确定产品价格的一种方法。

该方法有利于经营者从保本入手,确定最佳品种结构及经营规模与价格组合。经营者进行价格调整时,也可运用该方法在价格与销量之间寻找决策点。

4. 边际成本定价法

边际成本定价法是以新增单位变动成本为依据来制定商品价格的一种方法。主要适用于:(1)主要经营商品已分摊了固定成本的新增产品定价。(2)达到保本点后的商品,尤其是季节性消费品的定价,或经营者开拓新市场时的商品定价。该方法由于注重按新增成本定价,不受过去成本及固定成本的约束,有助于经营者在兼顾市场需求的同时,增强竞争能力和应变能力。但它不适合于非完全竞争的市场环境，且边际成本难以测算，实际运用较为困难。

（二）竞争导向定价法

竞争导向定价法是以市场上同类产品的价格为依据，结合本企业实际，根据市场竞争状况的变化来确定和调整价格水平的一种方法。其特点是：经营者并不坚持自己所经营商品的价格与其成本及需求间的固定联系，即使自己所经营商品的成本及其需求有所改变，只要竞争者仍坚持其价格，自身商品的价格也不变；相反，当竞争者价格改变时，尽管自己所经营商品的成本及需求没有改变，也要适应竞争对手的调价来改变自身商品的价格。具体包括随行就市定价法、竞争价格定价法、密封投标定价法等。

1. 随行就市定价法

这是竞争导向定价法中广为流行的一种。定价原则是使本企业产品的价格与竞争产品的平均价格保持一致。其目的是：(1)平均价格在人们观念中常被认为是"合理价格"，易被消费者接受。(2)试图与竞争者和平相处，避免激烈竞争所产生的风险。(3)一般能为企业带来合理、适度的盈利。

2. 竞争价格定价法

与随行就市定价法相反，竞争价格定价法是一种主动竞争的定价方法，一般为实力雄厚，或产品独具特色的企业所采用。定价时，首先将市场上竞争产品价格与企业估算价格进行比较，分为高、中、低三个价格层次；其次，将本企业产品的性能、质量、成本、式样、产量等与竞争企业进行比较，分析造成价格差异的原因；再次，根据以上综合指标确定本企业产品的特色、优势及市场定位，并在此基础上，按定价所要达到的目标，确定产品价格；最后，跟踪竞争产品的价格变化，及时分析原因，相应地调整本企业产品价格。

3. 密封投标定价法

密封投标定价法主要用于投标交易方式。企业参加投标是希望中标，而能否中标在很大程度上取决于企业与竞争者投标报价水平的比较。因此，投标报价时要尽可能准确地预测竞争者的价格意向，然后，在正确估算完成招标子项目所耗成本的基础上，定出最佳报价。一般来说，报价高，利润大，但中标机会小，如果因价高而招致败标，则利润为零；反之，报价低，虽然中标机会大，但利润低，其机会成本可能大于其他投资方向。因此，报价时，既要考虑实现企业目标利润，也要结合竞争状况考虑中标概率。最佳报价应是使预期利润达到最高水平的价格。此处，预期利润是指企业目标利润与中标概率的乘积。显然，最佳报价即为目标利润与中标概率两者之间的最佳组合。

（三）需求导向定价法

需求导向定价法是以消费者对商品需求或商品价值的认识程度为基本依据的定价方法。主要有以下两种：

1. 需求价值定价法

该方法将消费者对商品价值的理解程度作为定价的基本依据。它以顾客为中心，在把握消费者对商品价值的认识程度、摸清消费者可接受价格的基础上，反向推导出零售商及各级中间商的销售价格和厂家的出厂价格，故又称为反定价法或价格倒推法。其优点是有利于经营者灵活地适应市场需求及其变化，迅速扩大销售，增强竞争能力，能促使经营者向内挖掘潜力，而且在宏观上也符合国家稳定物价的要求。其缺点是对于市场上无可类比的全新产品来说，难以确定合适的销价水平。

2. 需求差异定价法

该方法以销售对象、销售地点、销售时间等条件变化所产生的需求差异作为定价的基本依据，针对每种差异决定在基础价格上是加价还是减价，最后确定实际价格。

技能训练

一、单项选择题

1. 下列各项中，属于无关成本的是（　　）。

A. 沉没成本　　B. 增量成本　　C. 机会成本　　D. 专属固定成本

2. 在零部件自制或外购的决策中，如果零部件的需用量尚不确定，应当采用的决策方法是（　　）。

A. 相关损益分析法　　B. 差别损益分析法

C. 相关成本分析法　　D. 成本平衡点法

3. 不构成企业的实际支出，但在经营决策中必须要考虑的成本是（　　）。

A. 付现成本　　B. 不可避免成本

C. 机会成本　　D. 共同成本

4. 在企业的剩余生产能力内，接受特殊订货的条件是客户的出价高于（　　）。

A. 正常售价　　B. 单位售价

C. 单位变动成本　　D. 单位生产变动成本

5. 某企业常年生产需用的某部件以前一直从市场上采购，单价为 8 元/件，预计明年单价将降为 7 元/件。如果明年企业追加投入 12 000 元专属成本，就可以自行制造该部件，预计单位变动成本为 5 元/件，则外购与自制方案的成本平衡点业务量为（　　）件。

A. 12 000　　B. 6 000　　C. 4 000　　D. 1 400

二、多项选择题

1. 下列各项中，属于相关成本的是（　　）。

A. 历史成本　　B. 差量成本

C. 机会成本　　D. 专属固定成本

2. 关于亏损产品是否停产或转产的决策，可以运用的决策方法有（　　）。

A. 边际贡献分析法　　B. 差量分析法

C. 成本平衡点法　　D. 经济批量确定法

3. 影响产品定价的因素有（　　）。

A. 产品成本　　B. 产品质量　　C. 供求关系　　D. 价格弹性

4. 下列各项中，属于生产经营决策相关成本的有（　　）。

A. 增量成本　　B. 机会成本　　C. 专属成本　　D. 沉没成本

5. 如果某种商品在特定时期内的价格弹性大，则意味着有以下关系存在，即（　　）。

A. 价格上升的幅度会低于需求下降的幅度

B. 价格下降会促使需求大大提高

C. 价格弹性的绝对值大于 1

D. 价格弹性的绝对值小于 1

三、判断题

1. 为了提高企业的利润，所有的亏损产品都应停产或转产，而不应继续生产。 （ ）

2. 固定成本不随着业务量的变化而变化，所以是一种无相关成本。 （ ）

3. 产品的定价越高，企业获得的利润也就越大。 （ ）

4. 在“是否接受低价追加订货的决策”中，如果追加订货量大于剩余生产能力，必然会出现与冲击正常生产子项目相联系的机会成本。 （ ）

5.“薄利多销”是市场经济的一般原则，不受商品价格弹性大小的制约。 （ ）

四、计算分析题

1. 某公司具有开发一种新产品的生产经营系统能力，有关的生产经营能力成本为 20 000 元，现有甲、乙两个新品种可供选择，不需要追加专属成本。已知甲、乙两种产品的有关单价、单位变动成本和定额设备台时的预测资料如下表所示。

项　目	甲品种	乙品种
销售单价(元/件)	120	60
单位变动成本(元/件)	100	45
单位产品定额台时(小时)	5	3

要求：根据上述资料，作出该公司开发哪种新产品较为有利的决策分析。

2. 某公司欲利用剩余生产能力开发新产品 A 或 B。经预测、分析知，若生产产品 A，年产销量可达 4 000 件，单价为 10 元/件，单位变动成本为 4 元/件，另外，需增加专用设备一台，价值为 1 000 元；若生产产品 B，年产量可达 3 000 件，每件售价为 15 元/件，单位变动成本为 7 元/件，需追加专属成本 1 200 元。

要求：为公司作出开发哪种新产品较为有利的决策分析。

3. 某企业生产 A、B、C 三种产品。本年度 C 产品发生亏损，有关资料如下表所示。

项　目	A 产品	B 产品	C 产品
销售量(件)	1 000	400	500
销售单价(元/件)	40	50	120
单位变动成本(元/件)	18	30	92
固定成本(元)	12 000	6 000	18 000

要求：

(1)假设 C 产品停产后，其生产设备无法移作他用，作出是否停产 C 产品的决策分析。

(2)假设 C 产品停产后，其设备可以对外出租，一年可获得租金净收益 18 000 元，那么，C 产品这时是否应停产？

4. 某企业组织多品种生产，2014 年丙产品发生亏损额 8 000 元，已知该年度丙产品的完全成本为 18 000 元，其变动成本率为 75%。假定企业现已具备增产三成丙产品的能力，且无法转移。

要求：作出是否应增产丙产品的决策分析。

5. 某企业每年需要 A 零件 10 000 件，市场售件为每件 30 元，企业现有剩余生产能力可以自行安排生产，经预测，每件需要直接材料 15 元，直接人工 10 元，变动性制造费用 4 元，固定性制造费用 11 元。

(1)如外购，企业的剩余生产能力也无法转移。那么，对 A 零件，该企业是应该自制还是外购？试作出决策分析。

(2)如果企业可利用剩余生产能力生产另一种 B 产品 1 600 件，其售价为 15 元/件，单位变动成本为 8 元/件，那么，这时 A 零件是应自制还是应外购？

情 境 六

长期投资决策分析

职业能力目标

1. 熟悉长期投资决策应考虑的因素；
2. 理解资金时间价值的含义；
3. 掌握资金时间价值的计算；
4. 掌握长期投资评价指标的计算。

典型工作任务

1. 能够运用资金时间价值原理解决实际生活中的问题；
2. 会运用各种长期投资评价指标进行长期项目投资评价。

情境引言

长期投资需要投入大量资金，并在较长时期内对企业持续发生影响，同时，这类投资要经过较长时期才能收回，需要企业承担较大风险。所以，长期投资对企业有着重大影响，企业管理部门必须审慎从事，做好分析研究工作。

学习子情境一　长期投资决策的认知

一、长期投资决策的含义及意义

(一)投资及长期投资的含义

狭义的投资是指企业向那些并非直接为本单位使用的财产项目投入资金，并以利息、使用费、股利或租金收入等形式获取收益，使得资金增值的行为。广义的投资则泛指企业投入财力，以期在未来一定期间内获取报酬或更多收益的活动。凡涉及投入大量资金，获取报酬或收益的持续期间超过1年以上，能在较长时间内影响企业经营获利能力的投资，统称为长期投资。与长期投资有关的资金支出在会计上又称为资本性支出。

(二)长期投资决策的定义

顾名思义,与长期投资项目有关的决策过程统称为长期投资决策。由于长期投资方案涉及资本支出,故又称为资本支出决策。又因长期投资决策一经确定,就需要纳入资本支出预算,也有人称之为资本预算决策。

(三)长期投资决策的意义

鉴于长期投资本身所具备的投入资金额大、影响持续时间长、回收慢、风险多的特点,决定了长期投资决策直接影响企业未来长期效益与发展。若投资决策搞得好,企业未来一段期间内的经营状况就会好,经济效益就高;反之,决策失误,轻者会使企业长期蒙受巨大损失,重者将导致先天性亏损或难以弥补的功能缺陷,甚至将企业推上绝境。不仅如此,有些长期投资决策还会影响国民经济建设,甚至影响到全社会的发展。新中国成立50余年来无数投资决策成败的正反两方面经验教训已经反复证明了这一点。因此,对待长期投资决策绝不能掉以轻心,必须按科学办事,借鉴国外先进的投资决策经验,学习掌握和运用分析评价投资效果的方法,结合我国国情搞好科学决策。

长期投资决策必须搞好投资的可行性研究和项目评估,从企业、国民经济和社会的角度进行研究论证,分析经济、技术和财务的可行性。但西方国家在进行投资决策时,除社会公共投资项目外,一般将企业的可行性研究摆在第一位,其次才考虑国民经济和社会的项目研究评估。因此,它们面向企业的管理会计学教材也只限于介绍企业进行可行性研究与财务评价部分有关的理论和方法。我国是社会主义国家,进行投资决策、开展投资项目的可行性研究,首先应开展宏观评估,考虑投资项目满足社会需要的程度,分析国民经济范围内对该项目资源供应的保证程度和技术上的先进可靠程度,在经济、技术可行的基础上再进一步进行财务评价。这就要求正确处理好宏观决策与微观决策的关系。

二、长期投资决策的分类

(一)按投资决策的动机分类

按投资决策的动机,长期投资决策可分为诱导式投资决策和主动式投资决策。

(二)按投资决策影响的范围分类

按投资决策影响的范围,长期投资决策可分为战术型投资决策和战略型投资决策。

(三)按投资决策与再生产类型的联系分类

按投资决策与再生产类型的联系,长期投资决策可分为合理型投资决策和发展型投资决策。

(四)按投资决策涉及的大致内容分类

按投资决策涉及的大致内容,长期投资决策可分为固定资产投资决策和流动资产投资决策。

学习子情境二　资金时间价值

长期投资决策由于在较长时间里对企业有影响,需要分析资金的时间价值(或称货币的时间价值),这是一个重要的基本财务理念;另外,长期投资的风险比短期投资更大,需要评价风险的价值。

一、资金时间价值

(一)资金时间价值的含义

资金时间价值是指作为资本运用的货币在被运用的过程中随时间推移而产生的价值增值。简单地说，就是指同等数量的货币在不同的时间里，其价值是不一样的。比如 1 000 元钱存入银行，如果按年利率 10%计算，存满一年后有 1 100 元，其中差额 100 元就是货币时间价值的具体体现。

货币具有时间价值是投资决策者首先要树立的价值观念，是长期投资决策分析过程中需要考虑的重要因素。其意义在于：不同时间单位货币的价值不相等，即同等数量的货币在不同时间上有不同的价值，所以，不同时间的货币收支不宜直接比较，需要换算到同一时间上才能进行比较。因此，货币时间价值的计算也就成为投资决策分析的重要基础。

资金时间价值可以有两种表达形式：用绝对数表示，即资金时间价值额，是指资金在生产经营过程中产生的增值额；用相对数表示，即资金时间价值率，是指不包括风险价值和通货膨胀因素的平均资金利润率或平均投资报酬率。

通常资金时间价值的表示方式是利率，相当于没有风险和没有通货膨胀条件下的社会平均资金利润率或平均投资报酬率。银行存款利率、贷款利率、各种债券利率、贴现利率、股票股利都可看作是投资报酬率，但是它们除包含资金时间价值因素外，还包含通货膨胀和投资风险价值。只有在购买国库券等政府债券时因为几乎没有风险，如果通货膨胀程度很低，可以用政府债券利率来表示时间价值。

(二)资金时间价值的计量

1. 终值与现值

终值，也称本利和(记为 F)，是指现在一定量的资金在未来某一时点上的价值。终值的计算如图 6－1 所示，终值即第 n 期期末的价值。

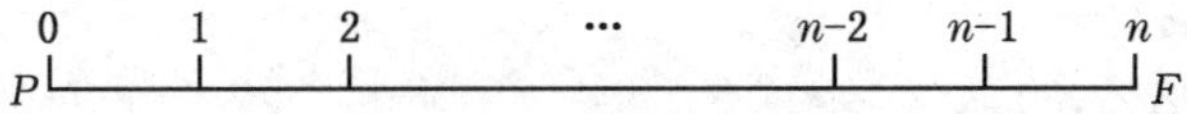

图 6－1 终值、现值的计算图示

现值，也称本金(记为 P)，是指未来某一时点上的一定量的资金相当于现在时点的价值。现值的计算如图 6－1 所示，现值即第 1 期期初的价值。

2. 单利终值和单利现值的计算

资金时间价值的计算经常使用的符号有：P 为现值(本金)；F 为终值(本利和)；i 为利率；I 为利息；n 为计息期数。

单利是计算利息的一种方法，在计算每期的利息时，只以本金计算利息，所生利息不再计息。

(1)单利终值的计算(已知现值计算终值)。

单利终值是指一定量的货币在若干期之后按单利计算的本利和。

计算公式为：

$$F=P+I=P+P\times i\times n=P(1+i\times n)$$

【学中做 6－1】 某人将 100 000 元存入银行，假设年利率为 6%，单利计息，则 5 年后的本利和为多少？

$F=100\ 000\times(1+6\%\times5)=130\ 000$(元)

(2)单利现值的计算(已知终值计算现值)。

单利现值是指在单利计息条件下未来某一时点上的资金相当于现在的价值。显然,单利现值是单利终值的逆运算。将单利终值计算公式变形即可得到单利现值的计算公式:

$$p=\frac{F}{(1+i\cdot n)}$$

【学中做6-2】 某人拟在3年后得到10 000元,假设银行年利率为5%,单利计息,则该人应现在存入银行多少钱?

$P=\frac{10\ 000}{1+3\times5\%}=8\ 695.65$(元)

3. 复利终值和复利现值的计算

复利是指本金生息,利息也生息的计息方式,俗称“利滚利”。即每期产生的利息并入本金一起参与计算下一期利息的计息方式。在资本不断资本化的条件下,资本的积累应该用复利方式计算终值与现值。

(1)复利终值的计算(已知现值求终值)。

复利终值是指一定量的货币在若干期之后按复利计算的本利和。其计算公式为:

$$F=P\times(1+i)^n$$

其中,$(1+i)^n$为复利终值系数或1元的复利终值,通常记为$(F/P,i,n)$,可通过本书所附“复利终值系数表”查找相应值。该表的第一行是利率i,第一列是计息期数n,行列交叉处即是相应的复利终值系数。

【思考】 复利终值的计算公式是怎样推导出来的?

【学中做6-3】 神舟公司现在存入银行100万元,存期3年,年利率为8%,复利计息,则到期可以取出多少钱?

$$\begin{aligned}F&=P\times(1+i)^n\\&=100\times(1+8\%)^3\\&=100\times(F/P,8\%,3)\\&=100\times1.259\ 7\\&=125.97(\text{万元})\end{aligned}$$

查复利终值系数表,利率为8%、期数为3的复利终值系数为1.259 7。

(2)复利现值的计算(已知终值计算复利现值)。

复利现值是指在复利计息条件下,将来某一特定时点的款项相当于现在的价值。复利现值是复利终值的逆运算。其计算公式为:

$$P=F\times(1+i)^{-n}$$

其中,$(1+i)^{-n}$为复利现值系数,通常记为$(P/F,i,n)$,可通过本书所附“复利现值系数表”查找相应值。

【学中做6-4】 如果银行利率为10%,复利计息,为在5年后获得60 000元,现在应存入银行多少钱?

$$\begin{aligned}P&=F\times(1+i)^{-n}\\&=F\times(P/F,i,n)\\&=60\ 000\times0.620\ 9\\&=37\ 254(\text{元})\end{aligned}$$

查复利现值系数表，利率为 10%、期数为 5 的复利现值系数为 0.620 9。

(3)名义利率与实际利率。

复利的计息期间不一定是一年。例如，某些债券半年计息一次；有的抵押贷款每月计息一次；股利有时每季支付一次；银行之间拆借资金均每日计息一次；等等。因此，名义利率是指当利息在一年内要复利几次时给出的年利率，而将相当于一年复利一次的利率叫作实际利率，即投资者实际获得的报酬率。

当利率在一年内复利多次时，每年计算多次的终值会大于每年计息一次的终值，实际利率一定会大于名义利率。

对于一年内多次复利的情况下，可采用两种方法计算时间价值。

第一种方法是先将名义利率换算成实际利率，然后再按实际利率计算时间价值。其换算公式如下：

$$i=(1+r/m)^m-1$$

其中：i 为实际利率，r 为名义利率，m 为一年内复利次数。

【学中做 6—5】 神舟公司取得银行贷款 100 万元，年利率为 6%，若半年计息一次，三年后应归还的本利和为多少？

$i=(1+r/m)^m-1$

$=(1+6\%/2)^2-1$

$=6.09\%$

$F=100\times(1+6.09\%)^3=119.41$(万元)

第二种方法是不计算实际利率，而是调整相关指标，利率为每期利率，即 r/m，期数相应变为 $m\cdot n$，直接计算出时间价值。

【学中做 6—6】 仍以【学中做 6—5】为例，计算三年后应归还的本利和。

$F=10\ 000\times(1+6\%/2)^{3\times 2}$

查复利终值系数表可知，利率为 3%、期数为 6 的复利终值系数为 1.194 1。

$F=100\times1.194\ 1=119.41$(万元)

【思考】 假设有两家银行可向你提供贷款。一家银行的利率为 12%，按月计息；另一家银行的利率为 12.2%，按半年计息。哪家银行的利率条件更有吸引力？

4. 年金的计算

以上介绍的均是一次性收付款项，除此之外，在现实生活中，还有一定时期内发生多次收付款项的，即系列收付款项。年金就是系列收付款项的特殊形式。它是指某一特定时期内，每间隔相等的时间收付相等金额的款项，如租金、优先股股利、直线法计提的折旧、保险费、零存整取、整存零取、等额分期收(付)款等。年金按其每次收付发生的时间不同，可以分为普通年金、即付年金、递延年金、永续年金等。

(1)普通年金。

普通年金又称后付年金，是指从第一期起一定时期内每期期末收付的年金。

①普通年金终值的计算(已知年金 A，求年金终值 F，如图 6—2 所示)。

由图 6—2 可以看出：

$$F=A\ (1+i)^0+A\ (1+i)^1+\cdots+A\ (1+i)^{n-2}+A\ (1+i)^{n-1}$$

$$=A\ \frac{(1+n)^n-1}{i}$$

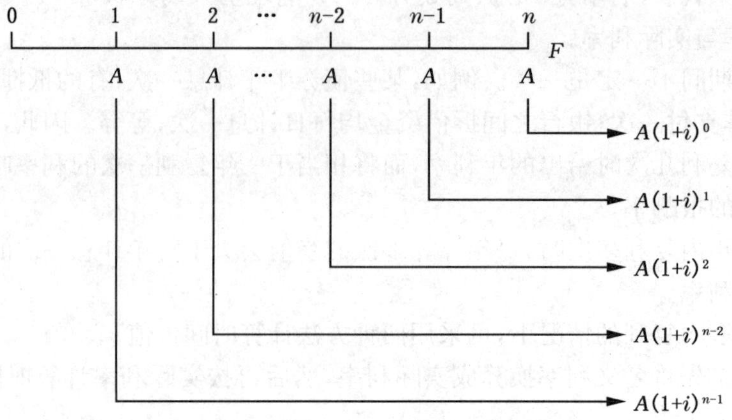

图 6－2 普通年金终值的计算图示

其中，$\frac{(1+n)^{n}-1}{i}$称为年金终值系数，通常记为$(F/A,i,n)$，可通过本书所附"年金终值系数表"查找相应值。

【学中做 6－7】 某人定期于每年年末存入银行 20 000 元，银行年利率为 12%，复利计息。则 10 年后可以一次性从银行取出多少钱？

$F=20\ 000\times(F/A,12\%,10)$

$=20\ 000\times17.549$

$=350\ 980$(元)

②偿债基金的计算(已知年金终值 F，求年金 A)。

偿债基金是指为了偿付未来某一时点的一定金额的债务或积聚一定数额的资金分次等额形成的存款准备金。由于每年存入等额款项属于年金形式，将来某一时点需要偿还的债务也就是普通年金终值，所以偿债基金的计算实际上是普通年金终值的逆运算。其计算公式如下：

$$A=F\times\frac{i}{(1+i)^{n}-1}$$

其中，$\frac{i}{(1+i)^{n}-1}$称为偿债基金系数，通常记为$(A/F,i,n)$，它是年金终值系数的倒数。

【学中做 6－8】 神舟公司在 10 年后需偿还 1 000 万元的抵押贷款，按照债务合同，该公司每年年末需从税后利润中提取固定数额存入一家投资公司作为偿债基金。设该投资公司保证这笔偿债基金每年获得 8%的收益，则该公司每年年末应提取多少？

$A=1\ 000\times\frac{1}{(F/A,8\%,10)}$

$=1\ 000\times\frac{1}{14.487}$

$=69$(万元)

③普通年金现值的计算(已知年金 A，求年金现值 P，见图 6－3)。

由图 6－3 可以看出：

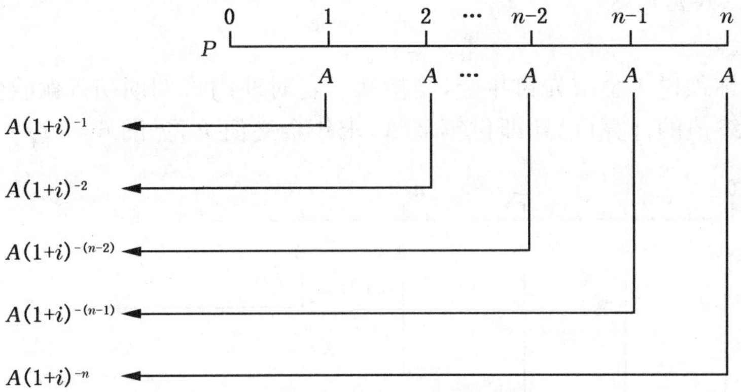

图 6—3　普通年金现值的计算图示

$$P = A(1+i)^{-1} + A(1+i)^{-2} + \cdots + A(1+i)^{-(n-1)} + A(1+i)^{-n}$$
$$= A \times \sum_{t=1}^{n}(1+i)^{-n}$$
$$= A \times \frac{1-(1+i)^{-n}}{i}$$

其中，$\frac{1-(1+i)^{-n}}{i}$称为年金现值系数，通常记为$(P/A,i,n)$，可通过本书所附“年金现值系数表”查找相应值。上式也可表述为$P=A\times(P/A,i,n)$。

【学中做 6—9】　假设某人在今后的 10 年内，每年年末需要支付保险费 660 元，银行年利率为 10%，则他现在应一次性存入银行多少钱？

$P=A(P/A,i,n)$
$=660\times(P/A,10\%,10)$
$=660\times6.144\ 6$
$=4\ 055.44$(元)

④投资回收额的计算(已知年金现值 P，求年金 A)。

投资回收额是指在未来一定时期内等额回收初始投入的资本。这里的等额回收是年金形式，初始投入的资本是普通年金现值。显然，投资回收额的计算是普通年金现值计算的逆运算。其计算公式如下：

$$A=P\times\frac{i}{1-(1+i)^{-n}}$$

其中，$\frac{i}{1-(1+i)^{-n}}$称为资本回收系数，通常记为$(A/P,i,n)$。显然，资本回收系数与年金现值系数互为倒数。上式也可表述为$A=P\times(A/P,i,n)$。

【学中做 6—10】　假设你计划购买一辆价格为 100 000 元的新车，首次支付 30 000 元，余下的在今后 5 年内每年年末等额支付，年利率为 9%，则每年应支付多少？

$P=A\times(P/A,i,n)$

$A=(100\ 000-30\ 000)\times\frac{1}{(P/A,i,n)}$

$=70\ 000\times\frac{1}{3.889\ 7}$

$=17\ 996.25$(元)

(2)即付年金。

即付年金也称预付年金或先付年金，是指在一定时期内每期期初等额收付款项的年金。

①即付年金终值的计算(已知即付年金 A，求年金终值 F，见图 6－4)。

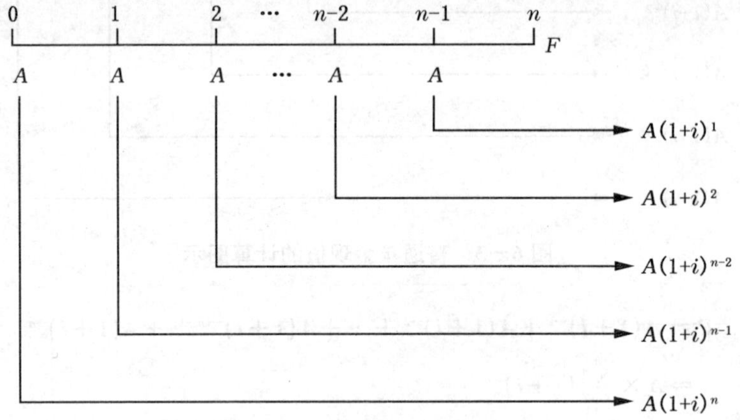

图 6－4　即付年金终值的计算图示

由图 6－4 可以看出：

$$F=A(1+i)^1+\cdots+A(1+i)^{n-2}+A(1+i)^{n-1}+A(1+i)^n$$
$$=A\times\frac{(1+i)^n-1}{i}(1+i)$$
$$=A\times\left[\frac{(1+i)^{(n+1)}-1}{i}-1\right]$$

其中，$\left[\frac{(1+i)^{(n+1)}-1}{i}-1\right]$称为即付年金终值系数，它是在普通年金终值系数的基础上，期数加 1、系数减 1 的结果，也可记为$[(F/A,i,n+1)-1]$。

【学中做 6－11】　某人每年年初存入银行 2 000 元，银行存款年利率为 8%，则第 10 年年末的本利和为多少？

$F=2\ 000\times[(F/A,8\%,11)-1]$

$=2\ 000\times(16.645-1)$

$=31\ 290$(元)

②即付年金现值的计算(已知即付年金 A，求年金现值 P，见图 6－5)。

由图 6－5 可以看出：

$$P=A(1+i)^0+A(1+i)^{-1}+A(1+i)^{-2}+\cdots+A(1+i)^{-(n-1)}$$
$$=A\times\left[\frac{1-(1+i)^{-(n-1)}}{i}+1\right]$$
$$=A\times\frac{1-(1+i)^n}{i}(1+i)$$

其中，$\left[\frac{1-(1+i)^{-(n-1)}}{i}+1\right]$称为即付年金现值系数，它是在普通年金现值系数的基础上，期数减 1、系数值加 1 所得的结果，也可记为$[(P/A,i,n-1)+1]$。

【学中做 6－12】　某人 10 年期分期付款购房，每年年初支付 20 000 元，设银行利率为

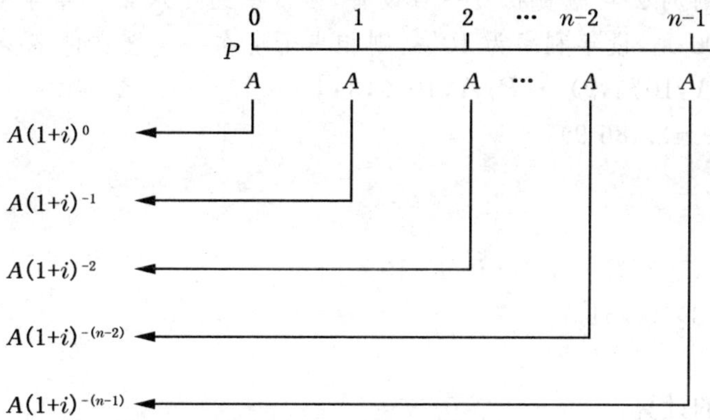

图 6—5　即付年金现值的计算图示

10%，该项分期付款相当于一次支付多少现金？

$P=A[(P/A,i,n-1)+1]$

$=20\ 000\times[(P/A,10\%,9)+1]$

$=135\ 180$（元）

（3）递延年金。

递延年金是指第一次收付发生在若干期（假设为 s 期，$s\geqslant 1$）以后，即从 $s+1$ 期开始每期期末收付的等额款项。它是普通年金的特殊形式，凡不是从第一期开始的普通年金都是递延年金。s 称为递延期。递延年金的计算如图 6—6 所示。

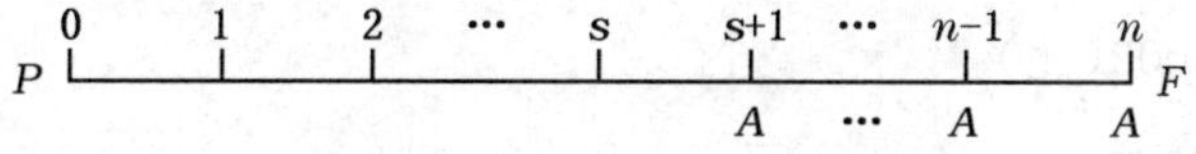

图 6—6　递延年金的计算图示

①递延年金终值的计算。

递延年金终值的计算与递延期 s 无关，其计算方法与普通年金终值相同。其计算公式为：

$$F=A\times(F/A,i,n-s)$$

【学中做 6—13】　若某人从第三年年末开始定期于每年年末存入银行 20 000 元，银行年利率为 12%，复利计息。则 10 年后能一次性从银行取出多少款项？

$F=20\ 000\times(F/A,12\%,8)$

$=20\ 000\times 12.300$

$=246\ 000$（元）

②递延年金现值的计算。

方法一：先计算出 n 期的普通年金现值，然后减去前 s 期的普通年金现值，即为递延年金现值。其计算公式为：

$$P=[(P/A,i,n)-(P/A,i,s)]$$

方法二：先将递延年金视为（$n-s$）期普通年金，求出在第 s 期的现值，然后再折算为第 0 期的现值。其计算公式为：

$$P=A\times\frac{1-(1+i)^{-(n-s)}}{i}\times(1+i)^{-s}=(P/A,i,n-s)(P/F,i,s)$$

【学中做 6-14】 神舟公司融资租赁一台设备，协议中约定从第 5 年年初开始，连续 6 年每年年初支付租金 5 600 元，设年利率为 10%，则相当于现在一次性支付多少金额？

$P=5\ 600\times[(P/A,10\%,9)-(P/A,10\%,3)]$

$=5\ 600\times(5.759-2.486\ 9)$

$=18\ 324$(元)

或：

$P=5\ 600\times(P/A,10\%,9-3)\times(P/F,10\%,3)$

$=5\ 600\times4.355\ 3\times0.751\ 3$

$=18\ 324$(元)

(4)永续年金现值的计算。

永续年金是指无限期的等额定期收付的年金，也可视为普通年金的特殊形式，即期限趋于无穷大的普通年金。

在实际工作中，如优先股股利、奖学金等均可看作永续年金。由于永续年金的期限 n 趋于无穷大，因此，它只能计算现值，不能计算终值。另外，期限长、利率高的年金现值，也可按永续年金现值公式，计算其现值的近似值。

根据普通年金现值公式 $P=A\times\frac{1-(1+i)^{-n}}{i}$，当期限 n 趋于无穷大时，求其极限得：

$$P=A\times\frac{1}{i}$$

【学中做 6-15】 学校拟建立一项永久性的奖学金，每年计划颁发 20 000 元奖金。若利率为 10%，现在应存入多少钱？

$P=\frac{20\ 000}{10\%}=200\ 000$(元)

5. 利率与期间的推算

由上述的有关计算可以看出，时间价值的计算受 F、P、i、n 四个因素影响，只要已知其中的 3 个因素，即可推知第 4 个。关于 F 与 P 之间的计算都已经介绍，这里主要讲述期间 n 与利率 i 的有关推算。应用广泛的是插值法，也称内插法。

(1)利率的推算。

①对于一次性收付款项，可根据其复利终值(或现值)的计算公式推算折现率。

$$i=(F/p)^{\frac{1}{n}}-1$$

【学中做 6-16】 某人把 10 000 元存入银行，10 年后可获本利和为 25 000 元，问银行存款的利率为多少？

据题意得：$F=25\ 000$，$P=10\ 000$，$n=10$

$25\ 000=10\ 000\times(1+i)^{10}$

$(1+i)^{10}=\frac{25\ 000}{10\ 000}=2.50$

利率	复利终值系数
9%	2.367 4
i	2.50
10%	2.593 7

利用插值法计算如下：

$$\frac{i-9\%}{10\%-9\%}=\frac{2.50-2.367\ 4}{2.593\ 7-2.367\ 4}$$

$i=9.58\%$

②永续年金折现率(利率)的计算。

根据永续年金现值公式 $P=A\times\frac{1}{i}$,推知:

$$i=A/P$$

③普通年金折现率(利率)的计算。

普通年金折现率(利率)的计算可根据年金终值(或现值)的计算公式计算其终值(或现值)系数,然后通过查年终值(或现值)系数表采用内插法来进行计算,举例说明如下:

【学中做 6-17】 现在向银行存入 5 000 元,在利率为多少时,才能保证在以后的 10 年中每年年末得到 750 元?

据题意得:$(P/A,i,10)=\frac{5\ 000}{750}=6.666\ 7$

查年金现值系数表,当利率为 8%时,系数为 6.710 1;当利率为 9%时,系数为 6.417 7。所以利率应介于 8%~9%之间。

利率	年金现值系数
8%	6.710 1
i	6.666 7
9%	6.417 7

利用"内插法"得:

$$i=8\%+\frac{6.710\ 1-6.666\ 7}{6.710\ 1-6.417\ 7}\times(9\%-8\%)$$
$$=8.15\%$$

(2)期间的推算。

期间 n 的推算,其原理和步骤同折现率(利息率)I 的推算相类似。现举例说明如下:

【学中做 6-18】 某项目建成投产后每年可为神舟公司创造 30 万元的收益,该项目投资额为 100 万元,设项目报酬率为 6%,则该项目的最短寿命期为多少?

据题意得:$P=100, A=30, i=6\%$

查普通年金现值系数表,可得:

$(P/A,6\%,n)=3.333\ 39$

$n=3$ 时,年金现值系数为 2.673 0;$n=4$ 时,年金现值系数为 3.465 1,于是:

$$n=3+\frac{2.673\ 0-3.333\ 9}{2.673\ 0-3.465\ 1}\times(4-3)$$
$$=3.87(\text{年})$$

二、风险价值

资本投资决策涉及的时间较长,分析信息均为未来的预测资料,具有不确定性,存在着风险。风险同时意味着失败的威胁和成功的可能,它可能给投资者带来超出预期的收益,也可能带来超出预期的损失。由于人们对意外损失更为关切,所以风险主要是指无法达到预期报酬的可能性。风险是客观的,人们无法回避和忽视,但是否去冒风险以及冒多大的风险,是可以选择的。因此，投资决策必须研究风险，并设法控制风险，最大限度地扩大企业的财富。

不同投资项目的风险大小相差很大，在选择投资项目时，有人会选择风险较大的项目进行投资，其原因在于冒险可以获得额外的预期报酬。例如，企业将一笔钱存入商业银行或购买国债，其风险很小，收益可视为货币时间价值；而将这笔钱投资于股票，风险将很大，但其收益可能大于时间价值，其超出的额外收益就是投资风险价值。

风险价值又称风险报酬，是指长期投资者因冒风险进行投资而获得的超过时间价值的那部分额外报酬。一项具有风险的投资项目的总预期报酬率可以表示为(如图 6－7 所示)：

总报酬率＝无风险报酬率＋风险报酬率

＝时间价值＋风险价值

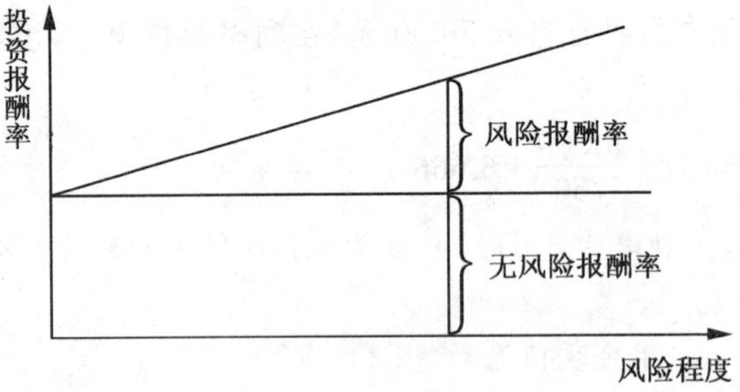

图 6－7　总报酬率

投资的风险价值和货币时间价值一样，在投资活动中是客观存在的。在投资决策分析中，一般都应考虑风险因素，根据投资的风险价值和货币时间价值来确定适当的贴现率，从而对投资方案进行正确的评价和选择，风险越大，要求的报酬率越高。

学习子情境三　现金流量分析

一、现金流量的内容

现金流量是指与长期投资决策有关的现金流入和现金流出的数量。它是评价投资方案是否可行前必须事先计算的一项基础性指标。现金流入量是指在一定期间内企业收到的金额，现金流出量是指在一定期间内企业支出的金额，现金流入量减去现金流出量的差额称为净现金流量(NCF_t)。在评价投资项目的可行性时，常常采用现金流量指标而不采用会计利润指标。因为现金流量考虑了资金的时间价值因素，另外其使用的数据是客观合理的原始数据，确认更符合客观实际情况。

现金流量按阶段通常被分为初始投资现金流量、营业现金流量、终结现金流量。

(一)初始投资现金流量

初始投资现金流量主要表现为现金流出，净流量为负数。一般有以下几项内容：

(1)固定资产购建费用，包括机器设备等购买所支付的费用、运输费用和安装调试等费用，它是初始投资现金流量的最主要构成部分。

(2)相应流动资金投入。当固定资产投入使用后，企业需要相应增加流动资金，用于原材料等存货储备和应收账款周转等。

(3)更新固定资产净残值收入。只有当固定资产更新时，才有该项现金流量。当企业准备用新设备更新现有设备时，需要对现有设备进行清理，所得变现净收入应该作为一项现金流入量，列入初始投资现金流量中。

【学中做6—19】 神舟公司准备投资一个生产项目，为此，需要购买一座价值560万元的厂房，购置300万元的设备，另需培训费10万元。为了使项目正常运行，初期投入原材料等流动资金450万元。原设备清理所得40万元。则：

初始现金净流量＝40－(560＋300＋10＋450)＝－1 280(万元)

(二)营业现金流量

营业现金流量是指项目在正常运行过程中因生产经营活动产生的现金流量，包括现金流入量和现金流出量，净流量一般为正。流入量是由销售收入收现引起的，流出量包括日常的付现成本，如采购支出、设备维护和人员工资及所得税支出。

营业现金流量＝销售收入－付现成本－所得税

成本中不需要每年支付现金的部分主要是折旧费，所以推出一个重要公式：

营业现金流量＝销售收入－(销售成本－折旧)－所得税＝净利润＋折旧

【学中做6—20】 依据【学中做6—19】的资料，假设神舟公司的投资期为5年。预计各年的销售额均为600万元。付现的成本为300万元，厂房和设备的折旧年限分别为20年和5年，残值率为5%。公司所得税税率为25%。则：

$$\text{厂房的年折旧额}=\frac{560\times(1-5\%)}{20}=26.6(\text{万元})$$

$$\text{设备的年折旧额}=\frac{300\times(1-5\%)}{5}=57(\text{万元})$$

每年营业利润＝600－(300＋57＋26.6)＝216.4(万元)

每年净利润＝216.4×(1－25%)＝162.3(万元)

营运现金净流量＝162.3＋(57＋26.6)＝245.9(万元)

(三)终结现金流量

终结现金流量主要包括清理净收入、垫付的流动资金收回等，主要是现金流入。

【学中做6—21】 依据【学中做6—20】的资料，假设神舟公司的投资项目结束，预计厂房可按300万元出售，设备变现价值为60万元，支付清理费用10万元，同时收回流动资金250万元。则：

终结现金净流量＝300＋60＋250－10＝600(万元)

【提示】 在确定投资方案的相关现金流量时，应遵循的最基本原则是：只有增量现金流量才是与项目相关的现金流量。所谓增量现金流量，是指接受或拒绝某个投资方案后，企业总现金流量因此发生的流量差异。

二、投资项目计算期

项目计算期(记作 n)，是指项目从开始投资建设到最终清理结束整个过程的全部时间，即项目的有效持续时间。项目计算期通常以年为计算单位。

一个完整的项目计算期，由建设期(记作 s，$s\geqslant 0$)和生产经营期(记作 p)两部分构成。其中：建设期是指从开始投资建设到建成投产这一过程的全部时间。建设期的第1年年初(记作第0年)称为建设起点，建设期的最后一年年末(记作第 s 年)称为投产日；生产经营期是指从投产日到终结点这一过程的全部时间。生产经营期开始于建设期的最后一年年末即投产日，结束于项目最终清理的最后一年年末(记作第 n 年)即终结点。生产经营期包括试产期和达产期(完全达到设计生产能力)。项目计算期、建设期和生产经营期之间存在以下关系：

$$n=s+p$$

学习子情境四　长期投资决策的评价指标

一、非折现的投资决策分析方法

非折现的投资决策分析方法不考虑时间价值，把不同时间的货币收支看成是等效的。这些方法在进行决策时一般只起辅助作用。这些方法主要包括投资利润率法、静态投资回收期法等。

(一)投资利润率

投资利润率又称投资报酬率(ROI)，是指达到正常生产年度利润或年平均利润占项目投资总额的比率。其计算公式为：

$$投资利润率(ROI)=\frac{年平均利润}{项目投资总额}\times 100\%$$

【学中做 6—22】 神舟公司现有甲、乙两个投资方案，甲方案初始需投资 15 000 元，建设期为 0，使用寿命为 5 年，不需垫支流动资金，采用直线法计提折旧，5 年后设备清理无净残值，5 年中每年增加的销售收入为 7 000 元，付现成本为 2 400 元。乙方案初始需投资 12 000 元，另需垫支流动资金 3 000 元，也于初始投入(设备清理时收回)，建设期为 0，采用直线法计提折旧，使用寿命为 5 年，5 年后设备清理净残值收入 2 000 元，5 年中每年增加的销售收入为8 000 元，付现成本第一年为 3 600 元，以后随着设备日渐陈旧，将逐年增加修理费 320 元。假设所得税税率为 25%。

现采用简化计算公式的形式计算两个方案的现金净流量。计算结果如表 6—1 所示。

表 6—1　　投资方案现金净流量计算表　　单位：元

项　目	第 0 年	第 1 年	第 2 年	第 3 年	第 4 年	第 5 年
甲方案：						
固定资产投资	−15 000					
税后利润		1 200	1 200	1 200	1 200	1 200
折旧		3 000	3 000	3 000	3 000	3 000
现金净流量	−15 000	4 200	4 200	4 200	4 200	4 200
乙方案：						
固定资产投资	−12 000					
流动资金垫支	−3 000					
税后利润		1 800	1 560	1 320	1 080	840
折旧		2 000	2 000	2 000	2 000	2 000
固定资产残值						2 000
流动资金回收						3 000
现金净流量	−15 000	3 800	3 560	3 320	3 080	7 840

神舟公司甲、乙两个方案的投资利润率计算如下：

$$甲方案投资利润率=\frac{1\ 200}{15\ 000}\times100\%=8\%$$

$$乙方案投资利润率=\frac{(1\ 800+1\ 560+1\ 320+1\ 080+840)/5}{12\ 000+3\ 000}\times100\%=8\%$$

从投资利润率上看，甲、乙两个方案的投资利润率是相同的。

【提示】 投资利润率的决策标准是：投资项目的投资利润率越高越好，低于无风险投资利润率的方案为不可行方案。

投资利润率指标具有简单、明了、易于掌握的优点，且该指标不受建设期的长短、投资的方式、回收额的有无以及净现金流量的大小等条件的影响，能够说明各投资方案的收益水平。该指标的缺点有三个：一是没有考虑货币时间价值因素，不能正确反映建设期长短及投资方式不同对项目的影响；二是该指标的分子、分母其时间特征不一致，因而在计算口径上可比基础较差；三是该指标的计算无法直接利用净现金流量信息。

(二)静态投资回收期

投资者总是希望尽快地收回投资，投资回收期越短，对投资者越有利。静态投资回收期(简称回收期)，是指以投资项目经营净现金流量抵偿原始总投资所需要的全部时间。它有“包括建设期的投资回收期(PP)”和“不包括建设期的投资回收期(PP′)”两种形式，两者的关系为：$PP=建设期+PP'$。这里仅以包括建设期的投资回收期为例进行介绍。

静态投资回收期指标的计算有公式法和列表法两种方法。

1. 公式法

如果某一项目的投资均集中发生在建设期内，经营期每年的现金净流量相等且其合计大于或等于原始投资额，则包括建设期的静态投资回收期可按下式计算：

$$\textbf{静态投资回收期}(PP)=\textbf{建设期}+\frac{\textbf{原始投资合计}}{\textbf{经营期每年相等的现金净流量}}$$

【学中做 6—23】 如【学中做 6—22】资料所示，神舟公司甲方案的投资回收期计算如下：

$$甲方案投资回收期=0+\frac{15\ 000}{4\ 200}=3.57(年)$$

2. 列表法

如果经营期每年的现金净流量不相等，则应通过列表计算的方法。所谓列表法，是指通过列表计算“累计净现金流量”的方式，来确定包括建设期的投资回收期的方法。因为不论在什么情况下，都可以通过这种方法来确定静态投资回收期，所以此方法又称为一般方法。

该方法的原理是：按照回收期的定义，包括建设期的投资回收期满足以下关系式：

$$\sum_{t=0}^{PP} NCF_t=0$$

这表明在财务现金流量表的“累计净现金流量”一栏中，包括建设期的投资回收期恰好是累计净现金流量为零的年限。

如果无法在“累计净现金流量”栏上找到零，则必须按下式计算包括建设期的投资回收期：

$$\textbf{投资回收期}(PP)=\frac{\textbf{最后一项为负值的累计}}{\textbf{净现金流量对应的年数}}+\frac{\textbf{最后一项为负值的累计净现金流量绝对值}}{\textbf{下年净现金流量}}$$

【学中做 6—24】 如【学中做 6—22】资料所示，神舟公司乙方案的投资回收期计算如下：

乙方案每年的营业现金净流量不相等，需先列表计算其各年尚未收回的投资额(如表6—2

所示)，然后计算投资回收期。

表 6—2　　现金流量计算表　　单位:元

年　度	每年现金净流量	累计现金净流量	年末尚未收回的投资额
1	3 800	3 800	11 200
2	3 560	7 360	7 640
3	3 320	10 680	4 320
4	3 080	13 760	1 240
5	7 840	21 600	—

$$乙方案投资回收期=4+\frac{15\ 000-13\ 760}{7\ 840}=4.16(年)$$

企业进行投资评价时，首先要将投资方案的回收期同期望回收期相比较，如果投资方案回收期小于等于期望回收期，此方案可以采纳；否则不可采纳。如果同时有几个投资方案可供选择，应该比较各个投资方案的回收期，先取短者。

投资回收期的优点也是能够直观地反映原始总投资的返本期限，便于计算和理解，主要缺点在于:(1)没有考虑资金时间价值;(2)只考虑了回收期内的现金净流量，没有考虑回收期满后的现金净流量。所以，它有一定的局限性，一般只能作为项目投资决策的次要指标使用。

二、折现的投资决策评价方法

折现的投资决策评价方法是指考虑货币时间价值的一类决策评价方法，常见的主要有净现值法、净现值率法、现值指数法和内含报酬率法等。

(一)净现值

净现值(NPV)，是指在项目计算期内，按选定的折现率计算的各年现金净流量的现值的代数和。其计算公式为：

净现值(*NPV*)=∑(项目计算期内各年的现金净流量×复利现值系数)

在原始投资均集中在建设期期初一次性投入、其余时间不再发生投资的情况下，净现值是指按选定的折现率计算的项目投产后各年现金净流量的现值之和减去初始投资后的余额。其计算公式为：

净现值(*NPV*)=∑(项目投产后各年的现金净流量×复利现值系数)－初始投资额

【提示】采用净现值指标的决策标准是:净现值≥0 为可行方案;净现值＜0 为不可行方案。如果几个方案的投资额相等，且净现值都是正数，那么净现值最大的方案为最优方案。如果几个投资方案的初始投资额不相等，则不宜采用净现值，可采用其他评价指标(如净现值率等)进行分析和评价。

【学中做 6—25】　如【学中做 6—22】资料所示，神舟公司甲、乙两个方案的净现值计算如下：

甲方案投入使用后每年的现金净流量相等，可按年金现值一次计算。折现率为 10%，期限为 5 年，查表得年金现值系数为 3.791，则甲方案的净现值为：

甲方案净现值=4 200×3.791－15 000=922.2(元)

乙方案投入使用后每年的现金净流量不相等，可按复利现值进行计算。折现率为 10%，期限为 5 年，各年的复利现值系数查表可得，则乙方案的净现值为：

乙方案净现值=3 800×0.909+3 560×0.826+3 320×0.751+3 080×0.683+7 840×

0.621－(12 000＋3 000)

＝860(元)

通过计算可以看出，两个方案的净现值均大于零，故都是可行的方案。

净现值的优点：一是考虑了资金的时间价值，能够反映各种投资方案的净收益，增强了投资经济性的评价；二是考虑了项目计算期的全部净现金流量，体现了流动性与收益性的统一；三是考虑了投资风险性，因为折现率的大小与风险的高低有关，风险越高，折现率也就越高。因此，用净现值指标进行评价的方法是一种较好的方法。其缺点是不能揭示各个投资方案本身可能达到的实际投资报酬率是多少，当各个投资方案的投资额不相同时，单纯看净现值的绝对值就不能作出正确的评价。因此，就应采用其他方法结合进行评价。

【思考】企业项目投资折现评价指标计算中，可供选择的折现率有哪些？折现率选择正确与否对项目投资评价有何影响？

(二)净现值率

净现值率(NPVR)，是指投资项目的净现值占原始投资现值总额的百分比。其计算公式为：

$$\text{净现值率}(NPVR)=\frac{\text{投资项目净现值}}{\text{原始投资现值总额}}\times 100\%$$

【学中做 6－26】 如【学中做 6－22】资料所示，神舟公司甲、乙两个方案的净现值率计算如下：

$$\text{甲方案净现值率}=\frac{922.2}{15\ 000}\times 100\%=6.15\%$$

$$\text{乙方案净现值率}=\frac{860}{15\ 000}\times 100\%=5.73\%$$

净现值率是一个折现的相对量评价指标，采用净现值率的决策标准与净现值是相同的。其优点在于可以从动态的角度反映项目投资的资金投入与净产出之间的关系，其缺点与净现值指标相似，同样无法直接反映投资项目的实际收益率。

(三)现值指数

现值指数(PI)，是指按选定的折现率计算的项目投产后各年现金净流量的现值之和与原始投资现值总额之比。其计算公式为：

$$\text{现值指数}=\frac{\text{项目投产后各年现金净流量现值之和}}{\text{原始投资现值总和}}$$

【学中做 6－27】 如【学中做 6－22】资料所示，神舟公司甲、乙两个方案的现值指数计算如下：

$$\text{甲方案现值指数}=\frac{15\ 922.2}{15\ 000}=1.061\ 5$$

$$\text{乙方案现值指数}=\frac{15\ 850}{15\ 000}=1.057\ 3$$

采用现值指数这一指标进行投资项目决策评价的标准是：如果投资方案的现值指数大于1，该方案为可行方案；如果投资方案的现值指数小于1，该方案为不可行方案；如果几个方案的现值指数均大于1，那么现值指数越大，投资方案越好。但在采用现值指数进行互斥方案的选择时，其正确的选择原则不是选择现值指数最大的方案，而是在保证现值指数大于1的条件下，使追加投资所得的追加收入最大化。

现值指数的优缺点与净现值基本相同，但有一重要区别是，现值指数可从动态的角度反映项目投资的资金投入与总产出之间的关系，可以弥补净现值在投资额不同方案之间不能比较的缺陷，使投资方案之间可直接用现值指数进行对比。其缺点除了无法直接反映投资项目的实际收益率外，计算起来比净现值指标复杂，计算口径也不一致。因此，在实务中通常并不要求直接计算现值指数，如果需要考核这个指标，可在求得净现值率的基础上推算出来。

(四)内含报酬率

内含报酬率又称内部收益率(IRR)，是使投资项目的净现值等于零的折现率。内含报酬率反映了投资项目的实际报酬率，越来越多的企业使用该指标对投资项目进行评价。内含报酬率的计算过程如下：

(1)如果每年的现金净流量相等，则按下列步骤计算：

第一步：计算年金现值系数。其计算公式为：

$$\text{年金现值系数}=\frac{\text{初始投资额}}{\text{每年现金净流量}}$$

第二步：查年金现值系数表，在相同的期数内，找出与上述年金现值系数相邻近的较大和较小的两个折现率。

第三步：根据上述两个邻近的折现率和已求得的年金现值系数，采用插值法计算出该投资项目的内含报酬率。

(2)如果每年的现金净流量不相等，则需要按下列步骤计算：

第一步：先预估一个折现率，并按此折现率计算净现值。如果计算出的净现值为正数，则表明预估的折现率小于该投资项目实际内含报酬率，应予提高，再进行测算；如果计算出的净现值为负数，则表明预估的折现率大于该投资项目的实际内含报酬率，应予降低，再进行测算。经过如此反复的测算，找到净现值的由正到负并且比较接近于零的两个折现率。

第二步：根据上述两个邻近的折现率，再用插值法计算出投资项目的实际内含报酬率。

【学中做 6－28】 如【学中做 6－22】资料所示，神舟公司甲、乙两方案的内含报酬率计算如下：

因甲方案的每年现金净流量相等，故可采用下列方法计算其内含报酬率：

查年金现值系数表，第 5 期与 3.571 相邻近的年金现值系数在 12%～14%之间，现用插值法计算如下：

$$\text{甲方案内含报酬率}=12\%+\left(\frac{3.571-3.605}{3.433-3.605}\times 2\%\right)=12.4\%$$

乙方案的每年现金净流量不相等，因而，必须逐次进行测算，测算过程如表 6－3 所示。

表 6－3　　内含报酬率计算表　　单位：元

年　度	每年现金净流量	测试 10%		测试 12%		测试 14%	
		复利现值系数	现值	复利现值系数	现值	复利现值系数	现值
0	－15 000	1.000	－15 000	1.000	－15 000	1.000	－15 000
1	3 800	0.909	3 454	0.893	3 393	0.877	3 333
2	3 560	0.826	2 941	0.797	2 837	0.769	2 738
3	3 320	0.751	2 493	0.712	2 364	0.675	2 241
4	3 080	0.683	2 104	0.636	1 959	0.592	1 823
5	7 840	0.621	4 869	0.567	4 445	0.519	4 069
净现值	—	—	860	—	2	—	－796

在表 6—3 中，先按 10%的折现率进行测算，净现值为正数，再把折现率调高到 12%进行第二次测算，净现值为 2，说明该投资项目的内含报酬率比 12%稍大，为计算其精确数，再将折现率调高到 14%进行测算，净现值为负数。这说明该项目的内含报酬率一定为 12%～14%。现用插值法计算如下：

$$乙方案内含报酬率=12\%+\frac{0-2}{-796-2}\times 2\%=12.005\%$$

内含报酬率是一个折现的相对量正指标，采用这一指标的决策标准是将所测算的各方案的内含报酬率与其资金成本对比，如果方案的内含报酬率大于其资金成本，则为可行方案；如果投资方案的内含报酬率小于其资金成本，则为不可行方案。如果几个投资方案的内含报酬率都大于其资金成本，且各方案的投资额相同，那么内含报酬率与资金成本之间差异最大的方案最好；如果几个方案的内含报酬率均大于其资金成本，但各方案的原始投资额不等，其决策标准应是“投资额×(内含报酬率－资金成本)”最大的方案为最优方案。

内含报酬率的优点是非常注重资金时间价值，能从动态的角度直接反映投资项目的实际收益水平，且不受行业基准收益率高低的影响，比较客观。但该指标的计算过程比较麻烦，当进入生产经营期又发生大量追加投资时，就有可能导致多个高低不同的内含报酬率出现，依据多个内含报酬率进行评价就会失去实际意义。

以上介绍的净现值、净现值率、现值指数、内含报酬率四个指标，都属于折现的决策评价指标，它们之间存在以下数量关系，即：

当净现值>0 时，净现值率>0，现值指数>1，内含报酬率>设定折现率；

当净现值=0 时，净现值率=0，现值指数=1，内含报酬率=设定折现率；

当净现值<0 时，净现值率<0，现值指数<1，内含报酬率<设定折现率。

此外，净现值率的计算需要在已知净现值的基础上进行，内含报酬率在计算时也需要利用净现值的计算技巧或形式。这些指标都会受到建设期的长短、投资方式，以及各年净现金流量的数量特征的影响。所不同的是，净现值为绝对量指标，其余为相对数指标，计算净现值、净现值率和现值指数所依据的折现率都是事先已知的设定折现率，而内含报酬率的计算本身与设定折现率的高低无关。

三、长期投资决策评价指标的运用

计算评价指标的目的，是为长期投资提供决策的定量依据，进行项目的评价与优选。由于评价指标的运用范围不同，评价指标的自身特征不同，评价指标之间的关系比较复杂，因此，必须根据具体运用范围确定如何运用评价指标。

(一)单一独立投资项目的财务可行性评价

所谓单一独立投资项目，就是在只有一个投资项目可供选择的条件下，评价该投资项目的可行性。这就需要利用评价指标考查该独立项目是否具有财务可行性，从而作出接受或拒绝该项目的决策。当有关正指标大于或等于某些特定数值，反指标小于特定数值时，则该项目具有财务可行性；反之，则不具备财务可行性。具体应注意以下各要点：

(1)如果某一投资项目的评价指标同时满足以下条件，则可以断定该投资项目无论从哪个方面看都具备财务可行性，应当接受。这些条件是：

净现值>0，净现值率>0，获利指数>1，内含报酬率>设定折现率，投资回收期<生产经营期的一半，投资利润率>基准投资利润率(事先给定)。

(2)如果某一投资项目的评价指标同时不满足上述条件,即同时发生以下情况,就可以断定该投资项目无论从哪个方面看都不具备财务可行性,应当放弃。

净现值<0,净现值率<0,获利指数<1,内含报酬率<设定折现率,投资回收期>生产经营期的一半,投资利润率<基准投资利润率。

(3)当静态投资回收期(次要指标)或投资利润率(辅助指标)的评价结论与净现值等主要指标的评价结论发生矛盾时,应当以主要指标的结论为准。

(4)利用净现值、净现值率、现值指数和内含报酬率指标对同一个独立项目进行评价,会得出完全相同的结论。

(二)多个互斥方案的比较与优选

在实际业务中,企业往往同时面临多种投资方案,但是由于筹资能力的限制,企业不可能投资于所有可接受的方案,而应先作比较然后从中选择最优的方案作为投资对象。长期投资决策中的互斥方案是指在决策时涉及的多个相互排斥、不能同时并存的投资方案。互斥方案决策过程就是在每一个入选方案已具备财务可行性(可行的不一定都是最优的)的前提下,利用具体决策方法对各个方案进行比较,利用评价指标从各个已具备财务可行性的备选方案中最终选出一个最优方案的过程。

在长期投资的多方案比较决策理论中,将利用某一特定评价指标作为决策标准或依据的方法称为以该项指标命名的方法,如以净现值作为互斥方案择优依据的方法就是所谓的净现值法,同样还有净现值率法、差额投资内含报酬率法和年等额净回收额法等。

(1)净现值法和净现值率法适用于原始投资相同且项目计算期相等的多方案比较决策,在这种情况下,可以选择净现值或净现值率大的方案作为最优方案。举例说明如下:

【学中做 6-29】 某个固定资产投资项目需要原始投资 200 万元,有 A、B、C、D 四个互相排斥的备选方案可供选择,依各方案的净现值指标的大小排序分别为 A>C>D>B(四个备选方案的净现值均大于零,均具有财务可行性)。四个备选方案的原始投资相同,评价结果当然是:A 方案最优,其次为 C 方案,再次为 D 方案,最差为 B 方案。

(2)差额投资内含报酬率法和年等额净回收额法适用于原始投资不相同的多方案比较,后者尤其适用于项目计算期不同的多方案比较决策。

所谓差额投资内含报酬率法,是指在两个原始投资额不同方案的差量净现金流量的基础上,计算出差额内含报酬率,并据以判断方案优劣的方法。在此方法下,当差额内含报酬率指标大于基准收益率或设定折现率时,原始投资额大的方案较优;反之,则投资少的方案为优。差额内含报酬率的计算过程同内含报酬率一样,只是所依据的是差量净现金流量。该方法还经常被用于更新改造项目的投资决策中,当更新改造项目的差额内含报酬率指标大于基准收益率或设定折现率时,应当进行更新改造;反之,就不应当进行更新改造。

【学中做 6-30】 神舟公司打算变卖一套尚可使用 5 年的旧设备,另行购置一套新设备来替换它。已知该项目计算期各年净现金流量分别为:NCF_0 为 -40 万元,$NCF_{1\sim5}$ 为 14 万元。

要求:就以下两种不相关情况作出是否更新改造的决策:

①该企业的行业基准折现率为 22%;

②该企业的行业基准折现率为 24%。

依题意,该更新改造方案的差额内含报酬率计算如下:

因方案的每年现金净流量相等,故可采用下列方法计算其差额内含报酬率:

查年金现值系数表，第 5 期与 2.857 1 相邻近的年金现值系数为 2.990 6 和 2.745 4，分别对应 20%和 24%，这说明，该更新改造方案的差额内含报酬率在 20%～24%之间。现用插值法计算如下：

$$差额内含报酬率=20\%+\left(\frac{2.857\ 1-2.990\ 6}{2.745\ 4-2.990\ 6}\times 4\%\right)=22.18\%$$

在企业的行业基准折现率为 22%的情况下，差额内含报酬率 22.18%大于基准折现率 22%，应当更新设备。

在企业的行业基准折现率为 24%的情况下，差额内含报酬率 22.18%小于基准折现率 24%，不应当更新设备。

(3)年等额净回收额法是通过比较所有投资方案的年等额净回收额指标的大小来选择最优方案的一种决策方法。某一方案的年等额净回收额按以下公式计算：

$$某投资方案的年等额净回收额=\frac{该方案的净现值}{相关年金现值系数}$$

采用年等额净回收额决策的标准是：在所有方案中，年等额净回收额最大的方案为最优方案。

【学中做 6－31】 神舟公司为扩大规模拟投资新建一条生产线。现有两个方案可供选择：甲方案的原始投资为 200 万元，项目计算期为 12 年，净现值为 98 万元；乙方案的原始投资为 180 万元，项目计算期为 10 年，净现值为 90 万元。行业基准折现率为 12%。按年等额净回收额法进行决策分析如下：

首先，甲方案和乙方案的净现值均大于零，这说明两个方案均具有财务可行性。

其次，计算两个投资方案的年等额净回收额指标：(查年金现值系数表，对应甲、乙两个方案的相关年金现值系数分别为 6.194 4 和 5.650 2)

$$甲方案年等额净回收额=\frac{98}{6.194\ 4}=15.82(万元)$$

$$乙方案年等额净回收额=\frac{90}{5.650\ 2}=15.93(万元)$$

最后，通过比较两个投资方案的年等额净回收额指标的大小，选择最优方案。计算结果表明，乙方案优于甲方案。

(三)多方案组合排队投资决策

1. 组合或排队方案的含义

如果一组方案中既不属于相互独立，又不属于相互排斥，而是可以实现任意组合或排队，则这些方案被称作组合或排队方案，其中，又包括先决方案、互补方案和不完全互斥方案等形式。在这种方案决策中，除了要求首先评价所有方案的可行性，淘汰不具备财务可行性的方案外，在接下来的决策中需要反复衡量和比较不同组合条件下的有关评价指标的大小，从而作出最终决策。

2. 组合或排队方案决策的含义

这类决策分两种情况：(1)在资金总量不受限制的情况下，可按每一项目的净现值大小排队，确定优先考虑的项目顺序。(2)在资金总量受到限制时，则需按净现值率或获利指数的大小，结合净现值进行各种组合排队，从中选出能使净现值总和最大的最优组合。

3. 组合或排队方案决策的程序

具体程序如下：

第一，以各方案的净现值率高低为序，逐项计算累计投资额，并与限定投资总额进行比较。

第二，当截止到某项投资项目(假定为第 j 项)的累计投资额恰好达到限定的投资总额时，则第1项至第 j 项的项目组合为最优的投资组合。

第三，若在排序过程中未能直接找到最优组合，必须按下列方法进行必要的修正：

首先，当排序中发现第 j 项的累计投资额首次超过限定投资额，而删除该项后，按顺延的项目计算的累计投资额却小于或等于限定投资额时，可将第 j 项与第 $(j+1)$ 项交换位置，继续计算累计投资额。这种交换可连续进行。

其次，当排序中发现第 j 项的累计投资额首次超过限定投资额，又无法与下一项进行交换，第 $(j-1)$ 项的原始投资大于第 j 项原始投资时，可将第 j 项与第 $(j-1)$ 项交换位置，继续计算累计投资额。这种交换亦可连续进行。

最后，若经过反复交换，已不能再进行交换，仍未找到能使累计投资额恰好等于限定投资额的项目组合时，可按最后一次交换后的项目组合作为最优组合。

总之，在主要考虑投资效益的条件下，多方案比较决策的主要依据，就是能否保证在充分利用资金的前提下，获利尽可能多的净现值总量。

【学中做 6—32】 A、B、C、D、E 五个投资项目为非互斥方案，有关原始投资额、净现值、净现值率和内部收益率的数据如表 6—4 所示。

表 6—4　　A、B、C、D、E 投资项目的原始投资额、净现值、净现值率和内部收益率　　金额单位：万元

项　目	原始投资	净现值	净现值率	内部收益率
A	300	120	0.4	18%
B	200	40	0.2	21%
C	200	100	0.5	40%
D	100	22	0.22	19%
E	100	30	0.3	35%

要求：分别就以下相关情况作出多方案组合决策：

(1)投资总额不受限制；

(2)投资总额受到限制，分别为 200 万元、300 万元、400 万元、450 万元、500 万元、600 万元、700 万元、800 万元和 900 万元。

按各方案净现值率的大小排序，并计算累计原始投资和累计净现值数据。其结果如表 6—5所示。

表 6—5　　累计原始投资和累计净现值计算表　　金额单位：万元

顺　序	项　目	原始投资	累计原始投资	净现值	累计净现值
1	C	200	200	100	100
2	A	300	500	120	220
3	E	100	600	30	250
4	D	100	700	22	272
5	B	200	900	40	312

根据表6—5的数据，按投资组合决策原则作如下决策：

(1)当投资总额不受限制或限额大于或等于900万元时，最优投资组合方案为A+C+B+E+D。

(2)当限定投资总额为200万元时，只能接受C项目，可获100万元净现值，比另一组合E+D的净现值合计52万元多。

(3)当限定投资总额为300万元时，最优投资组合为C+E(因为A和E可进行交换)，净现值为130万元，大于以下组合：A、C+D、E+B和D+B。

(4)当限定投资总额为400万元时，最优投资组合为C+E+D(这里A与E、D分别交换一次)；在这一组合下可获净现值152万元，大于以下组合：A+E、A+D、C+B、E+D+B。

(5)当限定投资总额为450万元时，最优组合仍为C+E+D，此时累计投资总额为400万元(200+100+100)小于450万元，但实现的净现值仍比所有其他组合的多。

(6)当限定投资总额为500万元、600万元和700万元时，最优的投资组合分别为：C+A、C+A+E、C+A+E+D。

(7)当限定投资总额为800万元时，最优的投资组合为C+A+E+B(这里D与B交换一次)，获得净现值290万元，大于C+A+E+D组合的净现值282万元。

技能训练

一、单项选择题

1. 为在第5年年末获得本利和10 000元，求每年年末应存款多少，应用(　　)。

A. 年金现值系数　　B. 年金终值系数
C. 复利现值系数　　D. 复利终值系数

2. 下列各项中，无法计算出确切结果的是(　　)。

A. 后付年金终值　　B. 即付年金终值
C. 递延年金终值　　D. 永续年金终值

3. 某公司准备购买一种预期未来股利不变的零成长股票，预期该股票的股利为每股2元，该公司要求的投资报酬率为10%，则该股票的价格在(　　)元以下时，公司才可以购买。

A. 25　　B. 20　　C. 30　　D. 35

4. 下列说法中，正确的是(　　)。

A. 普通年金终值系数和偿债基金系数互为倒数
B. 普通年金终值系数和普通年金现值系数互为倒数
C. 复利终值系数和复利现值系数互为倒数
D. 普通年金现值系数和资本回收系数互为倒数

5. 利用已知的零存数求整取的过程，实际上就是计算(　　)。

A. 复利终值　　B. 复利现值　　C. 年金终值　　D. 年金现值

6. 投资项目的建设起点与终结点之间的时间间隔称为(　　)。

A. 项目计算期　　B. 生产经营期　　C. 建设期　　D. 试产期

7. 企业投资20万元购入一台设备，预计投产后每年获利润4万元，固定资产年折旧额2万元，则投资回收期为(　　)年。

A. 6.7　　B. 10　　C. 3.33　　D. 5

8. 净现值与现值指数相比，其缺点是(　　)。

A. 考虑了货币时间价值　　B. 考虑了投资风险价值

C. 不便于投资额相同的方案的比较　　D. 不便于投资额不同的方案的比较

9. 当净现值为零时，则可说明(　　)。

A. 投资方案无收益　　B. 投资方案只能获利平均利润

C. 投资方案只能收回投资　　D. 投资方案亏损，应拒绝接受

10. 下列投资决策评价指标中，其数值越小越好的指标是(　　)。

A. 净现值率　　B. 投资回收期

C. 内含报酬率　　D. 投资利润率

11. 某人将10 000元存入银行，银行的年利润为10%，按照复利计算，则5年后此人可从银行取出(　　)元。

A. 17 716　　B. 15 386　　C. 16 105　　D. 14 641

12. 如果一个投资方案的净现值大于零，则必然存在的结论是(　　)。

A. 投资回收期在一年以内　　B. 获利能力指数大于1

C. 投资报酬率高于100%　　D. 年均现金净流量大于原始投资

13. 下列各项中，属于长期投资决策静态评价指标的是(　　)。

A. 获利指数　　B. 投资利润率　　C. 净现值　　D. 内含报酬率

14. 已知某投资项目原始投资为500万元，建设期资本化利息为50万元。预计项目投产后每年净现金流量为88万元，年平均利润为66万元，则该项目的投资利润率为(　　)。

A. 12%　　B. 13.2%　　C. 16%　　D. 17.6%

15. 已知某投资项目的原始投资额为100万元，建设期为2年，投产后第1～8年每年*NCF*为25万元，第9～10年每年*NCF*为20万元，则该项目包括建设期的静态投资回收期为(　　)年。

A. 4　　B. 5　　C. 6　　D. 7

16. 下列长期投资决策评价指标中，其数值越小越好的指标是(　　)。

A. 净现值　　B. 投资回收期　　C. 内含报酬率　　D. 投资利润率

17. 某投资项目在建设期内投入全部原始投资，该项目的净现值率为25%，则该项目的获利指数为(　　)。

A. 0.75　　B. 1.25　　C. 4.0　　D. 25

18. 已知某投资项目的计算期是10年，资金于建设起点一次投入，当年完工并投产。经预计该项目包括建设期的静态投资回收期是4年，则按内含报酬率确定的年金现值系数是(　　)。

A. 10　　B. 6　　C. 4　　D. 25

19. 下列长期投资决策评价指标中，其计算结果不受建设期的长短、资金投入的方式、回收额的有无，以及净现金流量的大小等条件影响的是(　　)。

A. 投资利润率　　B. 投资回收期　　C. 内含报酬率　　D. 净现值率

20. 如果其他因素不变，一旦提高折现率，则下列指标中其数值将会变小的是(　　)。

A. 净现值率　　B. 投资利润率　　C. 内含报酬率　　D. 投资回收期

21. 包括建设期的投资回收期恰好是(　　)。

A. 净现值为零时的年限　　B. 净现金流量为零时的年限

C. 累计净现值为零时的年限　　D. 累计净现金流量为零时的年限

22. 当某方案的净现值大于零时，其内含报酬率(　　)。

A. 可能小于零　　B. 一定等于零

C. 一定大于设定折现率　　D. 可能等于设定折现率

23. 能使投资方案的净现值等于零的折现率，称为(　　)。

A. 净现值率　　B. 资金成本率

C. 内含报酬率　　D. 投资利润率

24. 在只有一个投资项目可供选择的条件下，如果该项目不具有财务可行性，则必然会存在的一种情况是(　　)。

A. 净现值＞0　　B. 获利指数＞1

C. 净现值率＜0　　D. 内含报酬率＞基准折现率

25. 在单一方案决策过程中，可能与净现值评价结论发生矛盾的评价指标是(　　)。

A. 净现值率　　B. 获利指数

C. 内含报酬率　　D. 静态投资回收期

二、多项选择题

1. 计算复利终值所必需的资料有(　　)。

A. 利率　　B. 现值　　C. 期数　　D. 利息总额

2. 下列项目中，属于现金流入项目的有(　　)。

A. 营业收入　　B. 建设投资

C. 回收流动资金　　D. 回收固定资产残值

3. 净现值法的优点有(　　)。

A. 考虑了资金时间价值

B. 考虑了项目计算期的全部净现金流量

C. 考虑了投资风险

D. 可从动态上反映项目的实际投资收益率

4. 影响项目内含收益率的因素包括(　　)。

A. 投资项目的有效年限　　B. 投资项目的现金流量

C. 企业要求的最低投资报酬率　　D. 建设期

5. 下列各项中，属于长期投资决策折现评价指标的是(　　)。

A. 内含报酬率　　B. 投资回收期

C. 获利指数　　D. 投资利润率

6. 已知某长期投资项目的建设期为零，投产后每年经营净现金流量相等，终结点有回收额。在此情况下，可以按特殊方法求得的长期投资决策评价指标包括(　　)。

A. 投资利润率　　B. 静态投资回收期

C. 净现值　　D. 内含报酬率

E. 原始投资回收率

6. 下列长期投资决策评价指标中，需要以已知的行业基准折现率作为计算依据的包括(　　)。

A. 净现值率　　B. 获利指数　　C. 内含报酬率　　D. 投资利润率

7. 利用评价指标对单一的独立投资项目进行财务可行性评价时，能够得出完全相同结论的指标有(　　)。

A. 净现值　　B. 净现值率　　C. 获利指数　　D. 内含报酬率

8. 在单一的独立投资项目中，当一项投资方案的净现值小于零时，表明该方案(　　)。

A. 获利指数小于1　　B. 不具备财务可行性

C. 净现值率小于零　　D. 内含报酬率小于行业基准折现率

9. 下列方法中，可用于原始投资额不同且项目计算期也不相同的多个互斥方案比较决策的有(　　)。

A. 净现值法　　B. 净现值率法

C. 年等额净回收额法　　D. 差额投资内含报酬率法

10. 下列各项中，可用于原始投资相同、项目计算期也相同的互斥投资方案比较决策的方法有(　　)。

A. 差额投资内部收益率法　　B. 净现值法

C. 净现值率法　　D. 年等额净回收额法

三、判断题

1. 一段时期内各期期末等额的系列收付款项称为即付年金。(　　)

2. 投资决策中使用的现金流量，实际上就是指各种货币资金。(　　)

3. 虽然复利现值系数与复利终值系数之间是倒数关系，但年金现值系数与年金终值系数之间并不存在倒数关系。(　　)

4. 年偿债基金的计算是年金现值的逆运算。(　　)

5. 只能计算永续年金的现值，而不能计算它的终值。(　　)

6. 在项目投资决策中，只要投资方案的投资利润率大于零，该方案就是可行方案。(　　)

7. 内含报酬率就是指能使投资方案净现值为零的贴现率。(　　)

8. 如果某期累计的净现金流量等于零，则该期所对应的期间值就是包括建设期的投资回收期。(　　)

9. 无论在什么情况下，都可以采用列表法直接求得不包括建设期的投资回收期。(　　)

10. 净现值是指项目投产后各年报酬的现值合计与投资现值合计之间的差额。(　　)

四、计算分析题

1. 某长期投资项目累计的净现金流量资料如下表所示。

某长期投资项目累计的净现金流量　　单位：万元

年数(t)	0	1	2	3	…	6	7	…	15
累计的净现金流量	−100	−200	−200	−180	…	−20	+20	…	+500

要求：

(1)计算该项目的静态投资回收期。

(2)说明该项目的建设期、投资方式(如果是分次投入，需说明每次投资的时点和投资额)和经营期。

2. 某企业拟购置一台设备，购入价为 200 000 元，预计可使用 5 年，净残值为 8 000 元，假设资金成本率为 10%，投产后每年可增加利润 50 000 元。

要求：

(1)用“年数总和法”计算该项设备的各年折旧额；

(2)列式计算该投资方案的净现值；

(3)列式计算该投资方案的现值指数。

3. 某企业有一台旧设备，原值为 15 000 元，预计使用年限为 10 年，已使用 5 年，每年付现成本为 3 000 元，目前变现价值为 9 000 元，报废时无残值。现在市场上有一种新的同类设备，购置成本为 20 000 元，可使用 5 年，每年付现成本为 1 000 元，期满无残值，公司资金成本率为 10%。

要求：确定该设备是否应更新。

4. 某企业准备购入一台设备以扩充生产能力。现有甲、乙两个方案可供选择。甲方案需投资 20 000 元，使用寿命为 5 年，采用直线法计提折旧，5 年后无残值，5 年中每年可实现销售收入 15 000 元，每年付现成本为 5 000 元。乙方案需投资 30 000 元，采用直线法计提折旧，使用寿命也是 5 年，5 年后有残值收入 4 000 元，5 年中每年销售收入为 17 000 元，付现成本第一年为 5 000 元，以后逐年增加修理费用 200 元，另需垫支营运资金 3 000 元。假设所得税税率为 25%，资金成本为 12%。

要求：

(1)计算两个方案的现金流量；

(2)计算两个方案的净现值；

(3)计算两个方案的现值指数；

(4)计算两个方案的内含报酬率；

(5)计算两个方案的投资回收期；

(6)试判断应采用哪个方案。

情境七

全面预算

职业能力目标

1. 了解全面预算的意义、内容及编制程序；
2. 掌握全面预算的编制方法；
3. 了解弹性预算、滚动预算、零基预算的编制原理。

典型工作任务

1. 能够编制固定预算；
2. 会应用弹性预算、滚动预算、零基预算。

情境引言

通过前面有关预测和决策分析的介绍，基本上已经把企业未来经济活动各个方面的目标确定下来，为了更好地规划和控制企业未来的经济活动，企业还必须采用编制全面预算的办法，以数量和表格的形式把它们固定下来，作为企业今后经济活动的依据，便于实行全面预算管理。

学习子情境一　全面预算的编制

一、全面预算概述

（一）全面预算的意义

全面预算又称企业预算、总预算，是在预测与决策基础上，按企业既定的经营目标，规划与反映企业未来销售、生产、成本、现金收支等方面的经营活动，以便对企业未来计划期内全部生产经营活动进行有效组织、协调；它主要以货币作为计量单位，通过一系列预计财务报表及附表表示其资源配置情况及有关企业总体计划的数量说明。概括来讲，全面预算是指企业以货币为主要计量单位，对企业的全部生产经营活动的数量说明。简言之，全面预算是企业以货币为主要计量单位对企业的全部经营活动的计划和资源配置。

全面预算是企业标准控制的基础，是企业进行有效管理的关键。主要表现在：

1. 有利于明确各责任部门的工作目标

全面预算作为一种计划，规定了企业一定时期内的总体目标以及各级、各部门的分解目标，使各部门明确本单位的经济活动与整个企业经营目标之间的关系，明确各自的职责及努力方向，从各自的角度出发，为完成企业的总体目标而在各自岗位上努力工作。

2. 有利于协调各部门之间的关系

全面预算把企业各方面的工作纳入了统一的计划之中，促使企业内部各部门的预算相互协调，在保证企业总体目标最优的前提下，组织各自的生产经营活动。这样减少了各部门之间由于对企业总体目标的理解不同，或由于部门利益冲突造成的各部门之间的不协调而影响企业整体利益的现象。比如，在以销定产的经营方针下，生产预算应当以销售预算为依据，直接材料预算又必须与生产预算相衔接，这样才能保证采购部门、生产部门、销售部门之间的供产销平衡，避免出现停工待料、产品积压等问题。

3. 有利于控制各责任部门的日常经济活动

编制全面预算是企业经营管理的起点，也是控制日常经济活动的依据。在全面预算的执行过程中，各部门应当通过计算、对比，及时揭示实际脱离预算的差异并分析其原因，以便采取必要的措施，消除薄弱环节，保证预算目标的顺利完成。编制全面预算的目的是为了贯彻目标管理的原则，指导和控制业务的执行。例如，日常生产车间零用材料限额领料单中的限额，可以参考预算中的具体情况来制定。

4. 有利于考核各责任部门的工作业绩

全面预算确定的各项指标，也是考核各部门工作业绩的标准。在评定各部门工作业绩时，要根据预算的完成情况，分析实际脱离预算的程度和原因，分清责任，奖罚分明，促使各部门为完成预算规定的目标而努力工作。例如，产品成本中的材料成本，其实际成本与预算产生偏差有两个原因：一是实际采购成本脱离计划采购成本；二是生产中的浪费或是节约。通过对材料成本差异的计算和分析，可以明确是采购部门的责任还是生产部门的问题。掌握这些情况，对于改进预算期工作和指导下期预算的编制是有利的。

(二)全面预算的内容

全面预算的内容包括业务预算、财务预算和专门预算。业务预算用于计划企业的基本经济业务，包括销售预算和生产预算等。财务预算是指企业在一定时期内货币资金的收支及财务状况的预算，包括短期现金收支预算和信贷预算，以及长期的资本支出预算和长期资金筹措预算。专门预算主要是指对企业某专项投资而编制的预算，如企业的购置支出较大的固定资产预算等。三种预算在编制时各有侧重点，相互之间又密不可分，后两个预算是前者的基础，财务预算是业务预算和专门预算的汇总。

(三)全面预算的编制程序

全面预算的编制涉及企业的方方面面，它是一项系统性、整体性很强的工作，需要企业各级管理人员同广大员工的共同参与和密切配合才能完成。编制的基本程序，一般由企业最高部门在预测和决策分析的基础上，确定企业计划期的工作目标，然后由最基层的职能部门自行编制本身的预算，自下而上逐级审核、修订和平衡后，再汇总上报，直至最高管理部门审核批准。具体程序如下：

(1)确定企业计划期间生产经营的总目标。根据预测和决策分析，明确计划期间的奋斗目标和实现这一目标的具体措施。

(2)分解目标,确定各个职能部门的具体工作。对总目标进行层层分解,落实到各个职能部门,使各个职能部门和员工明确计划期间各自的工作目标和应采取的措施。

(3)各部门编制预算草案。各部门根据本部门的分目标,结合计划期的具体情况,在充分收集有关资料进行加工、整理、分析的基础上,拟订切实可行的初步预算草案,提交上级部门审核。

(4)审核并协调各部门的初步预算草案。由上级部门对下级部门提交的预算草案进行审核、修订,帮助解决下属部门在预算编制过程中出现的各种问题,并逐级汇编上报。

(5)通过反复协调平衡,集合汇总成整个企业的全面预算,报请企业最高管理部门审核批准。各部门的预算方案经过逐级审核、修订、汇总上报后,最后汇总为整个企业的全面预算,由企业的最高管理部门或预算委员会进行全面审议和评价,对可能存在的问题提出解决和修正办法并作出修改,直至审定通过,形成正式预算文件。

(6)定期检查预算执行情况,及时反馈给执行部门,并对预算执行结果进行分析,为下一期预算的编制提供改进意见。

不同种类的预算,其编制期也往往各不相同。一般来说,因经营预算和财务预算是经常性预算,一次性专门业务预算又是一次性预算,为便于对比考核,其编制期通常与会计年度保持一致,编制成年度预算,又称短期预算。在此基础上,有些年度预算还在年度下面根据企业实际需要按季、按月或按旬、按周甚至按天编制。而专门决策预算中的资本支出预算由于具有不经常性并且投资项目涉及时间跨度较长的特点,其编制期通常确定在一年以上,称为长期预算。通常先按每一投资项目分别编制预算,并在各投资项目的寿命周期内分年度安排,再把属于本计划年度的这部分预算进一步细分成按季或按月编制的预算,使其与其他预算紧密联系。

【提示】 各类预算的具体编制时间可以由企业根据自身实际需要来确定。一般情况下,全面预算的编制时间为预算编制期的前 1～2 个月,季度预算为预算编制期的前半个月至一个月,月份预算为预算编制期的前 3～5 天。

二、全面预算的编制

(一)销售预算

销售预算是指通过对上年销售情况的分析并结合预期相关因素变化,根据企业预计年度的目标利润确定预计的销售量、销售单价和销售收入等编制的一种预算。其主要内容是销售量、销售单价和销售收入。其中销售量及单价是根据对市场的预测及企业生产能力得到的,销售收入则是两者的乘积。销售预算是整个预算的出发点,其他预算都应以销售预算为基础。

销售预算中通常还包括预计现金收入的计算,主要是根据预计的各季度现金销售收入与回收赊销货款反映现金收入,以便为编制现金收支预算提供必要的信息。

【学中做 7—1】 神舟公司 A 产品 2015 年度的销售预算如表 7—1 所示,销售收入中,本季度收到 80%,下季度收到 20%,不考虑坏账等其他相关因素,公司年初应收账款为 7 300 元。

表 7—1 **神舟公司 2015 年度销售预算** 单位:元

季　度	一	二	三	四	全　年
预计销售量	160	210	280	250	900

续表

季　度	一	二	三	四	全　年
加:预计单位售价	200	200	200	200	200
销售收入	32 000	42 000	56 000	50 000	180 000
预计现金收入					
上年应收账款	7 300				7 300
第一季度	25 600	6 400			32 000
第二季度		33 600	8 400		42 000
第三季度			44 800	11 200	56 000
第四季度				40 000	40 000
现金收入合计	32 900	40 000	53 200	51 200	177 300

(二)生产预算

生产预算是为规划预算期生产规模而编制的一种业务预算。它是在销售预算的基础上编制的,包括销售量、期初和期末存货、生产量。销售量可以从销售预算中得到,预计期初存货量等于上季度末存货量,因此,编制生产预算的关键在于合理准确地预计各季度期末存货量。其中预计生产量的计算公式为:

预计生产量=预计销售量+预计期末存货量−预计期初存货量

【学中做 7—2】 神舟公司 2015 年度的生产预算如表 7—2 所示,公司 A 产品每季度末的存货量为下季度预计销售量的 10%,预计 2015 年期初和期末存货量分别为 11 件和 21 件。

表 7—2　　神舟公司 2015 年度生产预算　　单位:件

季　度	一	二	三	四	全　年
预计销售量	160	210	280	250	900
加:预计期末存货	21	28	25	21	21
合　计	181	238	305	271	921
减:预计期初存货	11	21	28	25	11
预计生产量	170	217	277	246	910

(三)直接材料预算

直接材料预算是为规划预算期直接材料消耗情况及采购活动而编制的,用于反映预算期直接材料的单位产品用量、生产需要量、期初和期末存量等信息的一种业务预算。

在直接材料预算中,预计生产量来源于生产预算,单位产品材料用量的数据来自定额资料。年初材料存量来源于上年年末的报表,年末材料存量是根据当前情况估计的,各季度期末材料存量根据下一季度生产量的一定百分比确定。生产需用量与预计采购量通过下列公式计算:

生产需用量=预计生产量×单位产品材料耗用量

预计采购量=生产需用量+预计期末存量−预计期初存量

在直接材料预算中,通常也要预计材料采购的现金支出,以便为以后编制现金预算提供信息。

【学中做 7—3】 神舟公司 A 产品 2015 年度的直接材料预算如表 7—3 所示，其中，期末材料存量预计为下季度生产量的 10%。第一季度期初存量预计为 200 千克，第四季度期末存量预计为 300 千克。年初应付账款为 2 519 元，预计直接材料的货款在本季度支付 50%，下季度支付 50%。

表 7—3　　**神舟公司 2015 年度直接材料预算**

季　度	一	二	三	四	全　年
预计生产量(件)	170	217	277	246	910
单位产品材料耗用量(千克)	10	10	10	10	10
生产需用量(千克)	1 700	2 170	2 770	2 460	9 100
加:预计期末存量(千克)	217	277	246	300	300
合　计	1 917	2 447	3 016	2 760	9 400
减:预计期初存量(千克)	200	217	277	246	200
预计材料采购量(千克)	1 717	2 230	2 739	2 514	9 200
单价(元/千克)	6	6	6	6	6
预计采购金额(元)	10 302	13 380	16 434	15 084	55 200
预计现金支出(元)					
上年应付款	2 519				2 519
第一季度	5 151	5 151			10 302
第二季度		6 690	6 690		13 380
第三季度			8 217	8 217	16 434
第四季度				7 542	7 542
合　计	7 670	11 841	14 907	15 759	50 177

(四)直接人工预算

直接人工预算是一种反映预算期内人工工时消耗水平及人工成本开支的业务预算。其中预计产量来自生产预算。单位产品人工工时及每工时人工成本数据来自标准成本资料。人工总工时和人工总成本可通过前述几项计算得到，公式如下：

预计人工总工时＝预计生产量×单位产品工时

预计人工总成本＝预计人工总工时×每小时人工成本

【学中做 7—4】 神舟公司 2015 年度的直接人工预算如表 7—4 所示。

表 7—4　　**神舟公司 2015 年度直接人工预算**

季　度	一	二	三	四	全　年
预计产量(件)	170	217	277	246	910
单位产品工时(小时)	10	10	10	10	10
人工总工时(小时)	1 700	2 170	2 770	2 460	9 100
每小时人工成本(元)	4	4	4	4	4
人工总成本(元)	6 800	8 680	11 080	9 840	36 400

(五)制造费用预算

制造费用预算是指规划直接材料和直接人工预算以外的其他生产费用的一种业务预算。

在编制制造费用预算时,可把制造费用分为变动制造费用和固定制造费用两部分。变动制造费用可以生产为基础,利用完善的标准成本资料来编制,也可进行预计。固定制造费用一般需要逐项预计,因其通常与本期生产量无关。在确定了制造费用预算后,还应该计算变动制造费用及固定制造费用的分配率,为后面的产品成本预算提供信息,公式如下:

$$制造费用的分配率=\frac{制造费用}{相关分配标准预算}$$

【学中做 7—5】 神舟公司 2015 年度的制造费用预算如表 7—5 所示。

表 7—5 **神舟公司 2015 年度制造费用预算** 单位:元

季　度	一	二	三	四	全　年
变动制造费用					
间接材料	680	868	1 108	984	3 640
间接人工	340	434	554	492	1 820
修理费	510	651	831	738	2 730
水电费	170	217	277	246	910
小计	1 700	2 170	2 770	2 460	9 100
固定制造费用					
管理人员工资	400	400	400	400	400
修理费	800	1 000	1 400	1 200	4 400
折旧	1 600	1 600	1 600	1 600	6 400
保险费	90	150	180	230	650
财产税	150	150	150	150	600
小计	3 040	3 300	3 730	3 580	13 650
合　计	4 740	5 470	6 500	6 040	22 750
减:折旧	1 600	1 600	1 600	1 600	6 400
现金支出的费用	3 140	3 870	4 900	4 440	16 350

$$变动制造费用分配率=\frac{9\ 100}{9\ 100}=1(元/小时)$$

$$固定制造费用分配率=\frac{13\ 650}{9\ 100}=1.5(元/小时)$$

(六)产品成本预算

产品成本预算是反映预算期内产品生产成本水平的一种业务预算。它是生产预算、直接材料预算、直接人工预算、制造费用预算的汇总。

【学中做 7—6】 神舟公司 2015 年度的产品成本预算如表 7—6 所示。

表 7—6 神舟公司 2015 年度产品成本预算 单位:元

成本项目	单位成本			生产成本(910 件)	期末存货(21 件)	销货成本(900)
	每千克或每小时	投入量	成本			
直接材料	6	10 千克	60	54 600	1 260	54 000
直接人工	4	10 小时	40	36 400	840	36 000
变动制造费用	1	10 小时	10	9 100	210	9 000
固定制造费用	1.5	10 小时	15	13 650	315	13 500
合　计			125	113 750	2 625	112 500

(七)销售及管理费用预算

销售及管理费用预算是以价值形式反映整个预算期内为销售商品和维持一般行政管理工作而发生的各项费用支出的一种预算。所以,它一般按项目反映全年预计水平。因为经营费用和管理费用多为固定成本。在该预算的编制过程中,要分析考察过去相关费用的必要性,对销售费用预算可以和销售预算相结合进行编制,对管理费用可以逐项预计。

【学中做 7—7】 神舟公司 2015 年度的销售及管理费用预算如表 7—7 所示。

表 7—7 神舟公司 2015 年度销售及管理费用预算 单位:元

销售费用:	
销售人员工资	4 000
广告费	8 000
包装、运输费	3 500
保险费	2 700
管理费用:	
福利人员工资	8 000
福利费	1 000
保险费	800
办公费	1 800
合　计	29 800
每季度支付现金(29 800÷4=7 450)	7 450

(八)现金预算

现金预算是以日常预算为基础所编制的反映现金收支情况的预算,包括现金收入、现金支出、现金多余或不足的计算,以及不足部分的筹集方式等。现金预算以其他预算为基础,是对相关预算中有现金收支部分的汇总。

现金收入部分包括期初的现金余额和预算期的现金收入。现金支出部分包括预算期预计的各项现金支出,如直接材料、直接人工等。资金的筹集与运用是指预算期现金不足如何筹集,包括向银行借款和偿还货款等相关资料。

【学中做 7—8】 神舟公司 2015 年度的现金预算如表 7—8 所示,它建立在前面业务预算的基础之上。该公司每季度末需保留的现金余额为 8 000 元,不足向银行借款。借款和还款的数额为1 000元的倍数。其借款年利率为10%,借款在期初,还款在期末。

表7—8 **神舟公司2015年度现金预算** 单位:元

季度	一	二	三	四	全年
期初现金余额	10 000	14 840	8 999	12 462	10 000
加:销货现金收入(表7—1)	32 900	40 000	53 200	51 200	177 300
可供使用资金	42 900	54 840	62 199	63 662	187 300
减各项支出					
直接材料(表7—3)	7 670	11 840	14 907	15 759	50 177
直接人工(表7—7)	6 800	8 680	11 080	9 840	36 400
制造费用(表7—5)	3 140	3 870	4 900	4 440	16 350
销售及管理费用(表7—7)	7 450	7 450	7 450	7 450	29 800
所得税	3 000	3 000	3 000	3 000	12 000
购买设备		11 000			11 000
股利		8 000		8 000	16 000
支出合计	28 060		41 337	48 489	171 727
现金多余或不足	14 840	999	20 862	15 173	15 573
向银行借款(1 000的倍数)		8 000			8 000
还银行的借款(1 000的倍数)			8 000		8 000
借款利息			400		400
合计			8 400		8 400
期末现金余额(最低8 000元)	14 840	8 999	12 462	15 173	15 173

借款额=8 000−999=7 001≈8 000(元)

第三季度支付利息=8 000×10%×6/12=400(元)

(九)预计财务报表的编制

预计财务报表与实际的财务报表不同,其主要是为企业财务管理服务,是控制企业资金、成本和利润总量的重要手段。它从总体上反映了预算期间企业经营的全局措施。

1. 预计利润表

预计利润表与实际利润表的内容、格式相同,但目的不同,通过预计利润表,可以了解企业预算期的盈利水平。

【学中做7—9】 神舟公司2015年度的预计利润表如表7—9所示。

表7—9 **预计利润表** 单位:元

项目	金额
销售收入(表7—1)	180 000
销售成本(表7—6)	112 500
毛利	67 500
销售及管理费用(表7—7)	29 800
利息(表7—8)	400
利润总额	37 300
所得税(估计)	12 000
税后净利润	25 300

2. 预计资产负债表

预计资产负债表，是在年初资产负债表的基础上，根据销售、生产、现金等相关预算的数据加以调整编制的。编制预计资产负债表的目的在于判断预算反映的财务情况的稳定性和流动性。通过预算资产负债表的分析，发现财务比率不佳，可以及时进行修改。

【学中做 7—10】 神舟公司的预计资产负债如表 7—10 所示，其中年初数是上年期末数，且在前面相关预算中已经使用。期末数在期初及前面预算的基础上得到。其中：

期末未分配利润＝期初未分配利润＋本期利润－本期股利

＝5 356＋25 300－16 000

＝14 656(元)

表 7—10 **预计资产负债表** 单位：元

资　产			负债与所有者权益		
项　目	年初数	年末数	项　目	年初数	年末数
流动资产：			流动负债：		
现金(表 7—8)	10 000	15 173	应付账款(表 9—3)	2 519	7 542
应收账款(表 7—1)	7 300	10 000	长期负债：		
直接材料(表 7—3)	1 200	1 800	长期借款	10 000	10 000
产成品(表 7—6)	1 375	2 625	所有者权益：		
固定资产：			普通股	30 000	30 000
土地	12 000	12 000	未分配利润	5 359	14 656
固定资产(表 7—8)	20 000	31 000			
累计折旧(表 7—5)	4 000	10 400			
资产总额	47 875	62 198	负债与所有者权益总额	47 875	62 198

学习子情境二　几种特殊的预算编制方法

一、弹性预算

上一个学习子情境学习的预算编制方法，是一种传统的常用的方法。该方法的基本特点是以确定的预算期间的业务量水平为基础，所以它又称为固定预算或静态预算，主要适用于业务量水平比较稳定的企业。但由于固定预算是以预算期内某一特定业务量为依据编制的，所以当实际业务量与预算中确定的业务量不一致时，预算指标与实际情况就不再具有可比的基础，因而预算作用也就不能充分发挥。事实上，由于市场供求关系受多种因素影响，经常会出现实际业务量与预算业务量不一致的情况。为适应这一变化，我们可以编制变动即弹性预算。

(一)弹性预算的含义

弹性预算是在事先估计未来业务量可能发生变动的基础上，编制出一套能适应各种业务量水平的预算，以便分别反映在各该业务量情况下的各项预定指标值。其主要特点是：计划期所涉及的各项预定指标随着业务量的变化而变化，具有一定的伸缩性。这种预算方法也称为动态预算。

(二)弹性预算的编制

采用弹性预算编制的预算内容，一般应与业务量存在内在依存关系，如制造费用预算、预计利润表、直接材料预算、直接人工预算等。弹性预算的具体编制步骤如下：

首先，选择业务量的计量单位。

编制弹性预算，要选用一个最能代表单位或本部门生产经营活动水平的业务量计量单位。例如，制造单一产品的部门可以选用产品实物量；制造多种产品的部门可以选用人工工时或机器工时等。

其次，确定适用的业务量范围。

弹性预算的业务量范围，应视企业或部门的业务量变化情况而定，务必使实际业务量在确定的适当范围之中。一般来说，可定在正常生产能力的70%～110%之间，或以历史上最高业务量和最低业务量为其上、下限。

最后，确定各项成本与业务量之间的数量关系，计算各项预算成本。

弹性预算的编制方法通常采用以下两种方法，即列表法和公式法。

1. 列表法编制弹性预算的应用

列表法，是指在确定的业务量范围内，划分出若干个不同的水平，然后分别计算各项预算成本，汇总到一个预算表格中的方法。

【学中做7—11】 神舟公司某车间制造费用按列表法编制的弹性预算如表7—11所示。

表7—11　　制造费用预算　　单位：元

业务量(直接人工工时)	350	400	450	500	550
占正常生产能力百分比	70%	80%	90%	100%	110%
1. 变动成本					
运输费(0.1元/每工时)	35	40	45	50	55
电力(0.2元/每工时)	70	80	90	100	110
消耗材料(1元/每工时)	350	400	450	500	550
合计	455	520	585	650	715
2. 混合成本					
辅助材料	280	320	368	428	516
修理费	200	220	242	242	260
水费	60	76	98	130	172
合计	540	616	708	800	948
3. 固定成本					
设备租金	200	200	200	200	200
管理人员工资	300	300	300	300	300
合计	500	500	500	500	500
制造费用预算额	1 495	1 636	1 793	1 950	2 163

表7—11按10%为业务量间距，实际上可再大些或再小些，但间隔太大了会失去弹性预算的优点；间隔太小，用以控制成本会更准确，但会增加编制的工作量。如果固定预算是按直接人工工时500小时编制的，其制造费用预算总额为1 950元，在实际业务量为480小时的情

况下，就不能用 1 950 元去评价实际成本高低，也不能按业务量变动的比例调整后的预算成本 1 872元(1 950×480/500)去评价实际成本，因为并不是所有的成本都同业务量成正比例关系。

如果采用弹性预算就可以根据各项成本间业务量变动不同关系，采用不同方法确定预算成本，去评价和考核实际成本。

例如，业务量(直接人工工时)为 480 小时，变动成本中运输费等各项变动成本的合计为 624 元(0.1×480+0.2×480+1×480)，固定成本保持不变，为 500 元。混合成本可用内插法逐项计算：480 小时位于 450 小时与 500 小时之间，设实际业务量的预算辅助材料为 x 元，则：

$$\frac{480-450}{500-450}=\frac{x-368}{428-368}$$

$x=404$(元)

同理，计算出业务量为 480 小时的水费为 117.2 元。因为修理费在 450 小时与 500 小时之间均为 242 元，所以业务量为 480 小时的修理费也应为 242 元。于是：

480 小时的预算成本=624+500+408.8+117.2+242=1 892(元)

这样计算出来的预算制造费用，比较符合客观实际情况，用来考核和评价实际成本，也比较准确并容易被考核人所接受。

【思考】 当业务量(直接人工工时)为 520 小时时，其预算成本为多少？

2. 公式法在弹性预算中的应用。

公式法，是指通过确定 $y=a+bx$ 公式中的 a 和 b 来编制弹性成本预算的方法。

在成本习性分析的基础上，任何成本都可用 $y=a+bx$ 来表示，其中 a 表示固定成本，b 表示单位变动成本。如果确定业务量 x 的变动范围，只要根据有关成本项目的 a 和 b 参数，就可很快地计算出业务量在允许范围内任何水平上的各项预算成本 y。

【学中做 7—12】 神舟公司某车间制造费用按公式法编制的弹性预算如表 7—12 所示。

表 7—12 **制造费用预算** 单位：元

业务量范围(直接人工工时)	350～550	
项　目	固定成本	变动成本
运输费		0.10
电力		0.20
消耗材料		1.00
辅助材料	100	0.45
修理费	90	0.60
水费	40	0.10
设备租金	300	
管理人员工资	150	
合　计	680	2.45

当业务量 x 为 480 工时，预算成本 $y=680+2.45\times480=1\ 856$(元)。

二、滚动预算

为便于会计年度的实际数与预算数进行对比，上面介绍的预算编制方法往往以年度作为固定的预算期间，这种以固定的预算期作为编制期间的预算编制方法，称为定期预算。这种方法的突出特点是预算工作一次性完成，但不足之处在于：(1)预算通常在计划年度开始前二三个月进行编制，由于对计划年度特别是后半年的经济业务不够明确，降低了预算的准确性；(2)预算执行过程中遇到实际情况发生变化时，使原预算数无法适应新的变动情况；(3)当预算执行到后期时，预算执行者往往只考虑剩余期间的预算控制，缺乏长远打算。为弥补这些缺陷，西方一些国家开始推出新的预算编制方法——滚动预算。

滚动预算也称永续预算或连续预算，是一种使预算期始终保持在某一特定期限(通常为12个月)的连续性预算。也即预算期随着时间的推移而向后延伸，预算每执行一个月，就立即在期末增列一个月的预算，逐期向后滚动，使任何时期的预算都保持12个月的时间跨度。滚动预算的主要特点是预算期具有连续性。其编制一般采用长计划、短安排的办法，即在具体编制时，先按年度分季，并将第一季度按月划分，编制各月的明细预算，其他三季的预算则可以笼统一些，只需列示各季总数。当第一季度即将结束时，将实际执行数与预算数进行对比分析并修正预算；再将第二季度的预算按月细分，编制各月的明细预算，同时补上下一年度第一季度的预算总数；如此逐期滚动(如图7—1所示)。

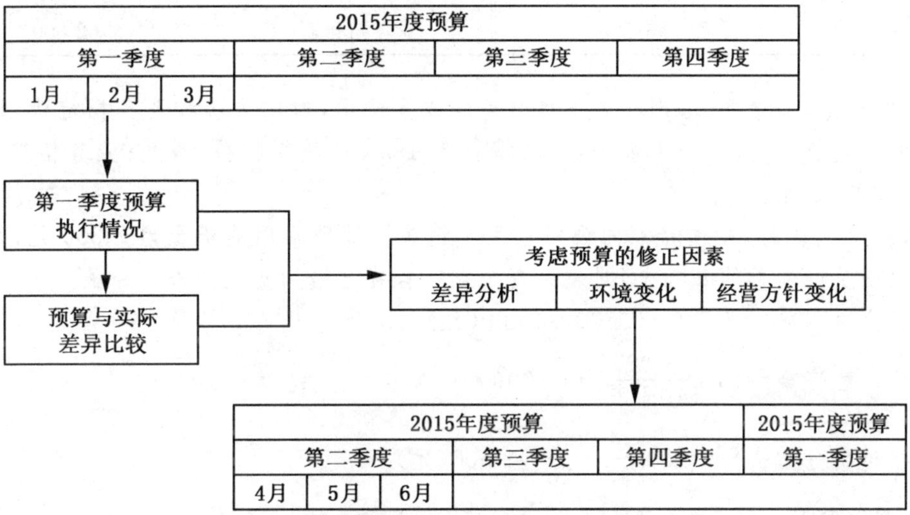

图7—1 滚动预算

滚动预算与定期预算相比，其优越之处主要表现在：(1)滚动预算不断地对预算进行调整，避免了由于预算期过长而导致的预算脱离实际，使预算贴近实际；(2)预算期逐期滚动，便于对预算资料作经常性分析，根据差异分析及时修订预算；(3)预算期始终固定在一定的期限，使管理人员始终保持整体观念，确立长远打算，有助于生产经营活动的稳定、持续发展。

三、零基预算

(一)零基预算的含义

零基预算是指不受过去实际收支情况的限制,一切都从零开始编制预算的方法。它不受过去实际发生数据的影响,从实际出发,逐项进行分析,从根本上评价各项活动。它充分调动了单位全体员工的工作积极性,挖掘了内在潜力,增强了预算的实用性。

(二)零基预算的编制

零基预算是以零为起点,把原业务量和新增业务量看作一个整体,根据预算年度预测的业务量来确定有关数据。而且要求对所有的业务活动都进行成本效益分析后,才能编制新的预算。

【学中做 7—13】 神舟公司采用零基预算编制 2015 年度销售及管理费用预算。具体过程如下:

首先,由相关部门的全体员工,根据预算期总公司及本部门的目标,提出预算期可能发生的一些费用项目及金额。如表 7—13 所示。

表 7—13 单位:元

项　目	金　额	项　目	金　额
广告费	3 000	培训费	1 500
差旅费	1 800	业务招待费	2 800

其次,经讨论,差旅费、培训费为不可避免的成本费用,对广告费和业务招待费,根据历史资料进行成本效益分析,其结果如下:广告费投入 1 元,可获得收益 15 元;业务招待费投入 1 元,可获得收益 25 元。

再次,经研究认为,在预算期内公司可用于销售及管理费用的资金为 7 300 元,则应在首先满足差旅费及培训费的基础上,对剩余资金在广告费与培训费之间进行分配。

剩余资金=7 300－1 500－1 800=4 000(元)

$$广告费分配资金=15\times\frac{4\ 000}{15+25}=1\ 500(元)$$

$$业务招待费分配资金=25\times\frac{4\ 000}{15+25}=2\ 500(元)$$

最后,编制零基预算,如表 7—14 所示。

表 7—14 **神舟公司 2015 年度销售及管理费用零基预算** 单位:元

项　目	差旅费	培训费	广告费	业务招待费
预算额	1 800	1 500	1 500	2 500

与传统预算相比,零基预算不受基期实际数值的约束,有助于发挥全体员工的积极性和创造性;有助于各职能部门精打细算,合理使用资金,减少资金的浪费。针对我国目前许多企业经济效益不佳、费用开支浪费大的现状,可以借鉴该方法来编制预算。但是,零基预算的编制工作量大,确定费用开支方案的轻重缓急以及资金分配带有一定的主观性,在实际使用过程中,应合理安排工作量,尽量避免引发部门间的矛盾。

技能训练

一、单项选择题

1. 全面预算编制的起点是（　　）。

A. 采购预算　B. 生产预算　C. 销售预算　D. 现金预算

2. 可以保持预算的连续性和完整性，并能克服传统定期预算缺点的预算方法是（　　）。

A. 弹性预算　B. 零基预算　C. 滚动预算　D. 固定预算

3. 针对传统的固定预算而改进的一种费用预算的编制方法是（　　）。

A. 经营预算　B. 弹性预算　C. 零基预算　D. 滚动预算

4. 在基期成本费用水平的基础上，结合预算期业务量及有关降低成本的措施，通过调整原有成本项目费用水平而编制的预算，称为（　　）。

A. 弹性预算　B. 零基预算　C. 增量预算　D. 滚动预算

5. 直接材料预算、直接人工预算和制造费用预算的编制基础都是（　　）。

A. 全面预算　B. 生产预算　C. 销售预算　D. 预计财务报表

6. 现金预算属于（　　）。

A. 业务预算　B. 生产预算　C. 专门决策预算　D. 财务预算

7. 下列各项中，只涉及实物计量单位而不涉及价值计量单位的预算是（　　）。

A. 销售预算　B. 生产预算　C. 专门决策预算　D. 财务预算

8. 在编制制造费用预算时，计算现金支出应予剔除的项目是（　　）。

A. 间接材料　B. 间接人工　C. 管理人员工资　D. 折旧费

9. 下列各项中，可以总括反映企业在预算期间盈利能力的预算是（　　）。

A. 专门决策预算　B. 现金预算　C. 预计利润表　D. 预计资产负债表

10. 下列各项中，属于编制弹性预算首先应当考虑及确定的因素是（　　）。

A. 业务量　B. 变动成本　C. 固定成本　D. 计量单位

二、多项选择题

1. 编制生产预算时需要考虑的因素有（　　）。

A. 基期生产量　B. 基期销售量

C. 预算期预计销售量　D. 预算期预计期初存货量

2. 编制直接人工预算需要考虑的因素有（　　）。

A. 基期生产量　B. 生产预算中的预计生产量

C. 标准工资率　D. 标准单位直接人工工时

3. 下列各项中，能够为编制预计利润表提供信息来源的有（　　）。

A. 销售预算　B. 产品成本预算

C. 销售及管理费用预算　D. 制造费用预算

4. 编制弹性预算所用业务量可以是（　　）。

A. 产量　B. 销售量　C. 直接人工工时　D. 机器工时

5. 现金预算由（　　）组成。

A. 现金收入　B. 现金支出　C. 现金多余或不足　D. 现金投资

三、判断题

1. 生产预算是编制全面预算的关键和起点。（　）

2. 为了便于编制现金预算，还应在编制销售预算的同时，编制与销售收入有关的经营现金收入预算表。（　）

3. 销售预算是以生产预算为依据编制的。（　）

4. 生产预算是使用实物量和价值量为计量单位而编制的预算。（　）

5. 在编制生产预算时，应考虑预计期初存货和预计期末存货。（　）

四、计算分析题

1. 某公司计划年度产销B产品，其变动成本率为60%。根据历史资料，销售额基本上维持在80 000～100 000元之间，此时固定成本总额为20 000元。按销售额间隔为5 000元为该公司编制弹性利润预算。

2. 某企业计划年度采用零基预算法编制销售及管理费用预算，企业销售及管理部门根据计划年度的目标利润及本部门的具体工作，经职工充分讨论，认为将发生各项费用合计119 000元。具体分布如下：

(1)保险费10 000元；

(2)房屋租金60 000元；

(3)办公费5 000元；

(4)差旅费2 000元；

(5)广告费30 000元；

(6)职工培训费12 000元。

此外，该公司计划年度可用于销售及管理费用的资金预计90 000元。

根据分析，上述(1)、(2)、(3)、(4)项费用是下年度必不可少的开支，广告费和职工培训费可以根据计划年度企业资金供应情况酌情增减，预计广告费和职工培训费的成本收益率分别为20%和30%。

要求：为该公司编制计划年度销售及管理费用的零基预算。

3. 某企业计划年度甲产品预计可能实现的销售量为8 000件和9 000件，这两种情况下的概率分别为0.4和0.6；各种销售量情况下的销售单价及相应概率分别为：销售量为8 000件的情况下，销售单价为90元的概率为0.4，销售单价为100元的概率为0.5，销售单价为110元的概率为0.1；销售量为9 000件的情况下，销售单价为90元的概率为0.5，销售单价为100元的概率为0.4，销售单价为110元的概率为0.1；在各种销售量情况下的单位变动成本为55元的概率为0.2，单位变动成本为58元的概率为0.5，单位变动成本为60元的概率为0.3 。

要求：根据上述资料，编制甲产品的贡献边际预算。

情境八

成本控制

职业能力目标

1. 了解标准成本的含义、种类及意义；
2. 掌握标准成本的制定方法；
3. 掌握成本差异的计算与分析方法；
4. 掌握各类成本差异在会计期末的处理方法。

典型工作任务

1. 能够进行标准成本的制定；
2. 能进行成本差异分析并进行账务处理。

情境引言

为了保证全面预算所确定的各项目和子项目能够顺利完成，就必须对企业日常发生的一切经济活动进行事前与日常控制。日常经济活动包括供应、生产、销售、成本、财务等各个方面，而其中成本控制是最关键的一环，成本控制是现代化成本管理的核心环节。

学习子情境一　标准成本制定

一、标准成本系统

标准成本系统即标准成本制度，也称标准成本会计，是指围绕标准成本的相关指标而设计的，将成本的事前控制、前后控制及核算功能有机结合而形成的一种成本控制系统。它具有事前估算成本、事中及事后计算与分析成本并揭示成本差异，从而进行业绩考评，并落实经济责任制的功能。

标准成本系统最初产生于20世纪20年代的美国，随着其内容的不断发展和完善，被西方国家广为采用，成为管理会计的日常成本管理中应用得最为普遍和最为有效的一种控制手段。

标准成本系统的基本内容,包括标准成本的制定、成本差异的计算分析和成本差异的账务处理三个方面。其中,标准成本的制定属于成本的事前控制;成本差异的计算与分析属于成本的事后控制;成本差异的账务处理则属于成本的日常核算。

(一)标准成本的概念

作为与历史成本或实际成本对立概念的标准成本,是指按照成本项目事先制定的,在已经达到的生产技术水平和有效经营管理条件下应当达到的单位产品成本目标。标准成本与预算成本既有联系,又有区别。标准成本属于单位成本的范畴,而预算成本则属于总成本的范畴。在标准成本会计中,按标准成本编制的预算成本就是标准成本总额,预算成本等于一定业务量与标准成本的乘积。变动性成本各项目都应该制定单位产品的标准成本,而固定性费用项目则只能制定预算成本。

(二)标准成本的种类

从理论上说,在制定标准成本过程中,可供选择的标准成本有理想标准成本、正常标准成本和现实标准成本三种类型。

1. 理想标准成本

理想标准成本是指以现有技术设备处于最佳状态、经营管理没有任何差错为前提所确定的标准成本。由于这种标准成本是在假定没有材料浪费、设备不发生事故、产品无废品、工时全有效的基础上制定的,但在实际工作中不可能达到,所以它不适合被选为现行标准成本,只能作为一种最高的参考标准。

2. 正常标准成本

正常标准成本是指企业在过去一段时期内的实际成本平均值的基础上,剔除了生产经营活动中的不正常因素的影响,并考虑未来的变动趋势而制定的标准成本。这种标准成本实质上是企业在生产经营能力得到正常发挥的条件下就可以实现的成本目标。由于它的水平偏低,也不宜作为企业未来成本控制的奋斗目标。

3. 现实标准成本

现实标准成本又称期望可达到的标准成本,它是根据企业近期最可能发生的生产要素耗用量、生产要素价格和生产经营能力的利用程度而制定的,通过有效的经营管理活动应达到的标准成本。这种成本从企业实际出发,考虑到企业一时还不能完全避免的成本或损失,具有一定的可操作性;同时又能对改进未来成本管理提出合理要求,是一种既先进又合理,最切实可行又接近实际的,经过努力可以实现的成本目标。因此,现实标准成本是各类企业在制定标准成本时首选的标准成本。

(三)制定标准成本的意义

制定标准成本,就是确定以什么样的成本目标作为现行标准成本。在标准成本控制系统中,正确地制定标准成本具有如下重要意义:

(1)便于企业编制预算。标准成本是一种预计成本、目标成本,因而可作为编制预算的依据。

(2)便于考核、评价各部门的工作业绩。由于标准成本是事先制定的、在正常生产经营条件下应当发生的成本,又因标准成本的各成本项目都是依据预计的数量标准和价格标准确定的。因此,可以通过确定每个成本项目实际脱离标准成本的差异及其责任归属,来评价各部门的工作业绩,分清其管理责任,确定其经营活动的效果。

(3)便于进行成本控制。通过对日常经营活动的反映和计算,找出实际成本与标准成本总额之间的差异，并分析其差异的原因，以便进行成本控制。

(4)为正确进行经营决策提供依据。因为标准成本是一种预计的目标成本，它剔除了各种不合理的因素，因而在评价不同投资方案的经济效果、进行经营决策时，就有了现成的重要参考依据。

(5)简化产品成本的计算。由于采用标准成本，使原材料、在产品、产成品和产品销售成本可以按其标准成本直接入账，不必进行有关费用的分配，如生产费用在完工产品和在产品之间的分配等。这就大大简化了成本核算和日常账务处理工作。

总之，正确地制定标准成本，是确保标准成本控制系统顺利运行并发挥其作用的关键和前提。

【思考】 标准成本系统的作用是什么？

二、标准成本的制定

产品成本主要由直接材料、直接工资、制造费用等成本项目构成，所以，应按照不同成本项目的性态区分变动成本和固定成本，分别为它们制定标准成本。

标准成本按成本项目划分为直接材料标准成本、直接人工标准成本、变动制造费用标准成本和固定制造费用标准成本。前三个方面的内容，每个方面又是由用量标准和价格标准共同构成的。固定制造费用标准成本只能编制预算总额。

(一)直接材料标准成本

直接材料标准成本是单位产品的直接材料用量标准与价格标准之积。直接材料的用量标准，是指单位产品应耗用原料及主要材料的数量，通常也称为材料消耗定额。直接材料用量标准的确定，应由企业的产品设计技术部门主持，尽量吸收执行标准的生产部门和个人参加，充分考虑产品的设计、生产和工作的现状，结合企业经营管理的实际情况和降低成本子项目的具体要求，考虑材料在使用过程中发生的必要损耗，并按照产品的零部件组成来测定各种原料及主要材料的消耗定额；直接材料的价格标准是指取得该材料应付的单位价格，包括进价和预计的采购费用，如订货费用、运输费用和装卸费用等。直接材料价格标准通常由财务部门会同采购部门按材料的品种分别制定。

各种直接材料的价格标准和用量标准制定以后，就可利用下列公式直接计算出单位产品耗用直接材料的标准成本：

$$\text{某种产品直接材料标准成本}=\sum(\text{直接材料用量标准}\times\text{直接材料价格标准})$$

(二)直接人工标准成本

直接人工标准成本是单位产品的直接人工工时标准与小时工资率标准之积。采用不同工资制度的企业，影响直接工资标准成本的因素也不同。在采用计件工资形式的企业中，直接工资标准成本直接表现为计件工资单价；在采用计时工资形式的企业中，直接工资标准成本是由直接人工工时用量标准和小时工资率标准两个因素决定的。本书主要介绍采用计时工资形式的企业直接工资标准成本的制定。

小时工资率标准是指生产工人每消耗一个标准工时应分配的工资成本，属于价格标准。其计算公式为：

$$\text{小时工资率标准}=\frac{\text{预计直接人工工资总额}}{\text{标准工时总数}}$$

上式中的标准工时总数等于企业在充分利用现有生产能力的条件下，单位产品工时消耗定额与可能达到的最大产量的乘积。直接人工工时用量标准是指单位产品应发生的标准工时，也称单位产品工时消耗定额。它是指企业在现有生产技术条件下，考虑提高劳动生产率的要求，生产单位产品所耗用的直接生产工人的工时数，包括有效作业时间、必要的休息和生理所需的时间，以及机器设备的停工修理时间和不可避免的废品生产时间。

确定了工时标准和小时工资率标准后，就可以按下式计算直接人工标准成本：

某产品直接人工标准成本＝工时用量标准×小时工资率标准

(三)变动制造费用标准成本

变动制造费用标准成本是工时用量标准与变动制造费用分配率标准之积。变动制造费用的工时用量标准可以直接沿用直接工人工时用量标准。

变动制造费用分配率标准是每消耗一个标准工时应发生的变动性制造费用。其计算公式为：

$$\text{变动制造费用分配率标准}=\frac{\text{变动制造费用预算总额}}{\text{标准工时总数}}$$

上式中的标准工时总数可以分别用直接人工工时或机器台时总量来表示，按照依据的业务量基础的不同又分为最大产量标准工时总数和预算产量标准工时总数两种形式：最大产量标准工时总数等于企业在充分利用现有生产能力的条件下单位产品工时消耗定额与可能达到的最大产量的乘积。它与上式中的标准工时总数口径完全相同。预算产量标准工时总数等于企业按照预算产量组织生产过程中单位产品工时消耗定额与预算产量的乘积。

确定了变动制造费用的工时用量标准和变动制造费用分配率标准后，就可以按下式计算变动制造费用的标准成本：

变动制造费用标准成本＝工时用量标准×变动制造费用分配率标准

(四)固定制造费用标准成本

固定性制造费用主要是指间接生产成本中那些不随产品产量变化的厂房设备的折旧费、维修费、租赁费等费用。它通常根据事先编制的固定预算来控制其费用总额。

在变动成本法下，固定性制造费用属于期间费用，直接计入当期利润表，作为本期收入的扣除项目，不必在各种产品间进行分配，因而不包括在单位产品的标准成本中。在完全成本法下，固定性制造费用与变动制造费用一样，也要通过分配计入单位产品的标准成本中。在这种情况下，制定固定性制造费用的标准成本可采取两种方法：第一种方法与确定变动性制造费用标准成本的过程相类似，即分别确定固定制造费用的分配率标准和工时用量标准，然后计算两者的乘积；第二种方法是直接按固定性制造费用预算额除以预算产量，就得到单位产品的固定制造费用标准。

(五)单位产品标准成本的制定

有了上述各项内容的标准成本后，企业通常要为每一产品设置一张标准成本卡，并在卡中分别列明各项成本的用量标准与价格标准，通过直接汇总的方法来求得单位产品的标准成本。标准成本卡的格式如表8－1所示。

表 8-1　　标准成本卡

品名：　　日期：

计量单位：　　单位：元

项　目	数量标准	价格标准	标准成本
直接材料 直接人工 变动制造费用			
单位变动成本			
固定制造成本			
单位产品标准成本			

学习子情境二　成本差异分析

一、成本差异的种类

标准成本同实际成本的差额就是成本差异。由于成本由数量和价格两个因素构成，因此构成成本差异也有数量差异和价格差异两种。成本差异分析就是分析差异的性质和差异的具体构成。成本差异有顺差和逆差之分。当实际成本超过标准成本时，成本差异表现为正数，称为逆差或不利差异；当实际成本小于标准成本时，成本差异为负数，称为顺差或有利差异。

成本差异分析有利于查明造成差异的原因，并能促进消除差异措施的制定，以进一步控制成本，降低产品成本，为提高企业的经济效益服务。

在标准成本会计中，按不同的标志划分，成本差异的种类有以下几种分类：

(一)用量差异与价格差异

1. 用量差异

用量差异是由于特定成本项目的实际耗用量与标准耗用量不一致而导致的成本差异。其计算公式如下：

用量差异＝(实际用量－用量标准)× 价格标准

＝实际产量下的用量差×价格标准

对于直接材料来说，式中的“用量标准”就是按材料消耗定额和实际产量计算的直接材料定额消耗量；“实际产量下的用量差”表现为在实际产量下直接材料的实际消耗量与标准消耗量之差。

对于直接人工来说，式中的“用量标准”就是按工时消耗定额和实际产量计算的直接工时定额消耗量；“实际产量下的用量差”表现为在实际产量下的实际耗用的直接工时与标准耗用的直接工时之差。工时的“用量差异”是指由于工时耗用量发生了差异而导致的成本差异，工时用量的多少意味着劳动生产率的高低，所以又称为人工效率差异。

对于变动性制造费用来说，式中的“用量标准”就是按工时消耗定额和实际产量计算的工时定额消耗量；“实际产量下的用量差”表现为在实际产量下的实际耗用与标准耗用的工时之差。“用量差异”是指由于工时耗用量发生了差异而导致的成本差异，同样是由于劳动生产率变动而引起的差异,所以又称为变动性制造费用效率差异。

2. 价格差异

价格差异是指由于特定成本项目的实际价格水平与标准价格不一致而导致的成本差异。其计算公式如下：

价格差异＝(实际价格－标准价格)×实际产量下的实际耗用量

＝价格差×实际产量下的实际耗用量

对于直接材料来说,式中的"价格差"表现为材料的实际单价与标准单价之差;"价格差异"是指由于材料单价的不同而形成的成本差异。

对于直接人工来说,式中的"价格差"表现为实际小时工资率与标准小时工资率之差;"价格差异"是指由于小时工资率的不同而形成的成本差异,又称为小时工资率差异或工资水平差异。

对于变动性制造费用来说,式中的"价格差"表现为变动性制造费用实际分配率与标准分配率之差;"价格差异"是指由于分配率的不同而形成的成本差异,又称为变动性制造费用耗费差异。

(二)客观差异与主观差异

成本差异分析的一个重要目的是分清发生差异的责任,为最终落实经济责任、实施奖惩提供真实可靠的客观依据。为此,我们把成本差异分为客观差异和主观差异。客观差异是指由于客观原因造成的、有关责任人无法控制的差异。这类差异应由企业负责,不应该作为奖惩的依据。例如,材料价格差异,通常是由于市场变动而造成的,不是责任人所能控制的,因而也就不能作为对采购供应部门考核奖惩的依据。通常情况下,价格差异属于客观差异。

主观差异是由于有关责任人的主观原因造成的成本差异,是责任人可以控制的,应该作为奖惩的依据。通常情况下,用量差异属于主观差异。

(三)纯差异与混合差异

从理论上讲,任何一类差异在计算时都需要假定某个因素变动时,其他因素固定在一定的基础上不变。把其他因素固定在标准的基础上所算出的差异就是纯差异。例如,价格标准乘以用量差就是纯用量差异;纯价格差异则是价格差与标准用量之积。

与纯差异相对应的差异就是混合差异。混合差异又称联合差异,是指总差异扣除所有的纯差异后的剩余差异,它等于价格差与用量差之积。

对混合差异的处理有三种办法:第一,将其分离出来单独列示,由企业管理部门承担责任。因为这种差异的数额一般比较小,产生的原因又比较复杂,不是控制的重点所在,所以没有必要这样做。第二,将混合差异按项平均或按比重在各种纯差异之间进行分配。其依据是混合差异的产生是由价格和用量两个因素共同变动而造成的结果,应当由它们共同分摊。第三,为简化计算,不单独计算混合差异,而是将其直接归并于某项差异中。由于客观差异是有关责任人无法控制的原因造成的差异,不能作为考核责任人的依据。因此,在标准成本会计中,对混合差异采取了第三种方法,即并入客观差异。所以,在前述价格差异计算公式中是价格差乘以实际用量,而不是乘以用量标准。

【思考】 成本差异有哪几种?

二、直接材料成本差异的计算与分析

直接材料成本差异是指在实际产量下直接材料实际总成本与其标准总成本之间的差额。

其计算与分析的公式如下：

直接材料成本差异＝直接材料实际总成本－按实际产量计算的标准总成本

＝直接材料价格差异＋直接材料用量差异

从上式可以看出，影响直接材料成本差异的因素有两个：一是价格，二是耗用量。其中：

直接材料价格差异＝(实际价格－价格标准)×用量标准×实际产量

直接材料用量差异＝(实际用量－用量标准)×价格标准×实际产量

【学中做8－1】 神舟公司生产甲产品，5月份计划产量1 050件，实际产量1 000件。标准成本卡如表8－2所示。

表8－2 **甲产品标准成本卡**

产品名称：甲 日期：

计量单位：件 单位：元

项　目	用量标准	价格标准	金　额
直接材料：A(千克)	80	3	240
B(千克)	10	5	50
直接人工(工时)	14	6	84
变动制造费用(台时)	14	7	98
单位变动成本标准			472
固定制造费用总额			72 000
单位产品成本标准			540.57

注：单位产品固定制造费用＝72 000/1 050＝68.57(元)。

5月份实际材料用量A为79 000千克，B为10 800千克。实际材料总成本A为244 900元，B为52 920元。

要求：计算分析直接材料成本差异。

分析过程如下：

直接材料成本差异＝(244 900＋52 920)－1 000×(80×3＋10×5)

＝297 820－290 000＝7 820(元)(超支差)

原因分析：

(1)A材料的用量差异＝(79 000－1 000×80)×3＝－3 000(元)(节约差)

B材料的用量差异＝(10 800－1 000×10)×5＝4 000(元)(超支差)

A、B材料的用量差异合计为超支1 000元(－3 000＋4 000)。

(2)A材料的价格差异＝(244 900/79 000－3)×79 000

＝7 900(元)(超支差)

B材料的价格差异＝(52 920/10 800－5)×10 800

＝－1 080(元)(节约差)

A、B材料的价格差异合计为超支6 820元(7 900－1 080)。

结论：两种材料的用量差异为超支1 000元，价格差异为超支6 820元，从而使得5月份产品直接材料总成本超支了7 820元(1 000＋6 820)。

直接材料的用量差异应由生产部门负责。一般来说，产品耗用材料数量的多少，加工时损耗多少，企业的生产部门大致是能够控制的。造成材料数量超支差的原因有：不合理用料、技术不熟练、违反操作规程和出现质量事故等，也有的是采购部门业务不熟悉或其他原因购进了低质量的材料或规格与型号不符的材料，仓储人员不负责任的验收等原因而引起加工损耗和浪费，造成实际耗用增加。进行用量差异分析就是要找出造成差异的真正的具体原因。

直接材料价格差异通常由采购部门负责。因为同一种物资材料可在不同地点采购，买价、运杂费都不一样。另外，采购批量是否按经济批量法采购，这些都是影响价格差异的方向和大小。当然在分析时要剔除物价上涨的影响，并明确区分造成差异的外部非管理原因和内部管理原因，以及导致直接材料价格差异的主要原因和次要原因，以便对症下药，提出改进措施。

三、直接人工成本差异的计算与分析

直接人工成本差异是指在实际产量下，实际人工总成本与按标准计算的人工总成本的差异额。其计算公式如下：

直接人工成本差异＝实际直接人工总成本－按实际产量计算的标准人工总成本

＝直接人工效率差异＋直接人工工资率差异

从上式可以看出，影响直接人工成本差异的因素有两个：一是人工效率，二是工资率。其中：

直接人工效率差异＝(实际工时－工时标准)×小时工资率标准×实际产量

直接人工工资率差异＝(实际小时工资率－小时工资率标准)×实际总工时

直接人工效率差异就是工时用量差异，直接人工工资率差异就是人工的价格差异。

【学中做 8－2】 依据【学中做 8－1】的资料，从标准成本卡得知：甲产品工时定额为 14 工时，小时工资率标准为 6 元。5 月份实际直接人工总工时为 13 600 工时，实际直接人工总成本为 83 800 元。

要求：计算分析直接人工成本差异。

分析过程如下：

直接人工成本差异＝83 800－1 000×14×6＝－200(元)(节约差)

原因分析：

(1)直接人工效率差异＝(13 600－14×1 000)×6＝－2 400(元)(节约差)

即工人劳动效率提高，节约直接人工成本 2 400 元。

(2)直接人工工资率差异＝(83 800/13 600－6)×13 600＝2 200(元)(超支差)

即直接人工工资水平提高，使直接人工总成本超支 2 200 元。

两者合计，5 月份的直接人工节约了 200 元。

直接人工成本差异形成的原因主要应由劳动人事部门和生产部门负责。其差异主要是由工资级别调整、生产工艺过程及加工方法的选用引起的，如由于技术工人调配不当，高级别、高工资率的技术工去操作一般普通工人能胜任的工作，会引起人工成本升高。又如，低级别的技术工人去操作高水平的工作，因技术水平过低，造成产品报废或降级，会导致成本升高。要避免这些不利因素，劳动人事部门平时应注意技术培训、合理配备生产人员，适当安排技术力量。再如，生产过程不合理、加工过程不妥当等，都可能是生产管理部门管理方面的原因造成的。为防止这类现象的发生，应加强生产管理部门的责任心，不断提高管理水平。

【思考】 工资率差异和人工效率差异之间的关系是什么？

四、变动制造费用差异的计算与分析

变动制造费用差异是在实际产量下，实际制造费用发生额与按标准计算的变动制造费用的差额。其计算公式如下：

变动制造费用差异＝实际变动制造费用－按实际产量计算的标准变动制造费用

＝变动制造费用效率差异＋变动制造费用耗费差异

变动制造费用效率差异＝(实际工时－工时标准)×标准分配率×实际产量

变动制造费用耗费差异＝(实际分配率－标准分配率)×实际总工时

变动制造费用效率差异就是工时用量差异，其含义与直接人工用量差异基本相同；变动制造费用耗费差异也是一种价格差异，与直接人工工资水平差异大致相似。

【学中做 8－3】 依据【学中做 8－1】的资料，从标准成本卡得知：5 月份变动制造费用小时分配率标准为 7 元，台时定额为 14 台时。本月实际变动制造费用总额为 100 000 元，实际总台时数为 13 600 台时。

要求：计算分析变动制造费用差异。

分析过程如下：

变动制造费用差异＝100 000－1 000×7×14＝－2 000(元)(超支差)

原因分析：

变动制造费用效率差异＝(13 600－1 000×14)×7＝－2 800(元)(节约差)

说明劳动效率提高而节约变动制造费用 2 800 元。

变动制造费用耗费差异＝(100 000/13 600－7)×13 600＝4 800(元)(超支差)

说明变动制造费用有关项目的价格变动，导致变动制造费用超支 4 800 元。

两者合计，变动制造费用超支 2 000 元。

变动制造费用差异分析的主要子项目是分清效率差异和耗费差异对变动制造费用差异影响的大小和方向。造成差异的原因主要是间接材料、间接人工以及其他费用的节约或超支。强化生产管理，提高工时利用效率和劳动生产率是降低变动制造费用效率差异的主要手段。至于变动制造费用耗费差异，通常是由于各有关项目的价格原因造成的，多数属于客观因素，企业可调节控制的空间很小。

五、固定制造费用差异的计算与分析

与变动性制造费用不同，在一定相关范围内，固定性制造费用不会随业务量的变化而变化。这就决定了对其进行控制的方法也与变动性制造费用不同。

固定制造费用差异是指在实际产量下固定性制造费用实际发生额与其标准发生额之间的差额。其计算公式如下：

固定制造费用差异＝实际固定制造费用－实际产量的标准固定制造费用

＝实际固定制造费用－实际产量的标准总工时×标准分配率

式中：

$$\text{标准分配率}=\frac{\text{固定制造费用预算总额}}{\text{预算产量的标准总工时}}$$

对固定性制造费用差异的分解可采用两种方法：两差异分析法和三差异分析法。

(一)两差异分析法

两差异分析法把固定制造费用差异分为预算差异和能量差异。其计算公式为：

预算差异＝固定制造费用实际发生额－固定制造费用预算额

能量差异＝(预算产量的标准总工时－实际产量的标准总工时)×标准分配率

【学中做8－4】 依据【学中做8－1】的资料，从标准成本卡得知：5月份预算固定制造费用总额为72 000元。本月实际发生的固定制造费用为70 000元。实际产量的标准总工时为14 000工时(1 000×14)。本月计划生产甲产品1 050件，则预算产量的标准总工时为14 700工时(1 050×14)。

要求：用两差异法计算分析固定制造费用差异。

分析过程如下：

固定制造费用差异＝7 000－14 000×(72 000/14 700)＝1 428.57(元)(超支差)

原因分析：

固定制造费用预算差异＝70 000－72 000＝－2 000(元)(节约差)

固定制造费用能量差异＝(14 700－14 000)×72 000/14 700＝3 428.57(元)(超支差)

两差异合计＝－2 000＋3 428.57＝1 428.68(元)

(二)三差异分析法

三差异分析法把固定制造费用差异分为开支差异、能力差异和效率差异。开支差异就是预算差异，把能量差异进一步划分为能力差异和效率差异。其计算公式如下：

固定制造费用开支差异＝实际固定制造费用－实际产量的标准固定制造费用

固定制造费用能力差异＝(预算产量的标准工时－实际总工时)×标准分配率

固定制造费用效率差异＝(实际总工时－实际产量的标准工时)×标准分配率

【学中做8－5】 承【学中做8－4】，用三差异法分析固定制造费用差异。

分析过程如下：

固定制造费用开支差异＝70 000－72 000＝－2 000(元)(节约差)

固定制造费用能力差异＝(14 700－13 600)×72 000/14 700＝5 387.75(元)(超支差)

固定制造费用效率差异＝(13 600－14 000)×72 000/14 700＝－1 959.18(元)(节约差)

三差异合计＝－2 000＋5 387.86－1 959.18＝1 428.68(元)

从上述分析可见，三差异分析法中的预算差异等于两差异分析法中的预算差异；生产能力差异和效率差异之和等于两差异分析法中的能量差异。

影响固定制造费用开支差异(预算差异)的因素可能包括管理人员工资及福利的调整、折旧方法的改变、修理费用开支的变化、办公用品价格的变化等。影响固定制造费用能力差异的因素可能包括产品销售量的变化、原材料供应方面的变化、生产设备利用效率的变化等。固定制造费用效率差异的影响因素可能包括劳动生产率的变动、生产批量的变化等。分析企业的各种成本差异，还需结合企业的实际情况，作出更具体的深入分析。

【思考】 同一原因能否导致一种差异为有利差异，另一种差异为不利差异？

学习子情境三　成本差异的账务处理

一、成本差异核算账户的设置

在标准成本系统的会计核算体系中，对产品的标准成本和成本差异分别进行核算。对于日常生产经营活动中计算出来的成本差异，一方面要编制有关成本差异分析报告；另一方面要进行核算和反映，即在有关成本差异总账和明细账中登记。核算成本差异的账户，既可以按成本的具体情况来设置，也可以按成本差异的具体内容来设置。其账户设置与日常核算通常如下：

设置“原材料”“生产成本”“产成品”账户，用于反映收入、发出、结存的原材料、在产品和产成品的标准成本。

核算成本差异的账户，通常按成本差异的具体内容进行设置，一般可直接用成本差异名作账户名。其账户包括：“直接材料用量差异”与“直接材料价格差异”；“直接人工效率差异”与“直接人工工资率差异”；“变动制造费用效率差异”与“变动制造费用耗费差异”；固定制造费用差异，按两差异法设置“固定制造费用预算差异”与“固定制造费用能量差异”两个科目；按三差异法设置“固定制造费用开支差异”“固定制造费用能力差异”和“固定制造费用效率差异”三个科目。

二、标准成本会计的记账规则

生产费用账户按标准成本登记，超支差记入有关差异账户的借方，节约差记入相应账户的贷方。

【学中做 8-6】 依据【学中做 8-1】至【学中做 8-5】的资料，按标准成本制度编制会计分录如下：

借：生产成本——甲产品	290 000	
直接材料价格差异——A	7 900	
直接材料用量差异——B	4 000	
贷：原材料		297 820
直接材料用量差异——A		3 000
直接材料价格差异——B		1 080
借：生产成本——甲产品	84 000	
直接人工工资率差异	2 200	
贷：直接人工工资		83 800
直接人工效率差异		2 400
借：变动制造费用	98 000	
变动制造费用耗费差异	4 800	
贷：相关科目		100 000
变动制造费用效率差异		2 800
借：固定制造费用	6 8571.43	
固定制造费用能力差异	5 387.75	
贷：相关科目		70 00
固定制造费用开支差异		2 000
固定制造费用效率差异		1 959.18

三、期末成本差异的账务处理

在标准成本核算体系中，对本期发生的各类成本差异在会计期末的处理方法，通常包括以下三种类型：

(一)直接处理法

直接处理法是指将本期发生的各种差异全部计入利润表,由本期的收入予以补偿的一种差异处理方法,即把成本差异视同于销售成本。这种方法处理的依据是:本期成本差异应体现本期成本控制的业绩的好坏,应该在本期的收益中予以反映。这种方法的优点是账务处理比较简单,并能使当期经营成果与成本控制业绩直接挂钩。但当成本标准制定得不科学或过于陈旧,或实际成本水平波动较大时,就会因差异额过大而导致当期净收益失真,进而导致期末存货成本水平失真。

在实践中,这种方法的应用比较普遍。

(二)递延法

递延法又称分配法,是指把本期的各类差异按标准成本的比例在本期销售和期末存货之间进行分配,从而将销售成本和期末存货成本调整为实际成本的一种成本差异处理方法。这种方法认为,成本差异的产生与存货和本期销货之间都有联系,不应该只由本期销货承担,而应该有一部分随期末存货递延到下期。

递延法的优点是可以较准确地确定本期产品的实际成本,但分配成本差异的工作过程比较烦琐。

(三)稳健法

稳健法又称折中法,是指将成本差异按其形成的主、客观原因不同而区别对待、分别处理的一种成本差异处理方法。在稳健法下,由主观原因形成的差异(如用量差异)按直接处理法处理,即全部计入当期利润表,因为主观差异是必须要落实经济责任的,作为对责任人实施奖惩的基本依据,应该在当期及时完全兑现;由客观原因形成的差异(如价格差异)按递延法处理,即在本期销售和期末存货之间按比例进行分配。

这种处理方法的优点是既能在一定程度上通过利润表来反映成本控制的业绩,又可以将那些非主观努力可以控制的成本差异合理地分配给有关对象。但不太符合财务会计的一致性原则。

技能训练

一、单项选择题

1. 下列各项中,经常在制定标准成本时被采用的是(　　)。

A. 理想标准成本　　B. 稳定标准成本

C. 现实标准成本　　D. 正常标准成本

2. 无论是哪个成本项目,在制定标准成本时,都需要分别确定两个标准,两者相乘即为每一成本项目的标准成本,这两个标准是(　　)。

A. 价格标准和用量标准　　B. 价格标准和质量标准

C. 历史标准和用量标准　　D. 历史标准和质量标准

3. 由于特定成本项目的实际用量消耗与标准用量消耗不一致而导致的成本差异称为(　　)。

A. 价格差异　　B. 价格差　　C. 数量差异　　D. 用量差

4. 在标准成本控制系统中,成本差异是指在一定时期内生产一定数量的产品所发生的(　　)。

A. 实际成本与标准成本之差　　B. 实际成本与计划成本之差

C. 预算成本与标准成本之差　　D. 预算成本与实际成本之差

5. 实际固定性制造费用脱离预算而形成的差异称为(　　)。

A. 能量差异　　B. 预算差异

C. 效率差异　　D. 生产能力利用差异

二、多项选择题

1. 下列各项中,属于标准成本控制系统构成内容的有(　　)。

A. 标准成本的制定　　B. 成本差异的计算与分析

C. 成本差异的账务处理　　D. 成本预算的编制

2. 下列各项中,能够导致出现材料价格差异的原因有(　　)。

A. 材料质量差,废料过多

B. 材料采购计划编制不准确

C. 材料调拨价格或市场价格的变动

D. 因临时紧急进货,使买价和运输费上升

3. 在标准成本系统中,可将变动性制造费用成本差异分解为(　　)。

A. 耗费差异　　B. 预算差异　　C. 开支差异　　D. 效率差异

4. 按照三差异法,可将固定性制造费用成本差异分解为(　　)。

A. 开支差异　　B. 生产能力差异　　C. 效率差异　　D. 能量差异

5. 下列各项中,属于成本差异处理方法的有(　　)。

A. 直接处理法　　B. 递延法　　C. 稳健法　　D. 边际分析法

三、判断题

1. 理想标准成本是以现有生产经营条件处于最佳状态为基础确定的最低水平的成本,在实际工作中被广为采用。(　　)

2. 在标准成本控制系统中,计算价格差异的用量基础是实际产量下的标准耗用量。(　　)

3. 从实质上看,直接工资的工资率差异属于用量差异。(　　)

4. 在标准成本控制系统中,对生产费用账户按标准成本登记,超支差记入有关差异账户的借方,节约差记入相应账户的贷方。(　　)

5. 在期末成本差异账务处理方法中,把本期的各类差异按标准成本的比例在本期销售和期末存货之间进行分配,从而将销售成本和期末存货成本调整为实际成本的一种成本差异处理方法,称为递延法。(　　)

四、计算分析题

1. 某企业生产 A 产品,有关资料如下:

(1)生产 A 产品,耗用甲、乙两种材料。其中甲材料标准价格为每千克 20 元,乙材料标准价格为每千克 32 元。单位产品耗用甲材料标准为每件 5 千克,乙材料为每件 9 千克。

(2)甲产品单位标准工时为 13 小时,直接人工标准工资率为 7.5 元。

(3)固定性制造费用预算数为 61 000 元,变动性制造费用预算数为 38 000 元。标准总工时数为 10 000 小时。

要求:制定 A 产品的标准成本。

2. 某企业生产甲产品,其标准成本资料如下表所示。

项　目	价格标准	数量标准	金额(元/件)
直接材料	9元/千克	50千克/件	450
直接人工	4元/小时	45小时/件	180
变动制造费用	3元/小时	45小时/件	135
固定制造费用	2元/小时	45小时/件	90
合　计			855

甲产品正常生产能量为1 000小时。本月实际生产量为20件,实际耗用材料为900千克,实际人工工时为950小时。实际成本分别为:直接材料9 000元,直接人工3 325元,变动性制造费用2 375元,固定性制造费用2 850元,总计17 550元。

要求:分别计算各成本项目的成本差异和分差异,其中固定性制造费用采用三差异法。

3. 某企业生产一种产品,其变动性制造费用的标准成本为24元/件(8元/小时×3件)。本期实际产量为1 300件,发生实际工时4 100小时,变动性制造费用总差异为−40元,属于节约差。

要求:

(1)计算实际发生的变动性制造费用;

(2)计算变动性制造费用的效率差异;

(3)计算变动性制造费用的耗费差异。

4. 某公司生产甲产品需使用一种直接材料A,本期生产甲产品1 000件,耗用A材料9 000千克,A材料的实际价格为200元/千克。假设A材料计划价格为210元/千克,单位甲产品标准用量为10千克。

要求:

(1)计算A材料的价格差异;

(2)计算A材料的数量差异;

(3)计算A材料的成本差异;

(4)如果固定性制造费用的预算差异为+2 000元,生产能力利用差异为−580元,效率差异为+1 000元,则固定性制造费用的总差异和能量差异是多少?

5. 某企业生产甲产品,其标准成本的相关资料如下:单件产品耗用A材料10千克,每千克的标准单价为3元;耗用B材料8千克,每千克的标准单价为5元;单位产品的标准工时为3小时,标准工资率为12元/小时;标准变动性制造费用率为8元/小时;标准固定性制造费用率为12元/小时。

假定本期实际产量为1 300件,发生实际工时4 100小时,直接人工总差异为+3 220元,属于超支差。

要求:

(1)计算甲产品的单位标准成本;

(2)计算实际发生的直接人工;

(3)计算直接人工的效率差异和工资率差异。

情 境 九

责任会计

职业能力目标

1. 了解责任会计的产生、内容和原则；
2. 掌握责任中心的设置与业绩考核；
3. 熟悉内部转移价格的含义与类型。

典型工作任务

1. 能够解释责任会计的产生原因；
2. 能够对各个责任中心进行业绩考核；
3. 会根据不同情况选择制定内部转移价格的类型。

情境引言

责任会计是一种内部控制会计，实施责任会计是改善企业经营管理、提高经济效益的一项重要手段，是社会化大生产的客观要求。通过实行责任会计，可使企业各级管理人员目标明确、责任分明，并且责任者有责有权，把他们控制范围内的各项活动严格地管理起来，同时以责任单位为主体记录和归集有关信息，并据以考核各个单位的工作业绩，做到功过分明。

学习子情境一　责任会计的认知

一、责任会计的产生

第二次世界大战以后，随着国际经济的迅速发展和市场竞争的日趋激烈，企业经营方式逐渐向多样化、多元化的方向发展，企业的规模日趋庞大，管理层次繁多，组织机构复杂，一个公司下面往往有许多子公司、事业部、分厂、研究所等，且分支机构遍布世界各地，传统的金字塔式的组织结构正向分散化和扁平化方向发展。最高管理层为了有效管理庞大的经济组织，必须将一部分权限下放，以便刺激各级管理人员的积极性和主动性，纷纷实行分权管理。

分权的结果是：一方面使各分权单位之间具有某种程度的互相依存性，主要表现为各分权单位间的产品或劳务的相互提供；另一方面，各分权单位为了其自身业绩，会采取一些有损于其他分权单位经营业绩甚至有损于企业整体利益的行为。由此可见，在实行分权管理条件下，如何协调各分权单位之间的关系，防止各个部分为了片面地追求局部利益，而使企业整体利益受到损害等行为的发生显得格外重要。

在分权管理体制下，为了抑制其弊端，就必须加强企业内部控制。责任会计制度就是顺应这种管理要求而不断发展和完善起来的一种行之有效的内部控制制度。

这种制度要求：根据赋予各级单位的权力、责任及对其业绩的评价方式，将企业划分为各种不同形式的责任中心，建立起以各责任中心为主体，以权、责、利相统一为特征，以责任预算、责任控制、责任考核为内容，通过信息的积累、加工和反馈而形成的责任会计制度。因此，责任会计实质上就是把会计资料同各有关责任中心紧密联系起来的信息系统，是企业为了强化内部管理而实施的一种内部控制系统。

责任会计在西方国家一经产生，不仅规模大的企业纷纷采用，就是中小企业也都乐意推行。我国许多企业在实行全面经济核算和经济责任制的基础上，也逐步建立起了各种形式的责任会计制度，并根据各自的特点和要求，借鉴西方国家责任会计的先进经验，进行了符合我国国情的有益探索。实践证明，责任会计是一种有效地改善经营管理、提高经济效益的重要工具。

二、责任会计的基本内容

（一）设置责任中心，明确责权范围

实行责任会计首先应根据企业内部管理的需要，结合企业生产组织、工艺特点，合理设置责任中心。即将企业所属的各部门、各单位划分为若干个责任中心，并依据各责任中心经营活动的特点，明确规定其权责范围，使其能在权限范围内，独立自主地履行职责，充分发挥在生产经营中的积极性和主动性。

（二）编制责任预算，确定考核标准

企业全面预算是按照生产经营过程来落实企业的总体目标。而责任预算则是根据企业全面预算所确立的企业经营的目标和子项目，按责任归属，层层分解落实到各责任中心，为各个责任中心编制的预算，从而为各责任中心开展经营活动、评价工作成果提供了基本标准和主要依据。

（三）建立跟踪系统，进行反馈控制

确立了责任中心和责任预算以后，在具体实施责任预算过程中，每个责任中心都应建立一套责任预算执行情况的跟踪系统，定期编制责任报告，将实际数与预算数进行对比，据以找出差异，分析原因，并通过信息反馈，及时纠正偏差，控制和调节经营活动，以保证企业总体目标的实现。

（四）分析评价业绩，建立奖罚制度

通过定期编制责任报告，对各责任中心的工作成果进行全面分析和评价，并按实际工作成果的好坏进行奖惩，做到功过分明、奖惩有据，最大限度地调动各责任中心的积极性，使其相互协调并卓有成效地开展各项活动，以达到提高经济效益的目的。

三、责任会计的原则

不同类型的企业，由于内部条件和外部情况不同，因而实际工作中实施责任会计制度的做

法也不尽相同。但无论怎样，要建立一套科学、有效的责任会计制度，必须遵循以下基本原则：

(一)一致性原则

企业责任单位内部权责范围的确定、责任预算的编制以及责任单位业绩的考评，都应始终注意与企业总体目标保持一致，避免因片面追求局部利益而影响整体利益，促使企业内部各责任单位协调一致地为实现企业总体目标而努力工作。

(二)可控性原则

对责任中心所赋予的责任，应以其能够控制为前提，各责任中心只对其能够控制的经济活动所产生结果负责。在考核时，应尽可能排除各责任中心不能控制的因素，以消除不可控因素对责任中心子项目完成情况的影响和各责任中心之间的相互影响。

(三)反馈原则

为了保证各责任中心对其经营业绩的有效控制，必须及时、准确、可靠地反馈生产经营过程中的各种信息。信息的主要载体是业绩报告，通过比较责任预算和业绩报告，可以促使责任中心的管理人对差异进行调整，同时还可以通过向其上一级责任中心反馈，以便上一级责任中心能及时了解整个管辖范围内的情况，保证整体目标的实现。

(四)责、权、利相结合原则

责、权、利相结合原则作为经济责任制贯彻执行的最有利的一项措施，也是建立责任会计制度必须遵循的原则。在分派给责任单位一定子项目的同时，还要赋予其相应的权利，并将权利的行使及子项目的完成情况与一定的经济利益挂钩，三者相互结合才能促使各责任单位在其责权范围内努力工作，还可以不断地激励各责任中心为实现预算目标而努力工作。

学习子情境二　责任中心的设置与业绩考核

企业要建立责任会计制度，必须将其内部各生产经营单位划分为不同种类、不同等级的责任层次，即责任中心，以便开展责任会计工作。所谓责任中心，是指具有一定的管理权限，并承担相应的经济责任的企业单位，它由一个主管人员负责，承担规定的责任和拥有的相应的权利。责任中心根据不同的责任范围，一般可分为成本中心、利润中心和投资中心。

一、成本中心及其考核

(一)成本中心的含义及类型

成本中心是指不形成或者不考核其收入，而着重考核其所发生的成本费用的责任中心。成本中心是责任中心中应用较为广泛的一种责任形式，任何发生成本的责任领域都可以确定为成本中心，如分厂、车间、班组甚至个人。成本中心有标准成本中心和费用中心两种类型。

(1)标准成本中心，又称技术性成本中心，是指所生产的产品稳定而明确，通过技术分析可以相对可靠地估计出单位产品所需要的投入量的责任中心。标准成本中心的典型代表是制造业工厂、车间、工段、班组等。在生产制造活动中，每个产品都可以有明确的原材料、人工和间接制造费用的数量标准和价格标准。实际上，任何一种重复性的活动都可以建立标准成本中心，只要这种活动能够计量产出的实际数量，并且能够说明投入与产出之间可望达到的函数关系。因此，各种行业都可能建立标准成本中心。例如，银行业根据经手支票的多少，医院根据接受检查或放射治疗的人数，快餐业根据售出的盒饭多少，都可建立标准成本中心。

(2)费用中心，又称酌量性成本中心，是指那些产出物不能用财务指标来衡量，或投入和产出之间没有密切关系的单位。这些单位包括一般行政管理部门，如会计、人事、劳资、计划等；研究开发部门，如设备改造、新产品研制等；以及某些销售部门，如广告、宣传、仓储等。一般行政管理部门的产出难以度量，研究开发和销售活动的投入量与产出量之间没有密切的联系。对于费用中心，唯一可以准确计量的是实际费用，通常由部门经理决定其数额。

(二)成本中心的特点

(1)成本中心只衡量成本费用，不衡量收益。一般而言，成本中心没有经营权和销售权，其工作成果不会形成，可以用货币计量收入。

(2)成本中心只对可控成本负责。可控成本是指责任中心能够计量其耗费并通过行为加以控制的成本；否则为不可控成本。可控成本通常应符合以下条件：①成本中心有办法知道将发生什么性质的耗费；②成本中心有办法计量它的耗费；③成本中心有办法控制并调节它的耗费，或对该耗费有重大影响。

成本的可控性是相对于特定的责任中心而言的，而不是指既定成本的固有性质。把一个组织看作一个整体，它所发生的每一项成本都是可控的。因此，重要的问题不在于总体上哪些成本是可控的，而是对于特定的责任中心有哪些成本是可控的。

(3)成本中心的控制和考评重点是责任成本。责任中心当期发生的各项可控成本之和就是其责任成本。

【学中做 9-1】 假定某公司全年生产 A、B、C 三种产品，共设有五个成本中心，即甲车间、乙车间、修理车间、财务处、总务处。产品的成本资料如下：

直接材料95 000元，直接人工64 000元，制造费用77 000元(其中：间接材料16 000元，间接人工10 000元，管理人员薪金7 000元，折旧费18 000元，水电费15 000元，其他11 000元)。现根据以上有关资料，分别按成本中心编制责任成本单，如表 9-1 所示。

表 9-1　　责任成本计算单　　单位：元

	甲车间	乙车间	修理车间	财务处	总务处	总成本
直接材料	50 000	45 000				95 000
直接人工	48 700	15 300				64 000
制造费用：						
间接材料	3 800	4 000	5 600		2 600	16 000
间接人工	4 000	1 900	2 300		1 800	10 000
管理人员薪金	2 200	800	1 100	1 700	1 200	7 000
折旧费	5 300	4 200	2 500	3 300	2 700	18 000
水电费	4 100	3 600	2 200	2 600	2 500	15 000
其他	3 700	2 600	1 500	1 300	1 900	11 000
合　计	121 800	77 400	15 200	8 900	12 700	236 000

(三)成本中心的考核指标

一般来说，成本中心只以货币计量投入，不以货币计量产出，其考核指标通常为该成本中心的各项可控成本之和。

(1)标准成本中心的考核指标是既定产品质量和数量条件下的标准成本。它不对生产能力的利用程度负责，只对既定产品的投入量承担责任。在具体进行考核时，应将标准成本中心实际发生的责任成本同预算成本或目标成本进行比较，计算成本降低额和降低率。其计算公式如下：

$$成本变动额=实际成本-预算成本$$

$$成本降低率=\frac{成本变动额}{预算成本}\times 100\%$$

【学中做 9—2】 某成本中心生产甲产品，计划产量为 900 件，单位成本为 40 元/件。实际产量为 1 000 件，单位成本为 35 元/件。

要求：计算该成本中心的成本变化额和变化率。

成本变化额 $=35\times 1\ 000-40\times 1\ 000=-5\ 000$（元）

成本变化率 $=\frac{-5\ 000}{40\times 1\ 000}\times 100\%=-12.5\%$

计算表明，该成本中心的成本降低额为 5 000 元，成本降低率为 12.5%。

(2)费用中心与标准成本中心不同。对于费用中心来说，其业绩往往涉及预算、工作质量和服务水平等，而工作质量和服务水平是很难量化的，通常可以使用费用预算来评价费用中心的成本控制业绩。费用预算的制定办法：其一是考察同行业类似职能的支出水平，例如有的公司根据销售收入的一定百分比来制定研究开发费用预算；其二是零基预算法，即详尽分析支出的必要性及其取得的效果，确定预算标准。但无论使用哪种办法都离不开了解情况的专业人员的判断，特别是在考核预算完成情况时，更要凭借有经验的专业人员对该费用中心的工作质量和服务水平作出有根据的判断，从而对费用中心的成本控制业绩作出客观评价。

【思考】 什么是成本中心？如何评价与考核该中心的工作成绩？

二、利润中心及其考核

(一)利润中心的含义及类型

利润中心是对利润指标负责的责任中心。由于利润等于收入减去成本和费用，所以利润中心实际上既要对收入负责，也要对成本负责。在一个企业中，利润中心往往处于较高的层次，如分厂、分公司、有独立经营权的各部门，包括辅助生产部门或封闭式生产车间等。与成本中心相比，利润中心的权利和责任都要相对大得多。

按收入来源的性质不同，利润中心可分为自然利润中心和人为利润中心两种。

(1)自然利润中心。它是指以对外销售产品而取得实际收入为特征的利润中心。这类责任中心一般具有产品的销售权、价格制定权、材料采购权及生产决策权。它像独立企业一样，获得收入并赚取利润。例如，分公司、分厂、事业部等都是自然利润中心。

(2)人为利润中心。它是指在企业内部各责任中心之间提供产品或劳务，以从其他责任中心取得"内部销售收入"为特征的利润中心。这类责任中心只在企业内部，按照"内部转移价格"将产品转让给本企业其他责任中心，取得收入，实现内部利润。人为利润中心一般也应具有独立的经营管理权，例如，大型钢铁公司分为采矿、炼铁、炼钢、轧钢等几个生产部门，这些生产部门的产品除少量对外销售外，主要在公司内部转移，这些部门可以被确定为人为利润中心。实际上，制造业的大多数成本中心都可以转成人为利润中心，只要它们提供的产品或劳务能制定出合适的内部转移价格就行。

(二)利润中心的考核指标

对利润中心进行评价时采用的指标主要是利润，如边际贡献（贡献毛益）、可控边际贡献

(可控贡献毛益)、部门边际贡献(中心毛益)和税前部门利润等。计算公式如下:

边际贡献=部门销售收入总额-部门变动成本总额

可控边际贡献=边际贡献-部门可控固定成本

部门边际贡献=可控边际贡献-部门不可控固定成本

税前部门利润=部门边际贡献-分配的公司管理费用

但利润中心的获利水平往往受企业内部其他因素影响较大,一个单独的利润指标有时并不能够反映出其所有经济效果。因此,仍需要一些非货币的衡量方法作为补充,如销售业绩可用市场占有率与销售量来衡量,生产职能可用劳动生产率、单位成本等指标来衡量。

【学中做9-3】 某公司某利润中心的数据如下(单位:元):

部门销售收入	30 000
已销商品变动成本和变动销售费用	20 000
部门可控固定间接费用	1 600
部门不可控固定间接费用	2 400
分配的公司管理费用	2 000

该部门的利润计算如下:

(1)边际贡献=30 000-20 000=10 000(元)

(2)可控边际贡献=10 000-1 600=8 400(元)

(3)部门边际贡献=8 400-2 400=6 000(元)

(4)税前部门利润=6 000-2 000=4 000(元)

通过上述计算,我们对几种指标分析如下:

(1)以边际贡献10 000元作为业绩评价依据不够全面。以边际贡献为评价依据,可能导致部门经理尽可能多支出固定成本以减少变动成本支出,提高业绩,尽管这样做并不能降低总成本。

(2)以可控边际贡献8 400元作为业绩评价依据可能是最好的,部门经理可控制收入,以及变动成本和部分固定成本,因而可以对可控边际贡献承担责任。这一衡量标准的主要问题是可控固定成本和不可控固定成本的区分比较困难。例如,折旧、保险等,如果部门经理有权处理这些有关的资产,那么,它们就是可控的;反之,则是不可控的。又如,雇员的工资水平通常是由企业集中决定的,如果部门经理有权决定本部门雇用多少职工,那么工资成本是可控制成本;如果部门经理既不能决定工资水平,又不能决定雇员人数,则工资成本是不可控成本。

(3)以部门边际贡献6 000元作为业绩评价依据,可能更适合评价该部门对企业利润和管理费用的贡献,而不适合于部门经理的评价。因为评价部门经理的业绩,由于有一部分固定成本是过去最高管理阶层投资决策的结果,现在的部门经理已很难改变,部门边际贡献则超出了经理人员的控制范围。

(4)以税前部门利润4 000元作为业绩评价的依据通常是不适合的。公司总部的管理费用是部门经理无法控制的成本,由于分配公司管理费用而引起部门利润的不利变化,不能由部门经理负责。许多企业把所有的总部管理费用分配给下属部门,其目的是提醒部门经理注意各部门提供的边际贡献必须抵补总部的管理费用,否则企业作为一个整体就不会盈利。

在计量利润时,会遇到两个棘手的问题:一个是共同收入和共同成本在各个责任中心之间的分配,如与其他单位公用一些设施,或接受总部参谋人员提供的服务等,考评时应合理进行分配和补偿,操作起来可能比较复杂,但这是分权制必须面对的问题;另一个是产品转移制定内部转移价格，这在后面讨论。

【思考】什么是利润中心？如何评价与考核该中心的工作成绩？

三、投资中心及其考核指标

(一)投资中心的含义

投资中心是指既要对成本和利润负责，又要对投资效果负责的责任中心。投资中心同时也是利润中心，它与利润中心的区别主要在于：利润中心没有投资决策权，它是在企业确定投资方向后进行具体的经营；而投资中心则拥有投资决策权，即能够相对独立地运用其所掌握的资金，有权购置和处理固定资产，扩大或缩小生产能力。

投资中心在责任中心中处于最高层次，它具有最大的决策权，也承担最大的责任。投资中心是分权管理模式的最突出表现。在当今世界各国，大型集团公司下面的分公司、子公司往往都是投资中心。在组织形式上，成本中心基本上不是独立的法人，利润中心可以是也可以不是独立的法人，但投资中心一般都是独立的法人。

(二)投资中心的考核指标

衡量投资中心经营业绩的评价指标主要有以下几种：

1. 投资报酬率

投资报酬率(ROI)，也称投资利润率，是用该责任中心的经营利润除以其占用的经营资产。其计算公式如下：

$$\begin{aligned}\text{投资报酬率}&=\frac{\text{分部经营利润}}{\text{分部经营资产}}\\&=\text{分部销售利润率}\times\text{资产周转率}\\&=\frac{\text{分部营业利润}}{\text{销售收入}}\times\frac{\text{销售收入}}{\text{分部经营资产}}\end{aligned}$$

其中，经营利润是指不扣减利息费用和所得税前的利润，即息税前利润(EBIT)。因为计算投资报酬率的目的是计量分部如何有效地运用其资产，而利息因素与资产的取得有关，与资产的使用无关；另外，所得税因素对投资中心的管理者来说是不可控因素，所以它们应被纳入到投资中心的利润之中。

经营资产是该投资中心所使用和控制的全部固定资产和流动资产，应以期初和期末的平均额计算。需注意，在计算投资报酬率时，固定资产的账面价值(原价减累计折旧后的净值)是逐年递减的，如果按账面价值计算，经营净利润也会表现为投资利润率的逐年提高，因此，在计算投资报酬率时，应使用固定资产的原始价值。

【学中做9－4】 设某投资中心在生产经营中掌握、使用的全部经营资产，年初为110 000元，年末为90 000元；相应的负债为40 000元，该投资中心的利息费用为3 000元，本年实现的税后利润为6 000元，所得税税率为25%。据此，可计算确定投资报酬率为：

$$\text{息税前利润}=\frac{6\ 000}{1-25\%}+3\ 000=11\ 000(\text{元})$$

$$\text{投资报酬率}=\frac{11\ 000}{\frac{110\ 000+90\ 000}{2}}\times100\%=13\%$$

用投资报酬率来评价投资中心的业绩有以下优点：

第一，投资报酬率能够反映投资中心的综合盈利能力。投资报酬率可以分解为投资周转率和销售利润率两者的乘积，进一步可分解为资产的明细项目和收支的明细项目，从而对整个部门的经营状况作出评价。

第二，投资报酬率具有横向可比性。作为效益指标，投资报酬率体现了资本的获利能力，剔除了因投资额不同而导致利润差异的不可比因素，有利于判断各投资中心经营业绩的优劣。

第三，投资报酬率可以作为选择投资项目的依据，有利于调整资本流量和存量，优化资源配置。

第四，以投资报酬率作为评价投资中心经营业绩的尺度，有利于正确引导投资中心的管理行为，避免短期行为。

投资报酬率指标的不足也是十分明显的。即各投资中心为了达到较高的投资报酬率，其部门经理会放弃高于资本成本而低于目前部门投资报酬率的项目，或者减少现有的投资报酬率较低但高于资本成本的某些投资项目，这样虽使部门的业绩获得较好的评价，但却损害了企业的整体利益。

【学中做9－5】 某部门上年度占用的资产额的期初、期末的平均值为200 000元，部门息税前利润为40 000元，那么该部门的投资报酬率为：

$$投资报酬率=\frac{40\ 000}{200\ 000}\times 100\%=20\%$$

假设该企业的资金成本为15%。部门经理面临一个投资报酬率为17%的投资机会，投资额为100 000元，每年的净利润为17 000元。对整个企业来说，由于投资报酬率高于资本成本，应当利用这个投资机会，但是它却使这个部门的投资报酬率由过去的20%下降到19%，该部门经理为了保住业绩会放弃这一投资机会：

$$投资报酬率=\frac{40\ 000+17\ 000}{200\ 000+100\ 000}\times 100\%=19\%$$

假设该部门现有投资项目中一项资产价值为50 000元，每年获利8 500元，投资报酬率为17%，超过了资本成本，部门经理却愿意放弃该项资产，以提高部门的投资报酬率：

$$投资报酬率=\frac{40\ 000-8\ 500}{200\ 000-50\ 000}\times 100\%=21\%$$

所以，当使用投资报酬率作为业绩评价指标时，部门经理可以通过加大部门利润或减少投资额（或资产额）来提高这个比率。这样做，会失去不是最有利但可以扩大企业整体利益的投资机会。从引导部门经理采取与企业整体利益一致的决策来看，投资报酬率并不是一个很好的指标。

2. 剩余收益

为了克服由于使用比率来衡量部门业绩带来的问题，许多企业采用绝对数指标，即剩余收益。剩余收益是指投资中心获得的经营利润扣减其经营资产（投资额）按所要求的最低报酬率计算的最低投资报酬后的余额，通常根据资本成本来规定最低投资报酬率。其计算公式如下：

剩余收益＝经营利润－（经营资产×预期投资报酬率）

用剩余收益指标进行评价时，只要投资报酬率大于预期的最低收益率，该项投资就是可行的。它可以使投资中心的局部目标与企业的总体目标保持一致，引导部门经理采纳高于企业资本成本的决策。另外，从现代财务理论来看，不同的投资有不同的风险，要求按风险程度调整其预期投资报酬率。不同行业部门的资本成本不同，甚至同一部门的资产也属于不同的风险类型。在使用剩余收益指标时，可以对不同部门或者不同资产规定不同的预期投资报酬率，使剩余收益这个指标更加灵活。

【学中做9－6】 在【学中做9－5】中，部门经理为了保住业绩会放弃投资报酬率为17%的投资机会，如果用剩余收益来考核，结果如表9－2所示。

表9－2 **剩余收益计算表** 单位：元

项目	上年度	新投资项目	合计
经营资产平均占用额	200 000	100 000	300 000
经营利润	40 000	17 000	57 000
减：经营资产量要求达到的最低的投资收益(按15%计算)	30 000	15 000	45 000
剩余收益	10 000	2 000	12 000

因为新项目可以使该部门剩余收益得到进一步提高(2 000元)，对企业整体也有利，部门经理会投资于这个新项目，从而促进部门的目标与企业整体目标趋于一致。

但是，由于剩余收益指标是绝对数指标，不便于不同部门之间的比较，因此很多企业在使用这一评价指标时，往往事先建立与每个部门资产结构相适应的剩余收益预算，然后通过实际与预算的对比来评价部门业绩。

3. 现金回收率

在商业信用极为频繁的情形下，会计收益与企业的实际现金收入相差极大。为此，许多国家采用营业现金流量来评价企业的经营业绩。以现金流量为基础的业绩评价指标主要有现金回收率和剩余现金流量。其计算公式如下：

$$\text{现金回收率}=\frac{\text{现金净流量}}{\text{投资额(或资产额)}}\times 100\%$$

$$\text{剩余现金流量}=\text{经营现金流入}-\text{部门资产}\times\text{资金成本率}$$

在企业中，现金流量指标是评价责任中心经营业绩较好的依据，它有利于对投资项目的再评估，也为判断该责任中心当前及今后的真实经营状况提供了准确的信息。但是，对各责任中心之间进行内部交易形成的应收、应付账款是否支付现金往往由上级财务管理部门根据具体情况来决定，对责任中心管理者来说是不可控因素，内部交易很难确定现金流量。所以一般情况下，现金流量较少用于对管理者的评价。

【思考】什么是投资中心？如何评价与考核该中心的工作成绩？

学习子情境三 内部转移价格

一、内部转移价格的含义

内部转移价格简称内部价格，是指企业内部各责任中心之间转移中间产品或相互提供劳务而发生内部结算和进行内部责任结转所使用的计价标准。

制定内部转移价格的原因有以下三个：

(1)内部转移价格作为一种计量手段，可以确定中间转移产品的价值量。这些价值量既可以用来衡量提供产品或劳务的责任中心的经营成果，也可以用来反映接受产品或劳务的责任中心的成本费用,从而可以合理地确定各责任中心应承担的经济责任。

(2)通过制定和运用内部转移价格,可以把有关责任中心的经济责任、工作绩效加以数量化,使企业最高管理者和内部各业务职能部门的主管人员能在分析比较的基础上,制定正确的经营决策,选取履行经济责任、完成责任预算、实现预定目标的最佳行动方案。例如,有关部门的生产经营是不断扩大还是适当缩小,中间产品和劳务是在企业内部购买还是向外部市场购买等。

(3)对于不同税率的子公司,公司可制定合理的转移价格,将收入转移到低税率公司,起到避税作用。当产品在不同国家之间进行转移时,进口国与出口国企业的公司税务负担都将受到影响。例如,有一台复印机是在美国纽约罗切斯特的施乐公司生产的,将该复印机运到英国并由兰克—施乐公司加以销售。该复印机的转移价格在美国税制中应计为收益,而在英国则应计为抵税费用。公司应在税法允许的范围内制定出一个能在这两国中达到总税负最小的价格作为转移价格。

二、内部转移价格的类型

企业内部转移价格的种类通常是按制定转移价格的基础来确定的,包括成本基础和市场价格基础。而企业的成本根据不同的计价分类,有实际成本和标准成本;根据成本内容分类,有变动成本和完全成本等。市场价格可分为市场交易价格和协商价格等。因此,转移价格可分为以下几种类型:

(一)以市场价格为基础的转移价格

在中间产品存在完全竞争市场的情况下,市场价格是制定内部转移价格的最好依据,因为市场价格最能体现责任中心的基本要求,即客观公允。采用市场价格作为内部转移价格是完全竞争市场条件下的一种理想的转移价格,但是完全竞争的市场条件是很难找到的,而且市场价格也受到一定的限制,有些产品或半成品没有现成的市价,而另一些产品只有非完全竞争市场价格,不能直接作为内部转移价格。

(二)以成本为基础的转移价格

以产品成本作为内部转移价格,是制定转移价格最简单的方法。由于在成本管理中经常使用不同的成本概念,所以以成本作为内部转移价格的具体方法又可分为实际成本法、实际成本加成法、标准成本法、标准成本加成法和变动成本法。现分述如下:

(1)实际成本法。即以中间产品生产时发生的完全生产成本作为其内部转移价格,便于利用财务会计信息,简单容易。但它会使提供中间产品或劳务的责任中心的工作成绩与缺陷全部转嫁给其他有关责任中心,从而使接受产品或劳务的责任中心承担其他责任中心造成的低效率的责任。因此,这种价格方式缺乏激励作用,一般来说,只适用于各成本中心之间相互转移产品或劳务时价格的确定。

(2)标准成本法。即以中间产品的标准成本作为其内部转移价格的一种方法。采用标准成本法,产品或劳务的标准成本资料容易取得,且可以将管理和结算工作结合起来。在标准成本法下,转出部门实际成本的执行结果均由自己负担,避免功过转嫁之患,能鼓励双方降低成本的积极性,也便于考核转入部门的业绩。

(3)变动成本法。即以变动成本作为内部转移价格,适用于采用变动成本法计算产品成本的成本中心之间产品的结转。以变动成本作为定价基础,有利于鼓励接受中间产品的责任中心“购买”企业内部其他责任中心的产品,而不向企业外部购买,因此可以避免企业生产能力的闲置和购买费用的增加。但以变动成本作为内部转移价格，会使提供产品的责任中心无法收回固定成本而发生亏损，不利于调动其积极性。

(三)协商价格

如果中间产品存在非完全竞争的外部市场，可以采用协商的办法来确定转移价格，即双方就转移中间产品的数量、质量、时间和价格进行协商并设法取得一致意见。以内部协商价格作为内部转移价格，可以照顾双方利益并得到双方的认可，使价格具有一定的弹性。但在确定内部协商价格时，往往浪费时间和精力，可能会使双方争执不休，造成部门间的矛盾，如果过分地依赖上级管理当局的仲裁，又会降低衡量部门业绩的能力。

(四)双重内部转移价格

双重价格是指对产品的购销双方分别采用不同的内部转移价格。例如，当某种产品有不止一种市场价格时，买方采用最低的市场价格，卖方采用最高的市场价格。又如，对产品的出售方按协商的市场价格计价，而对买入方则按卖方的单位变动成本计价，两种价格产生的差额由会计部门调整计入管理费用。

这种双重价格制度可以较好地满足买卖双方不同的需要，避免因内部定价过高，导致接受方向外部购买，造成企业内部供应方部分生产能力闲置、无法充分利用的情况出现，同时也能调动双方生产经营的主动性和积极性。因此，双重价格是一种既不直接干预所属各责任中心的管理决策，又能消除职能失调行为的定价方法。但这种方法通常在中间产品有外界市场，供应部门有剩余生产能力，且单位变动成本低于市场价格的条件下才会行之有效。

内部转移价格的制定过程，实际上是企业内部各责任中心的利益分配的过程。为充分调动各责任中心的积极性，保证企业整体利益的最大化，各企业应具体问题具体分析，根据不同情况选择适当的内部转移价格。

【思考】为什么要制定内部转移价格?

技能训练

一、单项选择题

1. 下列各项中，应作为成本中心控制和考核内容的是(　　)。

A. 责任成本　　B. 产品成本　　C. 直接成本　　D. 目标成本

2. 下列各项中，不属于利润中心负责范围的是(　　)。

A. 成本　　B. 收入　　C. 利润　　D. 投资效果

3. 如果某利润中心的产品只能在企业内部各责任中心之间销售，且按照“内部转移价格”取得收入，则可以断定该中心是(　　)。

A. 完整利润中心　　B. 局部利润中心

C. 自然利润中心　　D. 人为利润中心

4. 如果企业内部的供需双方分别按照不同的内部转移价格对同一笔内部交易进行结算，则可以断定它们采用的是(　　)。

A. 成本转移价格　　B. 市场价格

C. 协商价格　　D. 双重价格

5. 在责任会计中，将企业办理内部交易结算和内部责任结转所使用的价格称为(　　)。

A. 变动成本　　B. 单项责任成本

C. 内部转移价格　　　　　　　　　　　　D. 重置价格

二、多项选择题

1. 责任中心的种类主要包括(　　)。

A. 利润中心　　B. 销售中心　　C. 成本中心　　D. 投资中心

2. 下列各项指标中,属于考核投资中心投资效果的有(　　)。

A. 剩余收益　　B. 营业收入　　C. 边际贡献　　D. 投资利润率

3. 以成本作为内部转移价格的具体方法又可分为(　　)。

A. 实际成本法　　　　　　　　　　B. 实际成本加成法

C. 标准成本法　　　　　　　　　　D. 变动成本法

4. 下列各项中,可以作为内部转移价格的有(　　)。

A. 变动成本　　B. 双重价格　　C. 协商价格　　D. 标准成本

5. 下列各项中,属于责任中心考核指标的有(　　)。

A. 产品成本　　B. 可控成本　　C. 投资利润率　　D. 剩余收益

三、判断题

1. 导致责任会计产生的主要原因是由于企业规模的扩大。　　(　　)

2. 责任会计制度的最大优点是可以精确计算产品成本。　　(　　)

3. 以实际成本作为内部转移价格可以避免责任转嫁现象。　　(　　)

4. 当供应方提供的产品或劳务没有现成的市场价格时,可采用协商价格作为内部转移价格。　　(　　)

5. 对于上级分配来的固定成本,由于利润中心无法控制其数额,所以,对这部分固定成本的影响在考核时应将其剔除。　　(　　)

四、计算分析题

1. 某投资中心投资额为100 000元,年净利润额为18 000元,企业为该投资中心规定的投资利润率为15%。

要求:计算该投资中心的投资利润率和剩余收益。

2. A公司2015年的销售收入为40 000元,营业资产为16 000元;B公司2015年的销售收入为100 000元,营业资产为20 000元。A、B公司希望其2015年的投资利润率均达到15%。

要求:分别计算A、B公司2015年的销售利润率。

3. D公司某投资中心A原投资利润率为18%,营业资产为500 000元,营业利润为100 000元。现有一项业务需要借入资金200 000元,可获利68 000元。

要求:

(1)若以投资利润率作为评价和考核投资中心A工作成果的依据,作出A投资中心是否愿意投资于这项新业务的决策。

(2)若以剩余收益作为评价和考核投资中心A工作成果的依据,新业务要求的最低收益率为15%,作出A投资中心是否愿意投资于这项新业务的决策。

附录一　　　　复利终值系数表($F/P,i,n$)

期数	1%	2%	3%	4%	5%	6%	7%	8%	9%	10%
1	1.010 0	1.020 0	1.030 0	1.040 0	1.050 0	1.060 0	1.070 0	1.080 0	1.090 0	1.100 0
2	1.020 1	1.040 4	1.060 9	1.081 6	1.102 5	1.123 6	1.144 9	1.166 4	1.188 1	1.210 0
3	1.030 3	1.061 2	1.092 7	1.124 9	1.157 6	1.191 0	1.225 0	1.259 7	1.295 0	1.331 0
4	1.040 6	1.082 4	1.125 5	1.169 9	1.215 5	1.262 5	1.310 8	1.360 5	1.411 6	1.464 1
5	1.051 0	1.104 1	1.159 3	1.216 7	1.276 3	1.338 2	1.402 6	1.469 3	1.538 6	1.610 5
6	1.061 5	1.126 2	1.194 1	1.265 3	1.340 1	1.418 5	1.500 7	1.586 9	1.677 1	1.771 6
7	1.072 1	1.148 7	1.229 9	1.315 9	1.407 1	1.503 6	1.605 8	1.713 8	1.828 0	1.948 7
8	1.082 9	1.171 7	1.266 8	1.368 6	1.477 5	1.593 8	1.718 2	1.850 9	1.992 6	2.143 6
9	1.093 7	1.195 1	1.304 8	1.423 3	1.551 3	1.689 5	1.838 5	1.999 0	2.171 9	2.357 9
10	1.104 6	1.219 0	1.343 9	1.480 2	1.628 9	1.790 8	1.967 2	2.158 9	2.367 4	2.593 7
11	1.115 7	1.243 4	1.384 2	1.539 5	1.710 3	1.898 3	2.104 9	2.331 6	2.580 4	2.853 1
12	1.126 8	1.268 2	1.425 8	1.601 0	1.795 9	2.012 2	2.252 2	2.518 2	2.812 7	3.138 4
13	1.138 1	1.293 6	1.468 5	1.665 1	1.885 6	2.132 9	2.409 8	2.719 6	3.065 8	3.452 3
14	1.149 5	1.319 5	1.512 6	1.731 7	1.979 9	2.260 9	2.578 5	2.937 2	3.341 7	3.797 5
15	1.161 0	1.345 9	1.558 0	1.800 9	2.078 9	2.396 6	2.759 0	3.172 2	3.642 5	4.177 2
16	1.172 6	1.372 8	1.604 7	1.873 0	2.182 9	2.540 4	2.952 2	3.425 9	3.970 3	4.595 0
17	1.184 3	1.400 2	1.652 8	1.947 9	2.292 0	2.692 8	3.158 8	3.700 0	4.327 6	5.054 5
18	1.196 1	1.428 2	1.702 4	2.025 8	2.406 6	2.854 3	3.379 9	3.996 0	4.717 1	5.559 9
19	1.208 1	1.456 8	1.753 5	2.106 8	2.527 0	3.025 6	3.616 5	4.315 7	5.141 7	6.115 9
20	1.220 2	1.485 9	1.806 1	2.191 1	2.653 3	3.207 1	3.869 7	4.661 0	5.604 4	6.727 5
21	1.232 4	1.515 7	1.860 3	2.278 8	2.786 0	3.399 6	4.140 6	5.033 8	6.108 8	7.400 2
22	1.244 7	1.546 0	1.916 1	2.369 9	2.925 3	3.603 5	4.430 4	5.436 5	6.658 6	8.140 3
23	1.257 2	1.576 9	1.973 6	2.464 7	3.071 5	3.819 7	4.740 5	5.871 5	7.257 9	8.954 3
24	1.269 7	1.608 4	2.032 8	2.563 3	3.225 1	4.048 9	5.072 4	6.341 2	7.911 1	9.849 7
25	1.282 4	1.640 6	2.093 8	2.665 8	3.386 4	4.291 9	5.427 4	6.848 5	8.623 1	10.834 7
26	1.295 3	1.673 4	2.156 6	2.772 5	3.555 7	4.549 4	5.807 4	7.396 4	9.399 2	11.918 2
27	1.308 2	1.706 9	2.221 3	2.883 4	3.733 5	4.822 3	6.213 9	7.988 1	10.245 1	13.110 0
28	1.321 3	1.741 0	2.287 9	2.998 7	3.920 1	5.111 7	6.648 8	8.627 1	11.167 1	14.421 0
29	1.334 5	1.775 8	2.356 6	3.118 7	4.116 1	5.418 4	7.114 3	9.317 3	12.172 2	15.863 1
30	1.347 8	1.811 4	2.427 3	3.243 4	4.321 9	5.743 5	7.612 3	10.062 7	13.267 7	17.449 4

续表

期数	11%	12%	13%	14%	15%	16%	17%	18%	19%	20%
1	1.110 0	1.120 0	1.130 0	1.140 0	1.150 0	1.160 0	1.170 0	1.180 0	1.190 0	1.200 0
2	1.232 1	1.254 4	1.276 9	1.299 6	1.322 5	1.345 6	1.368 9	1.392 4	1.416 1	1.440 0
3	1.367 6	1.404 9	1.442 9	1.481 5	1.520 9	1.560 9	1.601 6	1.643 0	1.685 2	1.728 0
4	1.518 1	1.573 5	1.630 5	1.689 0	1.749 0	1.810 6	1.873 9	1.938 8	2.005 3	2.073 6
5	1.685 1	1.762 3	1.842 4	1.925 4	2.011 4	2.100 3	2.192 4	2.287 8	2.386 4	2.488 3
6	1.870 4	1.973 8	2.082 0	2.195 0	2.313 1	2.436 4	2.565 2	2.699 6	2.839 8	2.986 0
7	2.076 2	2.210 7	2.352 6	2.502 3	2.660 0	2.826 2	3.001 2	3.185 5	3.379 3	3.583 2
8	2.304 5	2.476 0	2.658 4	2.852 6	3.059 0	3.278 4	3.511 5	3.758 9	4.021 4	4.299 8
9	2.558 0	2.773 1	3.004 0	3.251 9	3.517 9	3.803 0	4.108 4	4.435 5	4.785 4	5.159 8
10	2.839 4	3.105 8	3.394 6	3.707 2	4.045 6	4.411 4	4.806 8	5.233 8	5.694 7	6.191 7
11	3.151 8	3.478 6	3.835 9	4.226 2	4.652 4	5.117 3	5.624 0	6.175 9	6.776 7	7.430 1
12	3.498 5	3.896 0	4.334 5	4.817 9	5.350 3	5.936 0	6.580 1	7.287 6	8.064 2	8.916 1
13	3.883 3	4.363 5	4.898 0	5.492 4	6.152 8	6.885 8	7.698 7	8.599 4	9.596 4	10.699 3
14	4.310 4	4.887 1	5.534 8	6.261 3	7.075 7	7.987 5	9.007 5	10.147 2	11.419 8	12.839 2
15	4.784 6	5.473 6	6.254 3	7.137 9	8.137 1	9.265 5	10.538 7	11.973 7	13.589 5	15.407 0
16	5.310 9	6.130 4	7.067 3	8.137 2	9.357 6	10.748 0	12.330 3	14.129 0	16.171 5	18.488 4
17	5.895 1	6.866 0	7.986 1	9.276 5	10.761 3	12.467 7	14.426 5	16.672 2	19.244 1	22.186 1
18	6.543 6	7.690 0	9.024 3	10.575 2	12.375 5	14.462 5	16.879 0	19.673 3	22.900 5	26.623 3
19	7.263 3	8.612 8	10.197 4	12.055 7	14.231 8	16.776 5	19.748 4	23.214 4	27.251 6	31.948 0
20	8.062 3	9.646 3	11.523 1	13.743 5	16.366 5	19.460 8	23.105 6	27.393 0	32.429 4	38.337 6
21	8.949 2	10.803 8	13.021 1	15.667 6	18.821 5	22.574 5	27.033 6	32.323 8	38.591 0	46.005 1
22	9.933 6	12.100 3	14.713 8	17.861 0	21.644 7	26.186 4	31.629 3	38.142 1	45.923 3	55.206 1
23	11.026 3	13.552 3	16.626 6	20.361 6	24.891 5	30.376 2	37.006 2	45.007 6	54.648 7	66.247 4
24	12.239 2	15.178 6	18.788 1	23.212 2	28.625 2	35.236 4	43.297 3	53.109 0	65.032 0	79.496 8
25	13.585 5	17.000 1	21.230 5	26.461 9	32.919 0	40.874 2	50.657 8	62.668 6	77.388 1	95.396 2
26	15.079 9	19.040 1	23.990 5	30.166 6	37.856 8	47.414 1	59.269 7	73.949 0	92.091 8	114.475 5
27	16.738 7	21.324 9	27.109 3	34.389 9	43.535 3	55.000 4	69.345 5	87.259 8	109.589 3	137.370 6
28	18.579 9	23.883 9	30.633 5	39.204 5	50.065 6	63.800 4	81.134 2	102.966 6	130.411 2	164.844 7
29	20.623 7	26.749 9	34.615 8	44.693 1	57.575 5	74.008 5	94.927 1	121.500 5	155.189 3	197.813 6
30	22.892 3	29.959 9	39.115 9	50.950 2	66.211 8	85.849 9	111.064 7	143.370 6	184.675 3	237.376 3

续表

期数	21%	22%	23%	24%	25%	26%	27%	28%	29%	30%
1	1.210 0	1.220 0	1.230 0	1.240 0	1.250 0	1.260 0	1.270 0	1.280 0	1.290 0	1.300 0
2	1.464 1	1.488 4	1.512 9	1.537 6	1.562 5	1.587 6	1.612 9	1.638 4	1.664 1	1.690 0
3	1.771 6	1.815 8	1.860 9	1.906 6	1.953 1	2.000 4	2.048 4	2.097 2	2.146 7	2.197 0
4	2.143 6	2.215 3	2.288 9	2.364 2	2.441 4	2.520 5	2.601 4	2.684 4	2.769 2	2.856 1
5	2.593 7	2.702 7	2.815 3	2.931 6	3.051 8	3.175 8	3.303 8	3.436 0	3.572 3	3.712 9
6	3.138 4	3.297 3	3.462 8	3.635 2	3.814 7	4.001 5	4.195 9	4.398 0	4.608 3	4.826 8
7	3.797 5	4.022 7	4.259 3	4.507 7	4.768 4	5.041 9	5.328 8	5.629 5	5.944 7	6.274 9
8	4.595 0	4.907 7	5.238 9	5.589 5	5.960 5	6.352 8	6.767 5	7.205 8	7.668 6	8.157 3
9	5.559 9	5.987 4	6.443 9	6.931 0	7.450 6	8.004 5	8.594 8	9.223 4	9.892 5	10.604 5
10	6.727 5	7.304 6	7.925 9	8.594 4	9.313 2	10.085 7	10.915 3	11.805 9	12.761 4	13.785 8
11	8.140 3	8.911 7	9.748 9	10.657 1	11.641 5	12.708 0	13.862 5	15.111 6	16.462 2	17.921 6
12	9.849 7	10.872 2	11.991 2	13.214 8	14.551 9	16.012 0	17.605 3	19.342 8	21.236 2	23.298 1
13	11.918 2	13.264 1	14.749 1	16.386 3	18.189 9	20.175 2	22.358 8	24.758 8	27.394 7	30.287 5
14	14.421 0	16.182 2	18.141 4	20.319 1	22.737 4	25.420 7	28.395 7	31.691 3	35.339 1	39.373 8
15	17.449 4	19.742 3	22.314 0	25.195 6	28.421 7	32.030 1	36.062 5	40.564 8	45.587 5	51.185 9
16	21.113 8	24.085 6	27.446 2	31.242 6	35.527 1	40.357 9	45.799 4	51.923 0	58.807 9	66.541 7
17	25.547 7	29.384 4	33.758 8	38.740 8	44.408 9	50.851 0	58.165 2	66.461 4	75.862 1	86.504 2
18	30.912 7	35.849 0	41.523 3	48.038 6	55.511 2	64.072 2	73.869 8	85.070 6	97.862 2	112.455 4
19	37.404 3	43.735 8	51.073 7	59.567 9	69.388 9	80.731 0	93.814 7	108.890 4	126.242 2	146.192 0
20	45.259 3	53.357 6	62.820 6	73.864 1	86.736 2	101.721 1	119.144 6	139.379 7	162.852 4	190.049 6
21	54.763 7	65.096 3	77.269 4	91.591 5	108.420 2	128.168 5	151.313 7	178.406 0	210.079 6	247.064 5
22	66.264 1	79.417 5	95.041 3	113.573 5	135.525 3	161.492 4	192.168 3	228.359 6	271.002 7	321.183 9
23	80.179 5	96.889 4	116.900 8	140.831 2	169.406 6	203.480 4	244.053 8	292.300 3	349.593 5	417.539 1
24	97.017 2	118.205 0	143.788 0	174.630 6	211.758 2	256.385 3	309.948 3	374.144 4	450.975 6	542.800 8
25	117.390 9	144.210 1	176.859 3	216.542 0	264.697 8	323.045 4	393.634 4	478.904 9	581.758 5	705.641 0
26	142.042 9	175.936 4	217.536 9	268.512 1	330.872 2	407.037 3	499.915 7	612.998 2	750.468 5	917.333 3
27	171.871 9	214.642 4	267.570 4	332.955 0	413.590 3	512.867 0	634.892 9	784.637 7	968.104 4	1 192.533 3
28	207.965 1	261.863 7	329.111 5	412.864 2	516.987 9	646.212 4	806.314 0	1 004.336 3	1 248.854 6	1 550.293 3
29	251.637 7	319.473 7	404.807 2	511.951 6	646.234 9	814.227 6	1 024.018 7	1 285.550 4	1 611.022 5	2 015.381 3
30	304.481 6	389.757 9	497.912 9	634.819 9	807.793 6	1 025.926 7	1 300.503 8	1 645.504 6	2 078.219 0	2 619.995 6

附录二　复利现值系数表$(P/F, i, n)$

期数	1%	2%	3%	4%	5%	6%	7%	8%	9%	10%
1	0.990 1	0.980 4	0.970 9	0.961 5	0.952 4	0.943 4	0.934 6	0.925 9	0.917 4	0.909 1
2	0.980 3	0.961 2	0.942 6	0.924 6	0.907 0	0.890 0	0.873 4	0.857 3	0.841 7	0.826 4
3	0.970 6	0.942 3	0.915 1	0.889 0	0.863 8	0.839 6	0.816 3	0.793 8	0.772 2	0.751 3
4	0.961 0	0.923 8	0.888 5	0.854 8	0.822 7	0.792 1	0.762 9	0.735 0	0.708 4	0.683 0
5	0.951 5	0.905 7	0.862 6	0.821 9	0.783 5	0.747 3	0.713 0	0.680 6	0.649 9	0.620 9
6	0.942 0	0.888 0	0.837 5	0.790 3	0.746 2	0.705 0	0.666 3	0.630 2	0.596 3	0.564 5
7	0.932 7	0.870 6	0.813 1	0.759 9	0.710 7	0.665 1	0.622 7	0.583 5	0.547 0	0.513 2
8	0.923 5	0.853 5	0.789 4	0.730 7	0.676 8	0.627 4	0.582 0	0.540 3	0.501 9	0.466 5
9	0.914 3	0.836 8	0.766 4	0.702 6	0.644 6	0.591 9	0.543 9	0.500 2	0.460 4	0.424 1
10	0.905 3	0.820 3	0.744 1	0.675 6	0.613 9	0.558 4	0.508 3	0.463 2	0.422 4	0.385 5
11	0.896 3	0.804 3	0.722 4	0.649 6	0.584 7	0.526 8	0.475 1	0.428 9	0.387 5	0.350 5
12	0.887 4	0.788 5	0.701 4	0.624 6	0.556 8	0.497 0	0.444 0	0.397 1	0.355 5	0.318 6
13	0.878 7	0.773 0	0.681 0	0.600 6	0.530 3	0.468 8	0.415 0	0.367 7	0.326 2	0.289 7
14	0.870 0	0.757 9	0.661 1	0.577 5	0.505 1	0.442 3	0.387 8	0.340 5	0.299 2	0.263 3
15	0.861 3	0.743 0	0.641 9	0.555 3	0.481 0	0.417 3	0.362 4	0.315 2	0.274 5	0.239 4
16	0.852 8	0.728 4	0.623 2	0.533 9	0.458 1	0.393 6	0.338 7	0.291 9	0.251 9	0.217 6
17	0.844 4	0.714 2	0.605 0	0.513 4	0.436 3	0.371 4	0.316 6	0.270 3	0.231 1	0.197 8
18	0.836 0	0.700 2	0.587 4	0.493 6	0.415 5	0.350 3	0.295 9	0.250 2	0.212 0	0.179 9
19	0.827 7	0.686 4	0.570 3	0.474 6	0.395 7	0.330 5	0.276 5	0.231 7	0.194 5	0.163 5
20	0.819 5	0.673 0	0.553 7	0.456 4	0.376 9	0.311 8	0.258 4	0.214 5	0.178 4	0.148 6
21	0.811 4	0.659 8	0.537 5	0.438 8	0.358 9	0.294 2	0.241 5	0.198 7	0.163 7	0.135 1
22	0.803 4	0.646 8	0.521 9	0.422 0	0.341 8	0.277 5	0.225 7	0.183 9	0.150 2	0.122 8
23	0.795 4	0.634 2	0.506 7	0.405 7	0.325 6	0.261 8	0.210 9	0.170 3	0.137 8	0.111 7
24	0.787 6	0.621 7	0.491 9	0.390 1	0.310 1	0.247 0	0.197 1	0.157 7	0.126 4	0.101 5
25	0.779 8	0.609 5	0.477 6	0.375 1	0.295 3	0.233 0	0.184 2	0.146 0	0.116 0	0.092 3
26	0.772 0	0.597 6	0.463 7	0.360 7	0.281 2	0.219 8	0.172 2	0.135 2	0.106 4	0.083 9
27	0.764 4	0.585 9	0.450 2	0.346 8	0.267 8	0.207 4	0.160 9	0.125 2	0.097 6	0.076 3
28	0.756 8	0.574 4	0.437 1	0.333 5	0.255 1	0.195 6	0.150 4	0.115 9	0.089 5	0.069 3
29	0.749 3	0.563 1	0.424 3	0.320 7	0.242 9	0.184 6	0.140 6	0.107 3	0.082 2	0.063 0
30	0.741 9	0.552 1	0.412 0	0.308 3	0.231 4	0.174 1	0.131 4	0.099 4	0.075 4	0.057 3

续表

期数	11%	12%	13%	14%	15%	16%	17%	18%	19%	20%
1	0.900 9	0.892 9	0.885 0	0.877 2	0.869 6	0.862 1	0.854 7	0.847 5	0.840 3	0.833 3
2	0.811 6	0.797 2	0.783 1	0.769 5	0.756 1	0.743 2	0.730 5	0.718 2	0.706 2	0.694 4
3	0.731 2	0.711 8	0.693 1	0.675 0	0.657 5	0.640 7	0.624 4	0.608 6	0.593 4	0.578 7
4	0.658 7	0.635 5	0.613 3	0.592 1	0.571 8	0.552 3	0.533 7	0.515 8	0.498 7	0.482 3
5	0.593 5	0.567 4	0.542 8	0.519 4	0.497 2	0.476 1	0.456 1	0.437 1	0.419 0	0.401 9
6	0.534 6	0.506 6	0.480 3	0.455 6	0.432 3	0.410 4	0.389 8	0.370 4	0.352 1	0.334 9
7	0.481 7	0.452 3	0.425 1	0.399 6	0.375 9	0.353 8	0.333 2	0.313 9	0.295 9	0.279 1
8	0.433 9	0.403 9	0.376 2	0.350 6	0.326 9	0.305 0	0.284 8	0.266 0	0.248 7	0.232 6
9	0.390 9	0.360 6	0.332 9	0.307 5	0.284 3	0.263 0	0.243 4	0.225 5	0.209 0	0.193 8
10	0.352 2	0.322 0	0.294 6	0.269 7	0.247 2	0.226 7	0.208 0	0.191 1	0.175 6	0.161 5
11	0.317 3	0.287 5	0.260 7	0.236 6	0.214 9	0.195 4	0.177 8	0.161 9	0.147 6	0.134 6
12	0.285 8	0.256 7	0.230 7	0.207 6	0.186 9	0.168 5	0.152 0	0.137 2	0.124 0	0.112 2
13	0.257 5	0.229 2	0.204 2	0.182 1	0.162 5	0.145 2	0.129 9	0.116 3	0.104 2	0.093 5
14	0.232 0	0.204 6	0.180 7	0.159 7	0.141 3	0.125 2	0.111 0	0.098 5	0.087 6	0.077 9
15	0.209 0	0.182 7	0.159 9	0.140 1	0.122 9	0.107 9	0.094 9	0.083 5	0.073 6	0.064 9
16	0.188 3	0.163 1	0.141 5	0.122 9	0.106 9	0.093 0	0.081 1	0.070 8	0.061 8	0.054 1
17	0.169 6	0.145 6	0.125 2	0.107 8	0.092 9	0.080 2	0.069 3	0.060 0	0.052 0	0.045 1
18	0.152 8	0.130 0	0.110 8	0.094 6	0.080 8	0.069 1	0.059 2	0.050 8	0.043 7	0.037 6
19	0.137 7	0.116 1	0.098 1	0.082 9	0.070 3	0.059 6	0.050 6	0.043 1	0.036 7	0.031 3
20	0.124 0	0.103 7	0.086 8	0.072 8	0.061 1	0.051 4	0.043 3	0.036 5	0.030 8	0.026 1
21	0.111 7	0.092 6	0.076 8	0.063 8	0.053 1	0.044 3	0.037 0	0.030 9	0.025 9	0.021 7
22	0.100 7	0.082 6	0.068 0	0.056 0	0.046 2	0.038 2	0.031 6	0.026 2	0.021 8	0.018 1
23	0.090 7	0.073 8	0.060 1	0.049 1	0.040 2	0.032 9	0.027 0	0.022 2	0.018 3	0.015 1
24	0.081 7	0.065 9	0.053 2	0.043 1	0.034 9	0.028 4	0.023 1	0.018 8	0.015 4	0.012 6
25	0.073 6	0.058 8	0.047 1	0.037 8	0.030 4	0.024 5	0.019 7	0.016 0	0.012 9	0.010 5
26	0.066 3	0.052 5	0.041 7	0.033 1	0.026 4	0.021 1	0.016 9	0.013 5	0.010 9	0.008 7
27	0.059 7	0.046 9	0.036 9	0.029 1	0.023 0	0.018 2	0.014 4	0.011 5	0.009 1	0.007 3
28	0.053 8	0.041 9	0.032 6	0.025 5	0.020 0	0.015 7	0.012 3	0.009 7	0.007 7	0.006 1
29	0.048 5	0.037 4	0.028 9	0.022 4	0.017 4	0.013 5	0.010 5	0.008 2	0.006 4	0.005 1
30	0.043 7	0.033 4	0.025 6	0.019 6	0.015 1	0.011 6	0.009 0	0.007 0	0.005 4	0.004 2

续表

期数	21%	22%	23%	24%	25%	26%	27%	28%	29%	30%
1	0.826 4	0.819 7	0.813 0	0.806 5	0.800 0	0.793 7	0.787 4	0.781 3	0.775 2	0.769 2
2	0.683 0	0.671 9	0.661 0	0.650 4	0.640 0	0.629 9	0.620 0	0.610 4	0.600 9	0.591 7
3	0.564 5	0.550 7	0.537 4	0.524 5	0.512 0	0.499 9	0.488 2	0.476 8	0.465 8	0.455 2
4	0.466 5	0.451 4	0.436 9	0.423 0	0.409 6	0.396 8	0.384 4	0.372 5	0.361 1	0.350 1
5	0.385 5	0.370 0	0.355 2	0.341 1	0.327 7	0.314 9	0.302 7	0.291 0	0.279 9	0.269 3
6	0.318 6	0.303 3	0.288 8	0.275 1	0.262 1	0.249 9	0.238 3	0.227 4	0.217 0	0.207 2
7	0.263 3	0.248 6	0.234 8	0.221 8	0.209 7	0.198 3	0.187 7	0.177 6	0.168 2	0.159 4
8	0.217 6	0.203 8	0.190 9	0.178 9	0.167 8	0.157 4	0.147 8	0.138 8	0.130 4	0.122 6
9	0.179 9	0.167 0	0.155 2	0.144 3	0.134 2	0.124 9	0.116 4	0.108 4	0.101 1	0.094 3
10	0.148 6	0.136 9	0.126 2	0.116 4	0.107 4	0.099 2	0.091 6	0.084 7	0.078 4	0.072 5
11	0.122 8	0.112 2	0.102 6	0.093 8	0.085 9	0.078 7	0.072 1	0.066 2	0.060 7	0.055 8
12	0.101 5	0.092 0	0.083 4	0.075 7	0.068 7	0.062 5	0.056 8	0.051 7	0.047 1	0.042 9
13	0.083 9	0.075 4	0.067 8	0.061 0	0.055 0	0.049 6	0.044 7	0.040 4	0.036 5	0.033 0
14	0.069 3	0.061 8	0.055 1	0.049 2	0.044 0	0.039 3	0.035 2	0.031 6	0.028 3	0.025 4
15	0.057 3	0.050 7	0.044 8	0.039 7	0.035 2	0.031 2	0.027 7	0.024 7	0.021 9	0.019 5
16	0.047 4	0.041 5	0.036 4	0.032 0	0.028 1	0.024 8	0.021 8	0.019 3	0.017 0	0.015 0
17	0.039 1	0.034 0	0.029 6	0.025 8	0.022 5	0.019 7	0.017 2	0.015 0	0.013 2	0.011 6
18	0.032 3	0.027 9	0.024 1	0.020 8	0.018 0	0.015 6	0.013 5	0.011 8	0.010 2	0.008 9
19	0.026 7	0.022 9	0.019 6	0.016 8	0.014 4	0.012 4	0.010 7	0.009 2	0.007 9	0.006 8
20	0.022 1	0.018 7	0.015 9	0.013 5	0.011 5	0.009 8	0.008 4	0.007 2	0.006 1	0.005 3
21	0.018 3	0.015 4	0.012 9	0.010 9	0.009 2	0.007 8	0.006 6	0.005 6	0.004 8	0.004 0
22	0.015 1	0.012 6	0.010 5	0.008 8	0.007 4	0.006 2	0.005 2	0.004 4	0.003 7	0.003 1
23	0.012 5	0.010 3	0.008 6	0.007 1	0.005 9	0.004 9	0.004 1	0.003 4	0.002 9	0.002 4
24	0.010 3	0.008 5	0.007 0	0.005 7	0.004 7	0.003 9	0.003 2	0.002 7	0.002 2	0.001 8
25	0.008 5	0.006 9	0.005 7	0.004 6	0.003 8	0.003 1	0.002 5	0.002 1	0.001 7	0.001 4
26	0.007 0	0.005 7	0.004 6	0.003 7	0.003 0	0.002 5	0.002 0	0.001 6	0.001 3	0.001 1
27	0.005 8	0.004 7	0.003 7	0.003 0	0.002 4	0.001 9	0.001 6	0.001 3	0.001 0	0.000 8
28	0.004 8	0.003 8	0.003 0	0.002 4	0.001 9	0.001 5	0.001 2	0.001 0	0.000 8	0.000 6
29	0.004 0	0.003 1	0.002 5	0.002 0	0.001 5	0.001 2	0.001 0	0.000 8	0.000 6	0.000 5
30	0.003 3	0.002 6	0.002 0	0.001 6	0.001 2	0.001 0	0.000 8	0.000 6	0.000 5	0.000 4

附录三　　　　年金终值系数表($F/A,i,n$)

期数	1%	2%	3%	4%	5%	6%	7%	8%	9%	10%
1	1.000 0	1.000 0	1.000 0	1.000 0	1.000 0	1.000 0	1.000 0	1.000 0	1.000 0	1.000 0
2	2.010 0	2.020 0	2.030 0	2.040 0	2.050 0	2.060 0	2.070 0	2.080 0	2.090 0	2.100 0
3	3.030 1	3.060 4	3.090 9	3.121 6	3.152 5	3.183 6	3.214 9	3.246 4	3.278 1	3.310 0
4	4.060 4	4.121 6	4.183 6	4.246 5	4.310 1	4.374 6	4.439 9	4.506 1	4.573 1	4.641 0
5	5.101 0	5.204 0	5.309 1	5.416 3	5.525 6	5.637 1	5.750 7	5.866 6	5.984 7	6.105 1
6	6.152 0	6.308 1	6.468 4	6.633 0	6.801 9	6.975 3	7.153 3	7.335 9	7.523 3	7.715 6
7	7.213 5	7.434 3	7.662 5	7.898 3	8.142 0	8.393 8	8.654 0	8.922 8	9.200 4	9.487 2
8	8.285 7	8.583 0	8.892 3	9.214 2	9.549 1	9.897 5	10.259 8	10.636 6	11.028 5	11.435 9
9	9.368 5	9.754 6	10.159 1	10.582 8	11.026 6	11.491 3	11.978 0	12.487 6	13.021 0	13.579 5
10	10.462 2	10.949 7	11.463 9	12.006 1	12.577 9	13.180 8	13.816 4	14.486 6	15.192 9	15.937 4
11	11.566 8	12.168 7	12.807 8	13.486 4	14.206 8	14.971 6	15.783 6	16.645 5	17.560 3	18.531 2
12	12.682 5	13.412 1	14.192 0	15.025 8	15.917 1	16.869 9	17.888 5	18.977 1	20.140 7	21.384 3
13	13.809 3	14.680 3	15.617 8	16.626 8	17.713 0	18.882 1	20.140 6	21.495 3	22.953 4	24.522 7
14	14.947 4	15.973 9	17.086 3	18.291 9	19.598 6	21.015 1	22.550 5	24.214 9	26.019 2	27.975 0
15	16.096 9	17.293 4	18.598 9	20.023 6	21.578 6	23.276 0	25.129 0	27.152 1	29.360 9	31.772 5
16	17.257 9	18.639 3	20.156 9	21.824 5	23.657 5	25.672 5	27.888 1	30.324 3	33.003 4	35.949 7
17	18.430 4	20.012 1	21.761 6	23.697 5	25.840 4	28.212 9	30.840 2	33.750 2	36.973 7	40.544 7
18	19.614 7	21.412 3	23.414 4	25.645 4	28.132 4	30.905 7	33.999 0	37.450 2	41.301 3	45.599 2
19	20.810 9	22.840 6	25.116 9	27.671 2	30.539 0	33.760 0	37.379 0	41.446 3	46.018 5	51.159 1
20	22.019 0	24.297 4	26.870 4	29.778 1	33.066 0	36.785 6	40.995 5	45.762 0	51.160 1	57.275 0
21	23.239 2	25.783 3	28.676 5	31.969 2	35.719 3	39.992 7	44.865 2	50.422 9	56.764 5	64.002 5
22	24.471 6	27.299 0	30.536 8	34.248 0	38.505 2	43.392 3	49.005 7	55.456 8	62.873 3	71.402 7
23	25.716 3	28.845 0	32.452 9	36.617 9	41.430 5	46.995 8	53.436 1	60.893 3	69.531 9	79.543 0
24	26.973 5	30.421 9	34.426 5	39.082 6	44.502 0	50.815 6	58.176 7	66.764 8	76.789 8	88.497 3
25	28.243 2	32.030 3	36.459 3	41.645 9	47.727 1	54.864 5	63.249 0	73.105 9	84.700 9	98.347 1
26	29.525 6	33.670 9	38.553 0	44.311 7	51.113 5	59.156 4	68.676 5	79.954 4	93.324 0	109.181 8
27	30.820 9	35.344 3	40.709 6	47.084 2	54.669 1	63.705 8	74.483 8	87.350 8	102.723 1	121.099 9
28	32.129 1	37.051 2	42.930 9	49.967 6	58.402 6	68.528 1	80.697 7	95.338 8	112.968 2	134.209 9
29	33.450 4	38.792 2	45.218 9	52.966 3	62.322 7	73.639 8	87.346 5	103.965 9	124.135 4	148.630 9
30	34.784 9	40.568 1	47.575 4	56.084 9	66.438 8	79.058 2	94.460 8	113.283 2	136.307 5	164.494 0

续表

期数	11%	12%	13%	14%	15%	16%	17%	18%	19%	20%
1	1.000 0	1.000 0	1.000 0	1.000 0	1.000 0	1.000 0	1.000 0	1.000 0	1.000 0	1.000 0
2	2.110 0	2.120 0	2.130 0	2.140 0	2.150 0	2.160 0	2.170 0	2.180 0	2.190 0	2.200 0
3	3.342 1	3.374 4	3.406 9	3.439 6	3.472 5	3.505 6	3.538 9	3.572 4	3.606 1	3.640 0
4	4.709 7	4.779 3	4.849 8	4.921 1	4.993 4	5.066 5	5.140 5	5.215 4	5.291 3	5.368 0
5	6.227 8	6.352 8	6.480 3	6.610 1	6.742 4	6.877 1	7.014 4	7.154 2	7.296 6	7.441 6
6	7.912 9	8.115 2	8.322 7	8.535 5	8.753 7	8.977 5	9.206 8	9.442 0	9.683 0	9.929 9
7	9.783 3	10.089 0	10.404 7	10.730 5	11.066 8	11.413 9	11.772 0	12.141 5	12.522 7	12.915 9
8	11.859 4	12.299 7	12.757 3	13.232 8	13.726 8	14.240 1	14.773 3	15.327 0	15.902 0	16.499 1
9	14.164 0	14.775 7	15.415 7	16.085 3	16.785 8	17.518 5	18.284 7	19.085 9	19.923 4	20.798 9
10	16.722 0	17.548 7	18.419 7	19.337 3	20.303 7	21.321 5	22.393 1	23.521 3	24.708 9	25.958 7
11	19.561 4	20.654 6	21.814 3	23.044 5	24.349 3	25.732 9	27.199 9	28.755 1	30.403 5	32.150 4
12	22.713 2	24.133 1	25.650 2	27.270 7	29.001 7	30.850 2	32.823 9	34.931 1	37.180 2	39.580 5
13	26.211 6	28.029 1	29.984 7	32.088 7	34.351 9	36.786 2	39.404 0	42.218 7	45.244 5	48.496 6
14	30.094 9	32.392 6	34.882 7	37.581 1	40.504 7	43.672 0	47.102 7	50.818 0	54.840 9	59.195 9
15	34.405 4	37.279 7	40.417 5	43.842 4	47.580 4	51.659 5	56.110 1	60.965 3	66.260 7	72.035 1
16	39.189 9	42.753 3	46.671 7	50.980 4	55.717 5	60.925 0	66.648 8	72.939 0	79.850 2	87.442 1
17	44.500 8	48.883 7	53.739 1	59.117 6	65.075 1	71.673 0	78.979 2	87.068 0	96.021 8	105.930 6
18	50.395 9	55.749 7	61.725 1	68.394 1	75.836 4	84.140 7	93.405 6	103.740 3	115.265 9	128.116 7
19	56.939 5	63.439 7	70.749 4	78.969 2	88.211 8	98.603 2	110.284 6	123.413 5	138.166 4	154.740 0
20	64.202 8	72.052 4	80.946 8	91.024 9	102.443 6	115.379 7	130.032 9	146.628 0	165.418 0	186.688 0
21	72.265 1	81.698 7	92.469 9	104.768 4	118.810 1	134.840 5	153.138 5	174.021 0	197.847 4	225.025 6
22	81.214 3	92.502 6	105.491 0	120.436 0	137.631 6	157.415 0	180.172 1	206.344 8	236.438 5	271.030 7
23	91.147 9	104.602 9	120.204 8	138.297 0	159.276 4	183.601 4	211.801 3	244.486 8	282.361 8	326.236 9
24	102.174 2	118.155 2	136.831 5	158.658 6	184.167 8	213.977 6	248.807 6	289.494 5	337.010 5	392.484 2
25	114.413 3	133.333 9	155.619 6	181.870 8	212.793 0	249.214 0	292.104 9	342.603 5	402.042 5	471.981 1
26	127.998 8	150.333 9	176.850 1	208.332 7	245.712 0	290.088 3	342.762 7	405.272 1	479.430 6	567.377 3
27	143.078 6	169.374 0	200.840 6	238.499 3	283.568 8	337.502 4	402.032 3	479.221 1	571.522 4	681.852 8
28	159.817 3	190.698 9	227.949 9	272.889 2	327.104 1	392.502 8	471.377 8	566.480 9	681.111 6	819.223 3
29	178.397 2	214.582 8	258.583 4	312.093 7	377.169 7	456.303 2	552.512 1	669.447 5	811.522 8	984.068 0
30	199.020 9	241.332 7	293.199 2	356.786 8	434.745 1	530.311 7	647.439 1	790.948 0	966.712 2	1 181.881 6

续表

期数	21%	22%	23%	24%	25%	26%	27%	28%	29%	30%
1	1.000 0	1.000 0	1.000 0	1.000 0	1.000 0	1.000 0	1.000 0	1.000 0	1.000 0	1.000 0
2	2.210 0	2.220 0	2.230 0	2.240 0	2.250 0	2.260 0	2.270 0	2.280 0	2.290 0	2.300 0
3	3.674 1	3.708 4	3.742 9	3.777 6	3.812 5	3.847 6	3.882 9	3.918 4	3.954 1	3.990 0
4	5.445 7	5.524 2	5.603 8	5.684 2	5.765 6	5.848 0	5.931 3	6.015 6	6.100 8	6.187 0
5	7.589 2	7.739 6	7.892 6	8.048 4	8.207 0	8.368 4	8.532 7	8.699 9	8.870 0	9.043 1
6	10.183 0	10.442 3	10.707 9	10.980 1	11.258 8	11.544 2	11.836 6	12.135 9	12.442 3	12.756 0
7	13.321 4	13.739 6	14.170 8	14.615 3	15.073 5	15.545 8	16.032 4	16.533 9	17.050 6	17.582 8
8	17.118 9	17.762 3	18.430 0	19.122 9	19.841 9	20.587 6	21.361 2	22.163 4	22.995 3	23.857 7
9	21.713 9	22.670 0	23.669 0	24.712 5	25.802 3	26.940 4	28.128 7	29.369 2	30.663 9	32.015 0
10	27.273 8	28.657 4	30.112 8	31.643 4	33.252 9	34.944 9	36.723 5	38.592 6	40.556 4	42.619 5
11	34.001 3	35.962 0	38.038 8	40.237 9	42.566 1	45.030 6	47.638 8	50.398 5	53.317 8	56.405 3
12	42.141 6	44.873 7	47.787 7	50.895 0	54.207 7	57.738 6	61.501 3	65.510 0	69.780 0	74.327 0
13	51.991 3	55.745 9	59.778 8	64.109 7	68.759 6	73.750 6	79.106 6	84.852 9	91.016 1	97.625 0
14	63.909 5	69.010 0	74.528 0	80.496 1	86.949 5	93.925 8	101.465 4	109.611 7	118.410 8	127.912 5
15	78.330 5	85.192 2	92.669 4	100.815 1	109.686 8	119.346 5	129.861 1	141.302 9	153.750 0	167.286 3
16	95.779 9	104.934 5	114.983 4	126.010 8	138.108 5	151.376 6	165.923 6	181.867 7	199.337 4	218.472 2
17	116.893 7	129.020 1	142.429 5	157.253 4	173.635 7	191.734 5	211.723 0	233.790 7	258.145 3	285.013 9
18	142.441 3	158.404 5	176.188 3	195.994 2	218.044 6	242.585 5	269.888 2	300.252 1	334.007 4	371.518 0
19	173.354 0	194.253 5	217.711 6	244.032 8	273.555 8	306.657 7	343.758 0	385.322 7	431.869 6	483.973 4
20	210.758 4	237.989 3	268.785 3	303.600 6	342.944 7	387.388 7	437.572 6	494.213 1	558.111 8	630.165 5
21	256.017 6	291.346 9	331.605 9	377.464 8	429.680 9	489.109 8	556.717 3	633.592 7	720.964 2	820.215 1
22	310.781 3	356.443 2	408.875 3	469.056 3	538.101 1	617.278 3	708.030 9	811.998 7	931.043 8	1 067.279 6
23	377.045 4	435.860 7	503.916 6	582.629 8	673.626 4	778.770 7	900.199 3	1 040.358 3	1 202.046 5	1 388.463 5
24	457.224 9	532.750 1	620.817 4	723.461 0	843.032 9	982.251 1	1 144.253 1	1 332.658 6	1 551.640 0	1 806.002 6
25	554.242 2	650.955 1	764.605 4	898.091 6	1 054.791 2	1 238.636 3	1 454.201 4	1 706.803 1	2 002.615 6	2 348.803 3
26	671.633 0	795.165 3	941.464 7	1 114.633 6	1 319.489 0	1 561.681 8	1 847.835 8	2 185.707 9	2 584.374 1	3 054.444 3
27	813.675 9	971.101 6	1 159.001 6	1 383.145 7	1 650.361 2	1 968.719 1	2 347.751 5	2 798.706 1	3 334.842 6	3 971.777 6
28	985.547 9	1 185.744 0	1 426.571 9	1 716.100 7	2 063.951 5	2 481.586 0	2 982.644 4	3 583.343 8	4 302.947 0	5 164.310 9
29	1 193.512 9	1 447.607 7	1 755.683 5	2 128.964 8	2 580.939 4	3 127.798 4	3 788.958 3	4 587.680 1	5 551.801 6	6 714.604 2
30	1 445.150 7	1 767.081 3	2 160.490 7	2 640.916 4	3 227.174 3	3 942.026 0	4 812.977 1	5 873.230 6	7 162.824 1	8 729.985 5

附录四　　年金现值系数表($P/A,i,n$)

期数	1%	2%	3%	4%	5%	6%	7%	8%	9%	10%
1	0.990 1	0.980 4	0.970 9	0.961 5	0.952 4	0.943 4	0.934 6	0.925 9	0.917 4	0.909 1
2	1.970 4	1.941 6	1.913 5	1.886 1	1.859 4	1.833 4	1.808 0	1.783 3	1.759 1	1.735 5
3	2.941 0	2.883 9	2.828 6	2.775 1	2.723 2	2.673 0	2.624 3	2.577 1	2.531 3	2.486 9
4	3.902 0	3.807 7	3.717 1	3.629 9	3.546 0	3.465 1	3.387 2	3.312 1	3.239 7	3.169 9
5	4.853 4	4.713 5	4.579 7	4.451 8	4.329 5	4.212 4	4.100 2	3.992 7	3.889 7	3.790 8
6	5.795 5	5.601 4	5.417 2	5.242 1	5.075 7	4.917 3	4.766 5	4.622 9	4.485 9	4.355 3
7	6.728 2	6.472 0	6.230 3	6.002 1	5.786 4	5.582 4	5.389 3	5.206 4	5.033 0	4.868 4
8	7.651 7	7.325 5	7.019 7	6.732 7	6.463 2	6.209 8	5.971 3	5.746 6	5.534 8	5.334 9
9	8.566 0	8.162 2	7.786 1	7.435 3	7.107 8	6.801 7	6.515 2	6.246 9	5.995 2	5.759 0
10	9.471 3	8.982 6	8.530 2	8.110 9	7.721 7	7.360 1	7.023 6	6.710 1	6.417 7	6.144 6
11	10.367 6	9.786 8	9.252 6	8.760 5	8.306 4	7.886 9	7.498 7	7.139 0	6.805 2	6.495 1
12	11.255 1	10.575 3	9.954 0	9.385 1	8.863 3	8.383 8	7.942 7	7.536 1	7.160 7	6.813 7
13	12.133 7	11.348 4	10.635 0	9.985 6	9.393 6	8.852 7	8.357 7	7.903 8	7.486 9	7.103 4
14	13.003 7	12.106 2	11.296 1	10.563 1	9.898 6	9.295 0	8.745 5	8.244 2	7.786 2	7.366 7
15	13.865 1	12.849 3	11.937 9	11.118 4	10.379 7	9.712 2	9.107 9	8.559 5	8.060 7	7.606 1
16	14.717 9	13.577 7	12.561 1	11.652 3	10.837 8	10.105 9	9.446 6	8.851 4	8.312 6	7.823 7
17	15.562 3	14.291 9	13.166 1	12.165 7	11.274 1	10.477 3	9.763 2	9.121 6	8.543 6	8.021 6
18	16.398 3	14.992 0	13.753 5	12.659 3	11.689 6	10.827 6	10.059 1	9.371 9	8.755 6	8.201 4
19	17.226 0	15.678 5	14.323 8	13.133 9	12.085 3	11.158 1	10.335 6	9.603 6	8.950 1	8.364 9
20	18.045 6	16.351 4	14.877 5	13.590 3	12.462 2	11.469 9	10.594 0	9.818 1	9.128 5	8.513 6
21	18.857 0	17.011 2	15.415 0	14.029 2	12.821 2	11.764 1	10.835 5	10.016 8	9.292 2	8.648 7
22	19.660 4	17.658 0	15.936 9	14.451 1	13.163 0	12.041 6	11.061 2	10.200 7	9.442 4	8.771 5
23	20.455 8	18.292 2	16.443 6	14.856 8	13.488 6	12.303 4	11.272 2	10.371 1	9.580 2	8.883 2
24	21.243 4	18.913 9	16.935 5	15.247 0	13.798 6	12.550 4	11.469 3	10.528 8	9.706 6	8.984 7
25	22.023 2	19.523 5	17.413 1	15.622 1	14.093 9	12.783 4	11.653 6	10.674 8	9.822 6	9.077 0
26	22.795 2	20.121 0	17.876 8	15.982 8	14.375 2	13.003 2	11.825 8	10.810 0	9.929 0	9.160 9
27	23.559 6	20.706 9	18.327 0	16.329 6	14.643 0	13.210 5	11.986 7	10.935 2	10.026 6	9.237 2
28	24.316 4	21.281 3	18.764 1	16.663 1	14.898 1	13.406 2	12.137 1	11.051 1	10.116 1	9.306 6
29	25.065 8	21.844 4	19.188 5	16.983 7	15.141 1	13.590 7	12.277 7	11.158 4	10.198 3	9.369 6
30	25.807 7	22.396 5	19.600 4	17.292 0	15.372 5	13.764 8	12.409 0	11.257 8	10.273 7	9.426 9

续表

期数	11%	12%	13%	14%	15%	16%	17%	18%	19%	20%
1	0.900 9	0.892 9	0.885 0	0.877 2	0.869 6	0.862 1	0.854 7	0.847 5	0.840 3	0.833 3
2	1.712 5	1.690 1	1.668 1	1.646 7	1.625 7	1.605 2	1.585 2	1.565 6	1.546 5	1.527 8
3	2.443 7	2.401 8	2.361 2	2.321 6	2.283 2	2.245 9	2.209 6	2.174 3	2.139 9	2.106 5
4	3.102 4	3.037 3	2.974 5	2.913 7	2.855 0	2.798 2	2.743 2	2.690 1	2.638 6	2.588 7
5	3.695 9	3.604 8	3.517 2	3.433 1	3.352 2	3.274 3	3.199 3	3.127 2	3.057 6	2.990 6
6	4.230 5	4.111 4	3.997 5	3.888 7	3.784 5	3.684 7	3.589 2	3.497 6	3.409 8	3.325 5
7	4.712 2	4.563 8	4.422 6	4.288 3	4.160 4	4.038 6	3.922 4	3.811 5	3.705 7	3.604 6
8	5.146 1	4.967 6	4.798 8	4.638 9	4.487 3	4.343 6	4.207 2	4.077 6	3.954 4	3.837 2
9	5.537 0	5.328 2	5.131 7	4.946 4	4.771 6	4.606 5	4.450 6	4.303 0	4.163 3	4.031 0
10	5.889 2	5.650 2	5.426 2	5.216 1	5.018 8	4.833 2	4.658 6	4.494 1	4.338 9	4.192 5
11	6.206 5	5.937 7	5.686 9	5.452 7	5.233 7	5.028 6	4.836 4	4.656 0	4.486 5	4.327 1
12	6.492 4	6.194 4	5.917 6	5.660 3	5.420 6	5.197 1	4.988 4	4.793 2	4.610 5	4.439 2
13	6.749 9	6.423 5	6.121 8	5.842 4	5.583 1	5.342 3	5.118 3	4.909 5	4.714 7	4.532 7
14	6.981 9	6.628 2	6.302 5	6.002 1	5.724 5	5.467 5	5.229 3	5.008 1	4.802 3	4.610 6
15	7.190 9	6.810 9	6.462 4	6.142 2	5.847 4	5.575 5	5.324 2	5.091 6	4.875 9	4.675 5
16	7.379 2	6.974 0	6.603 9	6.265 1	5.954 2	5.668 5	5.405 3	5.162 4	4.937 7	4.729 6
17	7.548 8	7.119 6	6.729 1	6.372 9	6.047 2	5.748 7	5.474 6	5.222 3	4.989 7	4.774 6
18	7.701 6	7.249 7	6.839 9	6.467 4	6.128 0	5.817 8	5.533 9	5.273 2	5.033 3	4.812 2
19	7.839 3	7.365 8	6.938 0	6.550 4	6.198 2	5.877 5	5.584 5	5.316 2	5.070 0	4.843 5
20	7.963 3	7.469 4	7.024 8	6.623 1	6.259 3	5.928 8	5.627 8	5.352 7	5.100 9	4.869 6
21	8.075 1	7.562 0	7.101 6	6.687 0	6.312 5	5.973 1	5.664 8	5.383 7	5.126 8	4.891 3
22	8.175 7	7.644 6	7.169 5	6.742 9	6.358 7	6.011 3	5.696 4	5.409 9	5.148 6	4.909 4
23	8.266 4	7.718 4	7.229 7	6.792 1	6.398 8	6.044 2	5.723 4	5.432 1	5.166 8	4.924 5
24	8.348 1	7.784 3	7.282 9	6.835 1	6.433 8	6.072 6	5.746 5	5.450 9	5.182 2	4.937 1
25	8.421 7	7.843 1	7.330 0	6.872 9	6.464 1	6.097 1	5.766 2	5.466 9	5.195 1	4.947 6
26	8.488 1	7.895 7	7.371 7	6.906 1	6.490 6	6.118 2	5.783 1	5.480 4	5.206 0	4.956 3
27	8.547 8	7.942 6	7.408 6	6.935 2	6.513 5	6.136 4	5.797 5	5.491 9	5.215 1	4.963 6
28	8.601 6	7.984 4	7.441 2	6.960 7	6.533 5	6.152 0	5.809 9	5.501 6	5.222 8	4.969 7
29	8.650 1	8.021 8	7.470 1	6.983 0	6.550 9	6.165 6	5.820 4	5.509 8	5.229 2	4.974 7
30	8.693 8	8.055 2	7.495 7	7.002 7	6.566 0	6.177 2	5.829 4	5.516 8	5.234 7	4.978 9

续表

期数	21%	22%	23%	24%	25%	26%	27%	28%	29%	30%
1	0.826 4	0.819 7	0.813 0	0.806 5	0.800 0	0.793 7	0.787 4	0.781 3	0.775 2	0.769 2
2	1.509 5	1.491 5	1.474 0	1.456 8	1.440 0	1.423 5	1.407 4	1.391 6	1.376 1	1.360 9
3	2.073 9	2.042 2	2.011 4	1.981 3	1.952 0	1.923 4	1.895 6	1.868 4	1.842 0	1.816 1
4	2.540 4	2.493 6	2.448 3	2.404 3	2.361 6	2.320 2	2.280 0	2.241 0	2.203 1	2.166 2
5	2.926 0	2.863 6	2.803 5	2.745 4	2.689 3	2.635 1	2.582 7	2.532 0	2.483 0	2.435 6
6	3.244 6	3.166 9	3.092 3	3.020 5	2.951 4	2.885 0	2.821 0	2.759 4	2.700 0	2.642 7
7	3.507 9	3.415 5	3.327 0	3.242 3	3.161 1	3.083 3	3.008 7	2.937 0	2.868 2	2.802 1
8	3.725 6	3.619 3	3.517 9	3.421 2	3.328 9	3.240 7	3.156 4	3.075 8	2.998 6	2.924 7
9	3.905 4	3.786 3	3.673 1	3.565 5	3.463 1	3.365 7	3.272 8	3.184 2	3.099 7	3.019 0
10	4.054 1	3.923 2	3.799 3	3.681 9	3.570 5	3.464 8	3.364 4	3.268 9	3.178 1	3.091 5
11	4.176 9	4.035 4	3.901 8	3.775 7	3.656 4	3.543 5	3.436 5	3.335 1	3.238 8	3.147 3
12	4.278 4	4.127 4	3.985 2	3.851 4	3.725 1	3.605 9	3.493 3	3.386 8	3.285 9	3.190 3
13	4.362 4	4.202 8	4.053 0	3.912 4	3.780 1	3.655 5	3.538 1	3.427 2	3.322 4	3.223 3
14	4.431 7	4.264 6	4.108 2	3.961 6	3.824 1	3.694 9	3.573 3	3.458 7	3.350 7	3.248 7
15	4.489 0	4.315 2	4.153 0	4.001 3	3.859 3	3.726 1	3.601 0	3.483 4	3.372 6	3.268 2
16	4.536 4	4.356 7	4.189 4	4.033 3	3.887 4	3.750 9	3.622 8	3.502 6	3.389 6	3.283 2
17	4.575 5	4.390 8	4.219 0	4.059 1	3.909 9	3.770 5	3.640 0	3.517 7	3.402 8	3.294 8
18	4.607 9	4.418 7	4.243 1	4.079 9	3.927 9	3.786 1	3.653 6	3.529 4	3.413 0	3.303 7
19	4.634 6	4.441 5	4.262 7	4.096 7	3.942 4	3.798 5	3.664 2	3.538 6	3.421 0	3.310 5
20	4.656 7	4.460 3	4.278 6	4.110 3	3.953 9	3.808 3	3.672 6	3.545 8	3.427 1	3.315 8
21	4.675 0	4.475 6	4.291 6	4.121 2	3.963 1	3.816 1	3.679 2	3.551 4	3.431 9	3.319 8
22	4.690 0	4.488 2	4.302 1	4.130 0	3.970 5	3.822 3	3.684 4	3.555 8	3.435 6	3.323 0
23	4.702 5	4.498 5	4.310 6	4.137 1	3.976 4	3.827 3	3.688 5	3.559 2	3.438 4	3.325 4
24	4.712 8	4.507 0	4.317 6	4.142 8	3.981 1	3.831 2	3.691 8	3.561 9	3.440 6	3.327 2
25	4.721 3	4.513 9	4.323 2	4.147 4	3.984 9	3.834 2	3.694 3	3.564 0	3.442 3	3.328 6
26	4.728 4	4.519 6	4.327 8	4.151 1	3.987 9	3.836 7	3.696 3	3.565 6	3.443 7	3.329 7
27	4.734 2	4.524 3	4.331 6	4.154 2	3.990 3	3.838 7	3.697 9	3.566 9	3.444 7	3.330 5
28	4.739 0	4.528 1	4.334 6	4.156 6	3.992 3	3.840 2	3.699 1	3.567 9	3.445 5	3.331 2
29	4.743 0	4.531 2	4.337 1	4.158 5	3.993 8	3.841 4	3.700 1	3.568 7	3.446 1	3.331 7
30	4.746 3	4.533 8	4.339 1	4.160 1	3.995 0	3.842 4	3.700 9	3.569 3	3.446 6	3.332 1

参考文献

1. 余绪缨.管理会计(第 2 版)[M]. 沈阳:辽宁人民出版社,2004.
2. 刘智宏,孙雪静.管理会计[M]. 北京:中国物资出版社,2012.
3. 吴大军,牛彦秀,王满.管理会计[M]. 大连:东北财经大学出版社,2004.
4. 刘继伟,于树彬.管理会计[M]. 北京:高等教育出版社,2010.
5. 陈玉菁.管理会计教程习题与解答[M]. 上海:立信会计出版社,2004.
6. 孙茂竹,姚岳 . 管理会计[M]. 北京:中国人民大学出版社,2003.
7. 王勤.管理会计[M]. 上海:立信会计出版社,2006.
8. 余怒莲.管理会计[M]. 北京:对外经贸大学出版社,2004.
9. 刘运国.管理会计前沿[M]. 北京:清华大学出版社,2003.